Remerciements

Ce livre est un ouvrage individuel, mais comme toute réalisation OCTO, le résultat que vous tenez entre les mains est une œuvre collective.

Un grand merci donc à Arnaud qui a accepté de mettre son talent de facilitateur graphique au service de cet ouvrage. Merci à Caroline et Sophie, nos Directrices Artistiques qui ont relevé le défi de concevoir un nouveau style très pictural tout en restant parfaitement dans l'esprit OCTO, Caroline s'étant chargée par ailleurs du maquettage.

Ma reconnaissance va également à Fanny et Florence de l'agence Doublesix pour leur relecture, leurs corrections et leurs coupes attentives - je n'aurais pas imaginé qu'il me restait tant à apprendre sur les subtilités de la langue française !

Je remercie Nelly, notre Directrice Marketing, pour son soutien, ses conseils et sa patience sur toute la durée du projet.

Et enfin, je tenais à exprimer toute ma gratitude aux Octos, complices involontaires de cette aventure rédactionnelle, et qui, par leur confiance, leur énergie, leur ouverture, leur créativité, leur humanité rendent tout cela possible.

Illustrations Arnaud de Champsavin - Maquette Caroline Bretagne.

Préface

Il y a cinq ou six ans, lors d'un déjeuner avec Xavier Niel, celui-ci m'avait raconté une anecdote si surprenante que je m'en souviens encore distinctement. Il venait de racheter l'opérateur de télécom suisse Salt, et s'était rendu compte que les applications informatiques étaient dysfonctionnelles, malgré la mise en œuvre de moyens considérables. D'importantes équipes d'informaticiens avaient été mobilisées et celles-ci étaient suppléées par des cabinets de consultants, aux effectifs non moins pléthoriques. Xavier demanda à ses meilleurs codeurs d'aller regarder ce qui se passait en Suisse. Après avoir pris connaissance de leur rapport, il fit un choix pour le moins audacieux : il confia à une toute petite équipe, comprenant moins d'une vingtaine de développeurs, la responsabilité de redévelopper l'ensemble du système informatique dans un délai qui devait être très court, pour un résultat évidemment sensiblement plus qualitatif que ce qui existait. De mémoire, il était convenu qu'en cas de succès, les membres de cette équipe pourraient se partager un bonus considérable (plusieurs millions d'euros), ce qui fut le cas.

Par la suite, Xavier m'avait emmené rencontrer l'équipe qui s'occupait du développement de la Freebox ; je m'attendais à être confronté à une armée de designers, programmeurs, électroniciens, chefs de projets… Quelle ne fut pas ma surprise de me retrouver face à quatre ou cinq personnes, tout au plus. Plus tard, j'appris que la même tâche, chez un autre grand opérateur, comprenait 250 personnes !

Dans ces deux exemples s'exprime certainement le résultat du talent individuel des membres d'une équipe dont le processus de sélection est connu pour être très exigeant (et reposant largement sur la cooptation). Mais cela ne peut pas être suffisant pour expliquer une différence de performance aussi importante. Il existe quantités de projets dont les membres sont d'un niveau d'expertise très élevé et qui ont néanmoins connu l'échec et à cet égard, quiconque a participé à un projet destiné à traiter de systèmes complexes sait que les enjeux de coordination sont fondamentaux.

Il existe en réalité des organisations faites de génies aux talents individuels qui ne travaillent pas nécessairement ensemble et, à l'inverse, des organisations dont la performance se situe dans l'intelligence collective qu'elles ont su faire émerger. Free, Spotify, Vinted, Airbnb, SpaceX sont quelques-unes des entreprises qui mettent en œuvre des dynamiques managériales particulièrement performantes.

Pour n'importe quel observateur néophyte, ce qui se passe au sein de ces entreprises relèverait de la sorcellerie, tant la performance stratégique et opérationnelle (il faut insister sur la concomitance de ces deux fonctions) y est élevée.

Ayant été, des décennies durant, CEO de startups technologiques, j'ai moi-même été confronté à ces enjeux. Tout simplement parce qu'un constat d'évidence s'impose très brutalement : alors qu'il a fallu une semaine pour faire un prototype à une équipe de deux personnes, une équipe de dix personnes aurait mis plusieurs mois pour un produit à peine mieux fini, pas toujours respectueux de l'intention initiale et incomparablement plus complexe à mettre en œuvre.

Je me souviens que dans l'une de mes entreprises, j'avais dû changer de Directeur Technique après que celui-ci m'eût quitté en moins de 48h. Le nouveau venu avait passé moins d'une journée à rencontrer la petite équipe d'une dizaine de développeurs et de chefs de projet que comprenait notre entreprise, puis était venu me voir. Il m'avait expliqué qu'il voulait reprendre à zéro l'ensemble du projet et réécrire la totalité du code déjà développé ; il m'assurait qu'il était à même de refaire l'ensemble, soit un développement qui avait pris pas loin de deux ans, en moins d'un mois. J'avais bien à l'esprit ce que m'avait raconté Xavier Niel, mais face à l'obstacle, j'hésitais dans la mesure où je connaissais le niveau de complexité que recouvrait notre logiciel de supervision de tâches. Mais sans avoir vraiment d'autre alternative, je finis par lui donner mon accord. Un peu plus d'un mois plus tard, il m'avait livré une application plus sophistiquée, sur une architecture plus moderne, avec moins de bugs et surtout, beaucoup plus proche des besoins du client. Si l'équipe semblait avoir travaillé dur, c'était aussi dans un contexte plus harmonieux. D'habitude, les codeurs venaient de façon informelle me rapporter ce qui ne marchait pas, en espérant que je viendrai me mêler de tout cela. Là, personne ne vint me voir, à tel point que je m'étais demandé si on ne me tenait pas à l'écart pour éviter que je n'apprenne que le projet était définitivement hors délais. Mais ce n'était pas le cas et loin de là.

Il existe donc une forme de recette, un secret managérial, qui permet de faire cela : accroître de façon remarquable la performance opérationnelle, rendre les organisations plus agiles, plus intelligentes.

Cette réalité, des centaines de milliers d'entrepreneurs, de managers, de programmeurs y sont quotidiennement confrontés ; et cela s'étend bien au-delà du monde du logiciel.

Certes, comme le relève bien l'ouvrage que vous tenez entre les mains, ces solutions ont d'abord été théorisées dans le monde du logiciel. C'est en soi un sujet d'interrogation. Pourquoi là ? Au cours de ma quête managériale de ces dernières années, c'est aussi la question que je me suis posée. Sans doute pour deux raisons : la première c'est que cet univers, où les productions sont par essence virtuelles, est un univers de haute complexité au sein duquel les errements ne sont pas immédiatement visibles et par conséquent se payent beaucoup plus cher qu'ailleurs ; la seconde est que le logiciel lui-même peut être un puissant vecteur d'organisation. Il permet de véhiculer des processus de structuration qui, s'ils sont cooptés, peuvent se démultiplier et s'appliquer très rapidement à des organisations de grande taille.

Cette nécessaire quête de nouvelles formes d'organisation a donc poussé les entreprises technologiques à explorer des hypothèses nouvelles, à expliciter des pratiques vertueuses mais parfois invisibles, et finalement à définir des principes de management systémiques.

J'ai été amené à entrer en contact avec OCTO il y a de nombreuses années. J'avais alors rencontré son fondateur, François Hisquin. Je confesse avoir généralement des réserves à l'égard des entreprises de services numériques, qui sont généralement très taylorisées et qui n'ont pas forcément intérêt à mettre en œuvre les pratiques les plus performantes au sein de leurs entreprises clientes.

Très vite, j'ai perçu qu'OCTO était différente : elle prêchait la transformation digitale et s'interrogeait réellement sur la nature de celle-ci. En 2013,

OCTO a publié un petit opus « Les Géants du Web » : par rapport à la littérature qui existait à l'époque sur les pratiques organisationnelles en vigueur dans les grandes entreprises digitales, celui-ci avait réellement des années-lumière d'avance. Cela m'a interpellé au point où j'ai commencé à m'intéresser de façon plus précise à ce qui se passait dans cette entreprise : j'ai alors été frappé par l'énergie qui était consacrée aux pratiques managériales.

Par la suite, j'ai moi-même écrit différents ouvrages sur le sujet des enjeux de transformation induits par la révolution numérique (par exemple « Transformation digitale : l'avènement des plateformes ») et à l'instant où j'écris ces lignes, je suis bien avancé dans la rédaction d'un prochain livre qui cherche à mettre en évidence le fait que ces pratiques managériales sont destinées à contaminer toutes les organisations, quelle que soit leur nature.

En conclusion, je pense important de souligner ceci : dans le domaine des services numériques, disposer d'une expertise technologique forte n'est pas suffisant. Une culture d'entreprise à même de susciter une excellence managériale est probablement ce qui représente le plus grand facteur d'efficacité sur le long terme. Ce que cet ouvrage met particulièrement bien en exergue, c'est une notion que les Français ont, de par leur culture élitiste, trop souvent du mal à comprendre : la qualité d'une telle organisation induit un facteur surpondérant par rapport au « génie » individuel de ses composantes. Et, pour cette raison, l'investissement qui doit être fait à cet égard est premier. Je ne peux que vous souhaiter d'être convaincu par les thèses développées dans ce livre, comme je l'ai été.

Gilles BABINET,

Entrepreneur et co-président du Conseil National du Numérique

9.

Devenir une organisation agile

Sommaire

1.

INTRO

Ludovic Cinquin
CEO OCTO Technology

Cet ouvrage a pour ambition de témoigner de la création et de la croissance d'une entreprise, OCTO Technology, qui est devenue au fil du temps et sur une période de plus de 20 ans, une entreprise agile.

Le concept d'entreprise agile, de plus en plus couramment utilisé, reste encore un peu brumeux, à tel point que l'entrée Wikipédia n'existe pas encore en mars 2021. Partons donc du principe qu'il s'agit de l'extrapolation à toute l'entreprise des principes et des valeurs des méthodes « agiles », celles-ci étant des pratiques de fabrication de logiciels informatiques. Ces méthodes agiles, introduites en 2001, ont été utilisées initialement au niveau de petites équipes-projet et leur succès dans la durée leur a permis d'imprégner le discours managérial général au point d'en faire une inspiration pour le fonctionnement global de l'entreprise.

La définition que nous proposons ici est la suivante :

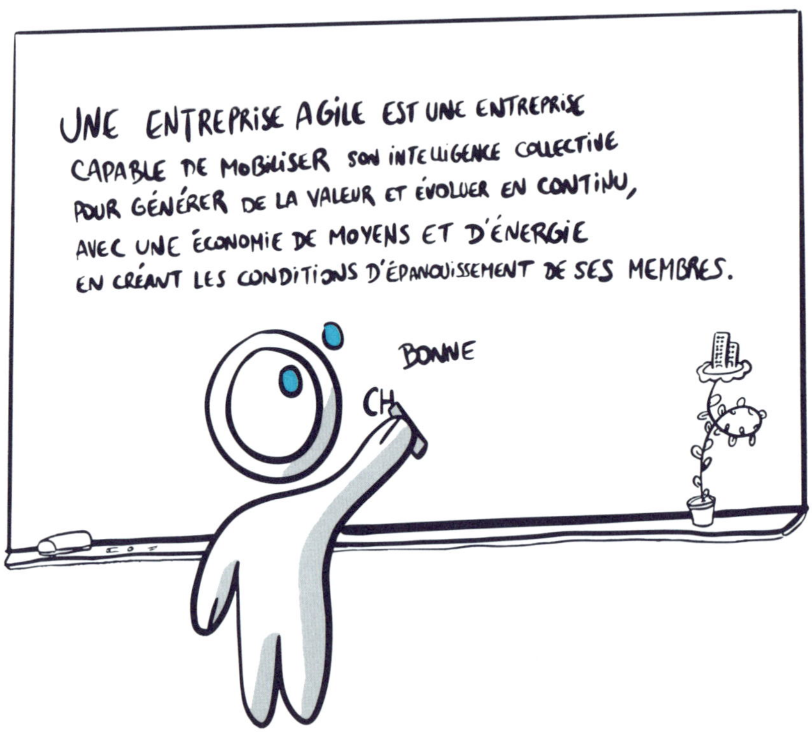

Le projet de ce livre est né de la convergence de plusieurs réflexions.

En premier lieu, la prise de conscience que l'expérience OCTO mérite d'être partagée. OCTO n'est pas la seule organisation qui puisse être considérée comme réellement agile. Ce n'est peut-être pas non plus la première, ni la plus importante en taille, mais elle présente la caractéristique de ne pas être tombée directement dans la marmite de l'agilité, mais d'être devenue progressivement une entreprise agile. Ce cheminement est sans doute riche en inspirations pour les entreprises dotées d'une histoire et qui souhaitent s'engager dans cette voie. D'autre part, avec près de 700 salariés et un modèle opératoire résolument agile depuis maintenant presque 15 ans, le cas d'OCTO a dépassé l'expérience de laboratoire dont on attend encore les résultats cliniques. Parmi les entreprises, notamment de conseil, qui mettent en avant leur mode de fonctionnement innovant et fluide, beaucoup restent à une taille modeste de 50 à 80 personnes : or, mon vécu me laisse à penser que les dynamiques à l'œuvre, et donc les enjeux, n'ont rien de comparables lorsque l'on dépasse quelques centaines de personnes. Pour cette même raison, les solutions de cet ouvrage ne sont pas toutes extrapolables à plusieurs milliers de personnes, mais l'expérience d'OCTO en termes de taille et d'antériorité demeure rare et précieuse.

> Les consultants tendent à restituer avec beaucoup de conviction à leurs clients des situations et des benchmarks qu'ils ne maîtrisent pas intimement et dont ils ne connaissent ni la portée, ni les conditions réelles d'application.

Une autre réflexion est issue d'un échange avec Cecil Dijoux, auteur de plusieurs ouvrages et d'un excellent blog[1] sur les thèmes gravitant autour du management et de la transformation d'entreprise. Il me confiait ne plus lire de livres écrits par des consultants car leurs discours manipulent des concepts hors-sol, déconnectés de situation vécues. Il m'a permis par la même occasion de découvrir le « *bullshit detector* »[2]

1. https://thehypertextual.com/about/
2. https://scottberkun.com/essays/53-how-to-detect-bullshit/, consulté le 5 août 2019.

de Scott Berkun qui permet d'évaporer tout discours fumeux, notamment par la question : « Comment savez-vous ce que vous savez, et quelle preuve pouvez-vous en apporter ? ». Pour être moi-même un consultant, je ne sais malheureusement que trop bien que nous sommes souvent « les hommes qui avons vu l'homme qui a vu l'ours » et que nous restituons avec beaucoup de conviction à nos clients des situations et des benchmarks que nous ne maîtrisons pas intimement et dont nous ne connaissons ni la portée, ni les conditions réelles d'application. Décrire les pratiques d'OCTO permet en quelque sorte de contribuer à l'économie en circuit court en mettant directement le producteur d'informations en contact avec le consommateur. Il ne s'agit donc pas d'un livre de consultant (ce qui lui assurera, je l'espère, de se retrouver sur la table de chevet de Cecil), mais d'un livre de praticien ayant vécu les situations décrites ; praticien, avec cependant un lourd passé de consultant, d'où l'appétence pour les modèles qui transparaîtra dans ces pages. Un livre de *conseilleur*, en somme, qui continue néanmoins à être *payeur*.

La dernière réflexion qui a présidé à la rédaction de cet ouvrage est tirée de mon admiration sans borne pour le livre d'Enrik Kniberg, *Lean From The Trenches*[3] qui vise à décrire le processus d'apprentissage et d'amélioration itératif mis en œuvre par Spotify. Cette lecture a été pour moi l'une des plus enrichissantes, des plus pragmatiques et des plus activables sur la construction d'une équipe performante de développement de produits logiciels. Ce présent ouvrage en reproduit donc la structure : avec des chapitres intitulés sur le modèle « Comment nous… », qui décrivent les problèmes rencontrés, la compréhension que nous en avons eue, les solutions que nous avons explorées, les apprentissages que nous en avons tirés, qu'il s'agisse d'échecs ou de réussites.

Dernier point important à mentionner, il s'agit d'un livre à la première personne. C'est inhabituel parmi l'éventail des productions d'OCTO car nous évoluons dans une culture qui privilégie le collectif sur l'individuel. C'est cependant la façon la plus évidente que j'ai trouvée

---

3. O'Reilly, 2012, 176p.

pour partager toute la subjectivité de mon regard de dirigeant, qui dispose par définition du pouvoir unique de décider en dernier recours des orientations du « système » OCTO. Assumer un discours à la première personne me permet également de lever le voile sur mes questionnements et mes convictions, sur mes limites et ma propre évolution dans ma fonction. Bien que fondamentalement personnelles, ces dimensions ont eu une influence sur les destinées de l'entreprise. Les évoquer m'a paru utile.

Et comme le dit si bien la belle devise de l'Association pour le Progrès du Management[4], « le progrès de l'entreprise passe par le progrès du dirigeant » : dissocier l'évolution de l'entreprise du vécu des dirigeants conduirait à ne raconter qu'une partie de l'histoire.

4. APM, qui regroupe désormais plus de 8000 dirigeants majoritairement en France.

1.1 À qui s'adresse ce livre ?

Cet ouvrage s'adresse en priorité aux dirigeants et manageurs en quête d'inspirations pour transformer leur organisation. Il intéressera aussi les consultants qui souhaitent décoder les rouages de l'entreprise agile et trouver des illustrations concrètes. Enfin, toute personne curieuse des changements en cours dans les pratiques de management pourra trouver cette lecture utile.

L'espoir est évidemment que les expériences décrites ici puissent servir à d'autres, non pas, bien sûr, comme un modèle à plaquer, mais comme des pistes pour interpréter les problèmes rencontrés et tester de nouvelles façons pour les résoudre.

Certaines pratiques sont indissociables du fait que nous sommes un acteur du conseil. Par exemple, la rubrique « Comment nous exécutons nos missions » ne présentera de véritable intérêt que si nous sommes confrères ou si votre curiosité est particulièrement vive. Certains sujets s'appliqueront plus volontiers à une PME qu'à un grand groupe international. D'autres intéresseront peut-être un dirigeant, et moins un manager. L'avantage du découpage retenu est précisément de permettre à chacun et chacune de faire son marché en fonction de ses expériences personnelles et de ses intérêts et les rubriques, bien que permettant une lecture linéaire, sont indépendantes les unes des autres.

« L'expérience est une lanterne qui n'éclaire que celui qui la porte ». Malgré tout, si ces pages peuvent susciter chez le lecteur l'envie d'essayer, lui fournir des pistes d'action et lui permettre d'éviter quelques écueils en chemin, l'objectif de cet ouvrage aura été atteint.

1.2 Une rapide histoire d'OCTO

À l'heure de l'écriture de ces lignes, OCTO est une entreprise de conseil en technologies numériques de près de 700 personnes créée en 1998. Nous réalisons en 2021 l'essentiel de notre activité en France. Notre mission est d'aider nos clients à relever les défis technologiques, méthodologiques et culturels du digital.

Dans la période actuelle où toutes les ESN[5] et tous les cabinets de conseil (qu'ils soient de management ou de stratégie) revendiquent cette compétence, ce positionnement peut sembler particulièrement banal.

Une de nos caractéristiques, qui sans être unique reste moins fréquente qu'il n'y paraît, est que nous sommes parfaitement alignés : le digital que nous vendons à nos clients est le digital que nous vivons à l'intérieur. Nos outils, notre culture, nos modes de fonctionnement sont très largement ancrés dans cet univers du numérique.

L'histoire d'OCTO est en quelque sorte le parallèle de celle d'Internet. Nous naissons en 1998, quelques mois avant le géant Google, ce qui permet de couper court à toute fierté mal placée…

Notre accroche de l'époque est « Cabinet d'Architectes en Systèmes d'Information », métier que nous avons largement contribué à installer en France. Mais fondamentalement, nous nous construisons sur une expertise très technologique, autour de ce qu'on appelait les serveurs d'application. Ces briques logicielles ont alors le vent en poupe : elles permettent à plusieurs utilisateurs d'interagir simultanément avec une page web et vont devenir à ce titre la pierre angulaire de la réalisation de services en ligne. L'expertise que nous possédons autour de ces outils s'avère extrêmement précieuse sur le marché et assure un démarrage rapide d'OCTO.

5. ESN pour Entreprise de Services Numériques, dénomination qui tend à remplacer SSII et qui désignent les sociétés qui vendent des prestations de service en technologie de l'information.

Les premières années, l'essor de l'entreprise est soutenu par le développement de compétences purement technologiques. Peu de temps après la création, nous commençons ainsi à nous intéresser aux « bus d'échanges de données », puis à la sécurité dite « applicative ».

En 2003, intervient la première grande rupture de notre histoire. Nous recrutons, par hasard, quelques membres de ce qui fut la première communauté agile en France, XP-France. L'arrivée de ces « barbares » ne tarde pas à susciter des débats enflammés chez nous : dans une entreprise qui se définit à l'époque comme un cabinet d'architectes en systèmes d'information, ils prônent le design émergent, le code explicite, les tests automatisés, les itérations courtes et viennent percuter une culture d'ingénieurs à la française qui tirent leur fierté de la conception de belles solutions dans des bureaux fermés.

Le hasard faisant bien les choses, ces « agilistes » arrivent au moment où un très gros projet bancaire dont nous assurions la conception technique se voit couper ses financements pour cause d'explosion de la bulle internet de 2003. Nous prenons conscience que ce projet, sur lequel une armada de consultants était intervenue depuis près de 3 ans, est incapable de démontrer la moindre fonctionnalité utile. Non pas parce que les équipes auraient mal travaillé, mais parce que chacune œuvrait sur sa partie isolée sans aucune tentative pour faire fonctionner le tout. Trois années sans valeur démontrable et donc avec un investissement qui menace de passer par pertes et profits en raison d'un changement de contexte économique.

Ce projet fournit un cadre conceptuel idéal pour faire valoir les pratiques de l'agile - détaillée dans la partie suivante - et prendre conscience que le monde est devenu trop volatil pour continuer à construire du logiciel comme on bâtit un pont, avec un bureau d'études qui fournit des plans détaillés à une équipe de réalisation.

Cela constitue pour OCTO le point de bascule vers la généralisation progressive de l'utilisation des méthodes agiles sur tous nos projets, avec des premières expérimentations concrètes dès 2004, ce qui nous place parmi les précurseurs en France, et peut-être la première entreprise de conseil à les avoir mises en œuvre dans l'Hexagone.

La deuxième transformation profonde d'OCTO intervient quelques années plus tard : nous candidatons alors à un gros appel d'offres pour la refonte complète d'un système d'information bancaire. Notre mode d'organisation de l'époque par silos d'expertises techniques nous conduit à proposer une réponse mal intégrée avec des coutures très visibles et dans laquelle nous expliquons que l'un de nos atouts est de ne rien connaître au métier, car notre regard neuf va permettre de bousculer le statu quo…

Et, sur un malentendu… ça a fonctionné ! Sans doute notre client a-t-il été séduit par notre fougue et notre motivation, tout en nous confrontant à notre « amateurisme » dans cette vente. Après avoir construit notre légitimité sur la technologie, puis avoir pris conscience que nous devions avoir un discours de la méthode, nous avons compris qu'il était nécessaire d'appréhender plus intimement le métier de nos clients et, en particulier, le contexte d'utilisation des logiciels que nous produisions. Cela nous a conduits à nous réorganiser en équipes sectorielles et à lancer une offre dédiée à l'expérience utilisateur.

Aujourd'hui, après la révolution du design et les services aux petits oignons des géants du web, affirmer l'importance de l'utilisateur semble presque une banalité. Mais en 2006, à l'époque de cette anecdote, commencer tout projet informatique en allant observer sur le terrain comment l'utilisateur final travaille au quotidien, était encore en dehors du champ de conscience des DSI.

Au-delà de notre expertise technologique et au-delà de notre pertinence méthodologique fraîchement acquise, nous venions de comprendre l'enjeu de l'usage : après le quoi, le comment ; et après le comment, le pourquoi.

L'atteinte du troisième point de bascule pour OCTO doit beaucoup à l'arrivée de deux stagiaires. Nous découvrons au moment de leur proposer un CDI qu'ils travaillent sur un « *side project* »[6], un quizz musical en ligne massivement multijoueur. Quelques-uns de nos

6. C'est le terme consacré chez les développeurs. C'est le petit projet que l'on fait à côté sur son temps libre pour le fun, pour contribuer à une cause ou pour titiller l'espoir de devenir un jour le nouveau Zuckerberg.

experts soulèvent le couvercle de leur réalisation et découvrent un univers technologique radicalement différent de ce à quoi nous étions habitués et à base de briques Open Source. Presqu'aucun des outils utilisés n'étaient dans la mallette des super experts techniques d'OCTO. Pire, notre entreprise qui était alors au top de sa réputation aurait été incapable de livrer un système aussi performant que celui produit par nos deux compères. Bref, nous recevions une leçon de choses sur le cœur-même de notre métier de la part de deux stagiaires !

Cette claque nous a conduits à leur proposer de continuer leur projet avec le soutien d'OCTO.

Nous avons compris à cette occasion que deux univers étaient en train d'évoluer de façons très cloisonnés avec des modèles opératoires très différents : d'une part celui des DSI des entreprises traditionnelles, planifié, centré sur les coûts, fortement externalisé et baigné dans un contexte d'éditeurs et de prestataires, et, d'autre part, celui des « *Pure Players* » du web, agile, orienté valeur, intégré et tourné vers l'Open Source. Venant du monde des DSI, nous avons découvert cet univers avec des étoiles dans les yeux et avec l'intuition que les approches radicalement nouvelles dont nous faisions l'expérience pour la première fois étaient plus efficaces, plus frugales et plus plaisantes à utiliser.

DSI traditionnelles	**Pure players du Web**
Planification et prédictibilité	Agilité et adaptabilité
Cycles longs	Cycles courts
Responsabilités individualisées et équipes spécialisées	Responsabilités confiées à des équipes pluridisciplinaires
IT vue comme un moyen	IT vue comme une activité stratégique
Pilotage financier centré sur une mesure des coûts	Pilotage financier centré sur une mesure de la valeur
Organisation hiérarchique	Organisation plate

Externalisation massive des compétences de développements	Développement vu comme une activité cœur de métier à internaliser
Solutions d'éditeurs par défaut	Open Source par défaut

Évidemment, toute essentialisation de la sorte ne peut être que caricaturale et il n'existe pas plus de DSI traditionnelle qui épouserait parfaitement ces caractéristiques qu'il n'y a de *Pure Player* de grande taille cochant toutes les cases de droite dans tous les recoins de son organisation. Il y a malgré tout un écart indéniable entre les pratiques des deux univers dont on se rend compte au premier contact.

Forts de cette expérience, nous avons intégré progressivement à notre boîte à outils les solutions Open Source et les méthodes inspirées des *Pure Players* (intégration continue et *Lean Startup* pour ne citer que les exemples les plus saillants). Nous avons également pris la décision de maintenir un flux d'activité avec des acteurs du web. Ce ne sont pas les clients les plus rentables pour les entreprises de conseil : ils ont la culture du « faire » et, sur les sujets technologiques, ils ne vont chercher de l'aide ponctuelle que pour mieux apprendre par eux-mêmes et devenir autonomes quand le sujet est véritablement stratégique. Mais en gardant un pied dans cet univers, nous restons exposés à des pratiques et des habitudes radicales, éminemment différentes de celles que nous rencontrons chez les acteurs traditionnels.

Dans le même mouvement, nous avons commencé à afficher plus clairement notre goût pour le code et le fait que derrière la devanture « cabinet de conseil » ne se cachaient pas que des consultants, mais aussi des développeurs qui aimaient à se « salir les mains » ! Coder des applications clé en main avait toujours fait partie de nos activités, mais sans que nous soyons prêts à le revendiquer. La découverte du monde alors émergent des GAFAM a été le déclic dont nous avions besoin pour comprendre que le métier de développeur était en train de gagner ses lettres de noblesse et pour nous convaincre de faire notre coming out.

Nous étions prêts pour la 4e transformation…

Notre exploration de l'univers des acteurs du web nous a donné envie d'écrire un ouvrage collectif, *Les Géants du Web* : Culture - Pratiques - Architecture[7], dans lequel nous partagions toutes nos découvertes sur leurs approches radicalement nouvelles, mais aussi sur leurs traits culturels. C'était le moment où ces entreprises étaient au sommet de leur gloire : elles innovaient avec courage et enthousiasme tout en affichant des principes humanistes dont la sincérité n'était pas encore à mettre en doute. Et nous regardions l'émergence de ces acteurs avec les yeux de Chimène : ahhhhh, la publication du manifeste culturel de Netflix[8], la lettre de Zuckerberg aux investisseurs au moment de l'introduction en bourse[9], la sortie du bouquin de 37Signals ! Que de moments d'émotions qui remontent à cette période ! L'ouvrage *Les Géants du Web* nous a donné l'occasion de partager sur le marché français notre lecture de ces tendances et de nous faire identifier comme une société pertinente sur ces approches innovantes.

Parallèlement, nous commençons à consolider l'image d'une entreprise différente, notamment grâce à nos participations aux compétitions Great Place to Work[tm] des entreprises où il fait bon travailler. Pour nos deux premières participations, nous finissons en première place dans la catégorie des entreprises de moins de 500 personnes, ce qui nous attire immédiatement un peu d'aura médiatique.

Ces événements coïncident avec la montée en puissance d'une conférence, l'USI[10] (pour Unexpected Sources of Inspiration), que nous avions créée. Cet événement qui a fêté ses 10 ans en 2018 convie experts en management, designers, technologues, prospectivistes mais aussi chercheurs et philosophes, pour interroger l'incidence du numérique sur nos sociétés. Dès les premières éditions, ce regard décalé sur la technologie surprend et séduit, et l'USI commence à

---

7. Ouvrage collectif, OCTO (16 novembre 2012). Mais le monde des Géants du Web a bien changé en presque 8 ans !
8. https://www.slideshare.net/reed2001/culture-1798664, consulté le 19 novembre 2019.
9. https://financialpost.com/technology/facebook-ipo-mark-zuckerbergs-letter, consulté le 10 avril 2020.
10. www.usievents.com – la plupart des vidéos des interventions sont disponibles sur la chaîne YouTube https://www.youtube.com/user/usievents.

jouir très vite d'un beau succès d'estime qui étend notre renommée jusqu'aux portes des comités exécutifs.

Ces trois mouvements concomitants font évoluer le regard de nos clients qui nous considèrent de moins en moins comme de purs mécaniciens en bleu de travail et de plus en plus comme des acteurs ayant des choses à dire et à faire, non seulement sur la technologie, mais aussi sur les enjeux culturels du numérique.

De l'expertise technique à la transformation culturelle

Sur une période de près de 15 ans, OCTO a ainsi réalisé une mue presque complète. Acteur purement technologique à notre naissance, nous avons tout d'abord compris que la seule expertise technologique ne menait à rien sans la maîtrise des processus de fabrication logicielle et donc la méthodologie. Nous avons ensuite pris conscience que technologie et méthodologie sont importantes mais insuffisantes pour optimiser la valeur de l'outil informatique et doivent être complétées par des approches de design centrées sur l'utilisateur. Nous avons enfin découvert l'univers des *Pure Players* et des startups du web, et compris que pour utiliser tout le potentiel disruptif de l'outil informatique, il était nécessaire de travailler sur la culture.

> *Selon Serge Soudoplatoff, « lorsqu'apparaît une innovation, il y a toujours deux étapes. La première consiste à intégrer cette innovation en travaillant comme avant. La seconde consiste à faire évoluer les méthodes de travail. Ainsi, de nouvelles compétences se développent et le rôle de l'être humain peut se transformer. »*

C'est en ce sens que notre histoire s'inscrit profondément dans la révolution Internet qui est à l'œuvre depuis un peu plus de 20 ans. La digitalisation, pourtant mot-valise souvent cuisiné à toutes les sauces, prend une signification précise dans ce contexte : il s'agit du moment où les entreprises et les organisations prennent conscience que les technologies Internet ne sont pas un simple outil de plus, mais transforment en profondeur leurs relations avec leurs clients, leurs employés et leurs fournisseurs ainsi que la façon de concevoir des produits et des services.

C'est dans cette deuxième phase que les sociétés et les entreprises ont basculé au cours des 10 dernières années.

Comme Internet, OCTO est née dans la technologie pour aller vers la transformation culturelle. En accompagnant de façon plus ou moins consciente ce mouvement général, nous avons développé de nouvelles offres et de nouveaux savoir-faire, mais sans jamais renier le terreau technologique qui a permis à la jeune pousse que nous étions de développer ses premiers bourgeons.

Et si nous pouvons aujourd'hui intervenir en tant que systémiciens et socio-dynamiciens des organisations, nous sommes aussi capables d'enfiler notre bleu de travail, de soulever le capot et de changer le moteur. La palette de sujets que nous manipulons s'avère très large, avec les difficultés que cela comporte (nous y reviendrons dans la section « Notre manque de focus et de priorisation »), mais notre capacité à appréhender toutes ces dimensions du digital fait aussi notre force dans cette période où beaucoup d'entreprises se cherchent encore ou pensent qu'une bonne formation SAFe[11] de tous leurs collaborateurs résoudra leur problème.

La dernière grande étape de notre histoire a été assurément le fait de rejoindre le groupe Accenture à l'occasion d'une OPA amicale en 2016. Ce choix difficile, tant notre culture s'est construite par opposition aux grands intégrateurs, a été motivé par la prise de conscience des changements à l'œuvre sur notre marché. Peu à peu, le digital, en s'immisçant dans tous les recoins de nos vies, est aussi devenu plus stratégique pour nos grands clients. Et les « petites » réalisations périphériques au système d'information qui faisaient notre quotidien se sont transformées en opérations visibles des directions générales ; en quelque sorte, le type de missions qu'on ne confie pas à une PME, quelle que fût sa réputation. Rejoindre Accenture était ainsi une façon de mettre un pied dans ces grands projets stratégiques qui devenaient la norme du marché.

---

11. Pour Scaled Agile Framework. Cette méthodologie a le vent en poupe dans les entreprises cherchant à adopter l'agile à large échelle. Cf. https://fr.wikipedia.org/wiki/Scaled_agile_framework, consulté le 14 février 2021.

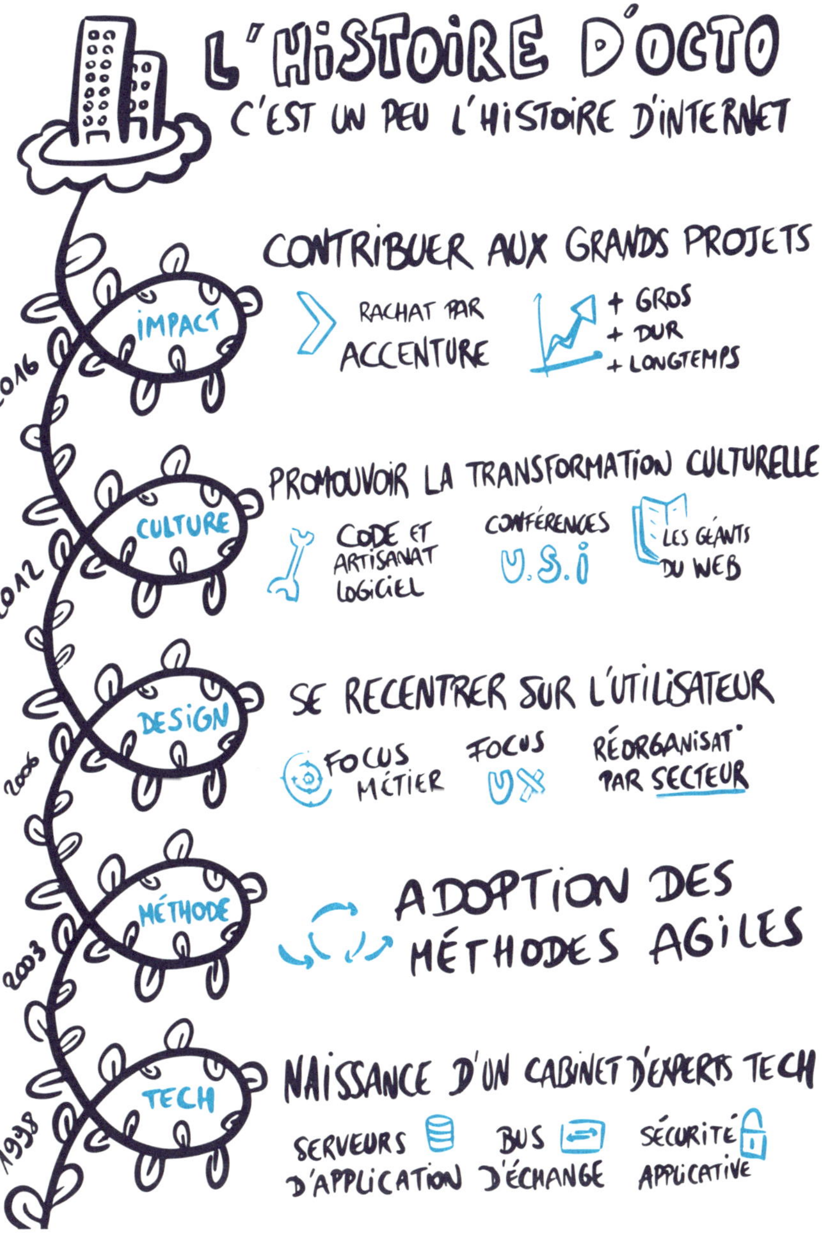
L'HISTOIRE D'OCTO
C'EST UN PEU L'HISTOIRE D'INTERNET
CONTRIBUER AUX GRANDS PROJETS
IMPACT
2016
RACHAT PAR ACCENTURE
+ GROS
+ DUR
+ LONGTEMPS
PROMOUVOIR LA TRANSFORMATION CULTURELLE
CULTURE
2012
CODE ET ARTISANAT LOGICIEL
CONFÉRENCES U.S.I
LES GÉANTS DU WEB
SE RECENTRER SUR L'UTILISATEUR
DESIGN
2006
FOCUS MÉTIER
FOCUS UX
RÉORGANISAT° PAR SECTEUR
MÉTHODE
2003
ADOPTION DES MÉTHODES AGILES
NAISSANCE D'UN CABINET D'EXPERTS TECH
TECH
1998
SERVEURS D'APPLICATION
BUS D'ÉCHANGE
SÉCURITÉ APPLICATIVE

La façon dont je raconte cette histoire d'OCTO n'est pas neutre. Les grands virages de l'entreprise ne sont pas le fruit d'illuminations visionnaires de la part des dirigeants qui auraient compris, entre les quatre murs de leurs bureaux, mieux que tout le monde et avant tout le monde, les transformations à l'œuvre dans le monde de la technologie.

Mais au contraire, si une qualité doit échoir aux dirigeants d'OCTO, c'est probablement celle d'avoir permis l'émergence d'une intelligence collective puis de nous être mis à son service.

Dans le monde dans lequel nous évoluons aujourd'hui, j'ai l'intuition qu'il s'agit d'une meilleure garantie de succès que de miser sur l'omniscience d'un leader charismatique. N'est pas Steve Jobs ou Elon Musk qui veut, et il paraît bien dangereux d'essayer de singer certaines de leurs pratiques sans disposer de toutes leurs qualités (et tares !) hors du commun.

1.3 Comment nous avons adopté les méthodes agiles

Comme précisé précédemment, OCTO a cette particularité de n'être pas née agile mais de l'être devenue.

Il y a eu deux volets dans notre transition : faire de l'agile, puis devenir agile.

Pour décrire très succinctement ce que sont les méthodes agiles, rappelons qu'elles prônent un développement par itérations courtes de petits sous-ensembles de fonctionnalités, autour d'équipes mixant toutes les compétences nécessaires et s'alignant en permanence sur un même objectif. Ces approches ont réellement transformé la façon de conduire des projets , qui s'appuyait jusqu'à récemment encore, sur la méthode dite de développement en cascade. Dans ce modèle, le logiciel à construire passe entre les mains de différentes équipes qui finissent le travail qui leur incombe avant de transférer la responsabilité à l'équipe en aval. Ainsi, avec la cascade, la maîtrise d'ouvrage rédige des spécifications fonctionnelles détaillées sur l'ensemble du périmètre, puis passe le témoin à une équipe de conception qui réalise les spécifications techniques détaillées, laquelle transmet ces instructions à une équipe de développement qui implémente la solution avant de confier son code à une équipe de test[12] qui, elle-même, envoie le logiciel testé à la production.

12. Une description aussi succincte de la cascade ne peut qu'être caricaturale et pendant sa longue vie, mille et une nuances sont apparues. Que les experts nous pardonnent les raccourcis.

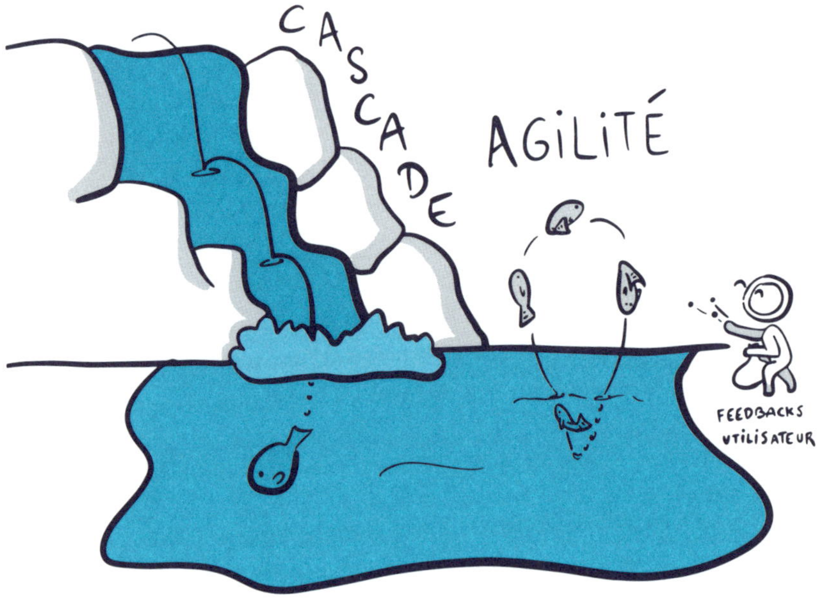

Les méthodes agiles ont introduit ainsi plusieurs ruptures et un rappel au bon sens.

- **La première rupture a consisté à introduire le développement itératif**. Si, selon l'adage, la meilleure façon de manger un éléphant est « bouchée par bouchée », la meilleure façon de réussir un projet informatique consiste à livrer, de façon rapide et régulière, des petits morceaux de code qui fonctionnent. Alors certes, il peut s'avérer un peu frustrant de ne pas avoir toutes les fonctionnalités dès le lancement de la solution, mais un « tiens » vaut souvent bien mieux que deux « tu l'auras »[13].
- **L'autre rupture consiste à mettre l'accent sur la collaboration** en constituant des équipes qui suivent les flux de valeurs (tel service de bout en bout pour le client) plutôt que les spécialités (l'équipe des experts de telle technologie). Dans des environnements complexes et mouvants comme le nôtre, la vitesse et la qualité de la communication sont clés. Or, les documents papier qui servent aux échanges dans la

13. Au-delà des dictons, il y a malgré tout de sérieux fondements conceptuels tels que la notion de « *cost of delay* » que l'on pourra par exemple trouver chez Donald G. Reinertsen, *The Principles of Product Development Flow: Second Generation Lean Product Development*, Celeritas Publishing 2009, 304p.

méthode en cascade sont bien trop limités pour traduire ce qu'il y a dans la tête des intervenants et ce n'est que par la collaboration rapprochée qu'on y parvient.

Le rappel au bon sens de l'agile a pris la forme du désormais fameux Manifeste Agile, acte fondateur qui fut rédigé à l'occasion d'une rencontre entre experts des pratiques de développement logiciel.

Rappelons ici la version française de cette déclaration de foi :

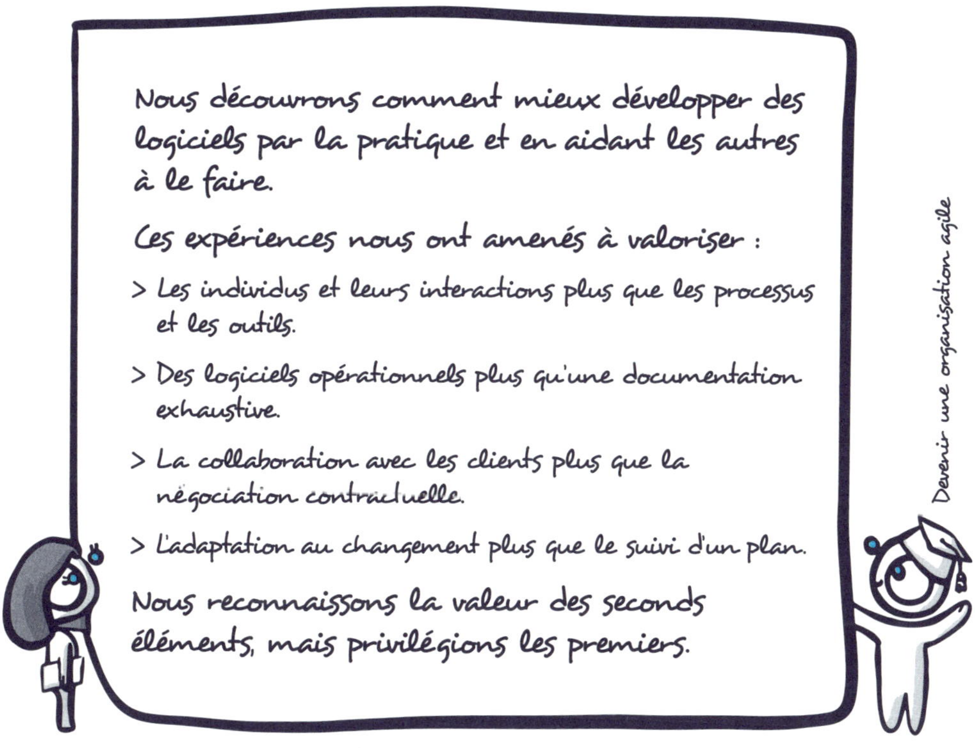

Autrement dit, il s'agit d'un retour à la valeur d'usage du développement logiciel qui, à force de professionnalisation et de spécialisation, avait eu une sérieuse tendance à verser dans les processus, quitte à en oublier parfois la finalité première de l'activité : produire aussi rapidement que possible du code qui fonctionne et apporte de la valeur.

Il est difficile d'estimer précisément le temps qu'a pris la transformation culturelle d'OCTO vers l'agile, mais je l'évalue entre 3 et 7 ans, dans une entreprise qui, dans le même temps, est passée d'un effectif d'environ 50 à 150 personnes.

Et le moins que l'on puisse dire, c'est que cela n'a pas été un long fleuve tranquille !

1.4 Les leçons tirées de notre transition agile

La transition agile que nous avons vécue mérite quelques commentaires.

- **En premier lieu, Dieu que c'est long !** Même dans un contexte extrêmement favorable sur le papier (taille modeste, population jeune et très éduquée, poids de l'héritage encore limité), une transformation culturelle aussi radicale prend du temps. Au moment où cette métamorphose intervient chez OCTO, l'agile est loin d'être une méthode en vogue, ni même éprouvée : lancer un projet en agile relève de l'exploration de nouveaux territoires et même de l'acte de foi ! Et ne parlons pas de l'idée d'entreprise agile qui n'avait alors pas même franchi le seuil des consciences. Quoi qu'il en soit, il nous a fallu plusieurs années pour accomplir cette transition : il est certes difficile d'établir une durée précise, car il n'y a pas plus eu de signal de départ que de coup de sifflet final. Mais entre le moment où l'intention a émergé et celui où l'agilité est devenue la pratique dominante d'OCTO, le délai a été clairement supérieur à cinq ans, alors que nous n'étions qu'une PME. Je suis de ce fait parfois surpris par l'ambition qu'affichent certaines grandes entreprises dans la mise en œuvre de ce type de changement, avec souvent des projections de l'ordre de deux ans, un an, parfois moins. Mon vécu me conduit à douter de la pertinence de ces échéances. Mais peut-être est-ce une façon de mettre les organisations en marche forcée, sans quoi rien n'adviendrait à cette échelle ?

- **Deuxième réflexion, la meilleure façon de convaincre quelqu'un est de lui faire faire.** Au début du mouvement, j'ai été l'un des premiers détracteurs de l'agilité. Encore jeune ingénieur avec à peine quatre ans d'IT dans les pattes, je voyais ces nouvelles pratiques comme une menace fondamentale à notre activité « traditionnelle » : nous qui assurions notre succès par la vente de prestations d'architecture informatique au long court, comment pouvions-nous défendre la notion de design émergent et de développement itératif ? Mais j'ai eu la chance de devenir le manager direct du consultant le plus actif dans la promotion de la méthode agile. Et ses objectifs sont donc devenus aussi les miens ! J'ai fait en sorte que nous puissions pitcher le discours auprès de nos clients, ce qui m'a permis de me familiariser avec les concepts et les arguments, et d'en embrasser progressivement la radicalité. J'ai appris à cette occasion que les discussions « modèle contre modèle », du style « - ça ne peut pas marcher ! – mais bien sûr que si ! » ne mènent jamais très loin. Le seul juge de paix est en fin de compte l'expérimentation en conditions réelles, avec un protocole de bilan en fin d'expérimentation. Il s'agit en quelque sorte du slogan Nike : « *Just do it* »... et après on discute. Le fait que le geste façonne la croyance est une idée forte chez OCTO, sans doute héritée de cette période de transition. Nous aurons l'occasion de revenir sur ce sujet dans la partie « Pourquoi nous pensons que le geste et la technique sont importants ».

Troisième réflexion, le rythme d'adoption d'un tel changement est non linéaire. Le lancement des premiers projets demande une énergie folle. Puis les premiers succès suscitent l'adhésion des individus les plus ouverts à la nouveauté. Mais les premières expérimentations produisent forcément des ratés. Vient alors le temps des déconvenues et le concert des « on vous l'avait bien dit ». C'est aussi le moment où le corps social commence à se distendre, tiraillé entre ceux qui, dans l'ombre, assument le rôle ingrat de garantir la nécessaire stabilité du système et ceux qui, en s'engageant dans l'exploration, se retrouvent plus volontiers sous la lumière flatteuse des projecteurs. Si l'on parvient à dépasser ce moment, arrive ensuite une longue période de synthèse créatrice où l'organisation apprend des premières désillusions et où les positions de chaque partie s'ajustent. La progression de l'adoption se fait alors plus souterraine : on en parle moins, mais on le fait plus. Jusqu'au moment où la pression de groupe bascule : ce ne sont plus ceux qui font de l'agile qui doivent justifier leur choix, mais ceux qui n'appliquent pas encore ces pratiques. À titre d'exemple, il y a eu une longue période pendant laquelle nos pratiques de tests unitaires[14] étaient assez embryonnaires,

14. Cette technique consiste à écrire des tests automatisables pour vérifier le bon fonctionnement d'unités aussi élémentaires que possible d'un logiciel afin d'en garantir la qualité. Elle est l'un des piliers du développement agile.

mais avec une sorte d'omerta généralisée sur le sujet : nous étions mauvais, mais personne n'osait l'avouer. La situation s'est débloquée quand ce sujet de discussion est arrivé sur la table. À partir du moment où il était possible d'aborder sereinement notre niveau d'incompétence collective, nous avons pu commencer à y travailler. Nous verrons plus loin dans la partie « Comment nous gérons les erreurs » que permettre l'erreur est au cœur de toute démarche d'innovation. Notre mouvement de transition vers l'agile s'est enfin conclu par la généralisation de ces méthodes à la quasi-totalité de nos projets, avec certes des degrés de « pureté » un peu différents en fonction des contextes de nos clients, mais avec un alignement à la fois remarquable et rare sur le marché.

En quelque sorte, nous avons expérimenté la même dynamique brillamment capturée par le Gartner pour décrire la macroéconomie de l'adoption des technologies, le fameux « *hype cycle* », et qui semble tout aussi bien s'appliquer à la transformation culturelle au sein d'une seule entreprise.

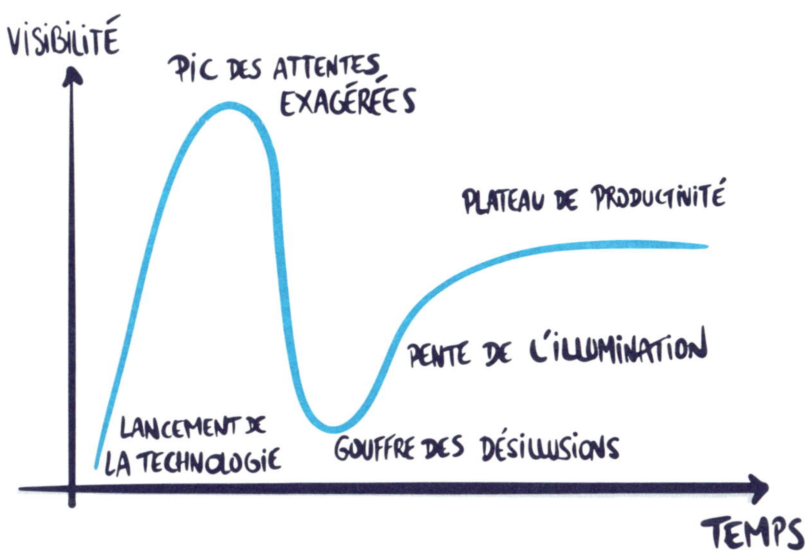

Hype Cycle – inspiré de Wikipedia.
https://fr.wikipedia.org/wiki/Cycle_du_hype

- **Quatrième réflexion, en termes de leadership, il faut savoir varier les approches au cours du temps.** Il s'agit là d'une conséquence directe de la forme de la courbe présentée ci-dessus. Les débuts nécessitent de déminer les critiques trop théoriques des détracteurs et de nourrir l'enthousiasme mais sans trop pointer les projecteurs au risque d'alimenter beaucoup de ressentiments que l'on retrouvera sur le chemin. Il est également important de libérer le terrain de jeu, notamment en relâchant la contrainte économique et la pression des standards, afin de favoriser l'expérimentation. Après quelque temps, le soufflé retombe : c'est alors le moment de saluer les progrès déjà accomplis, de remettre les échecs en perspective en soulignant qu'ils font partie du processus, de rappeler l'objectif final et de ré-insister parfois auprès de certains sur les engagements qu'ils ont pris. L'étape suivante consiste, lorsque la pensée de groupe commence à changer de camp, à libérer la parole autour des « *Dirty little secrets* » : les actes en décalage avec les propos, les comportements de résistance passive, les personnes qui n'osent pas dire qu'elles ne savent pas… Il est essentiel de contenir toute tentation de stigmatisation ou de jugement. Le seul fait de rendre possible ce type de conversations conduit de façon presque magique à l'émergence des initiatives qui vont résoudre ces tensions. La dernière étape consiste à affirmer la nouvelle norme, sur le mode « chez nous, c'est désormais comme cela que nous faisons les choses, aussi longtemps que nous n'aurons pas trouvé de standard plus efficace », avec le corpus de *best practices*, processus et formations qui accompagnent le mouvement.

- **Dernière réflexion, le changement est un processus qui peut devenir très violent :** il est certain qu'au moment où l'agile a montré le bout de son nez chez OCTO, nous étions loin d'avoir la maturité en facilitation et communication non violente que nous avons aujourd'hui. Nous étions juste une bande de jeunes geeks avec un goût prononcé pour le débat d'idées. Et rappelons-le, tout a commencé à une époque où l'agilité était loin d'avoir concrétisé ses promesses sur des projets réels. Il n'en reste pas moins que les débats entre nous ont été houleux : cette remise en

> *L'amplitude réelle d'un changement peut se mesurer à l'aune des tensions qu'il génère. Sans douleur, pas de changement !*

cause de notre lecture du monde induisait des questionnements, des pertes de légitimité, des inconforts, des modifications de rapports de force, et tout cela est source de conflits. À l'extrême, on peut considérer que l'amplitude réelle d'un changement peut se mesurer à l'aune des tensions qu'il génère. Les organisations qui cherchent à se transformer ont ainsi comme enjeu d'**accepter ces conflits tout en évitant qu'ils ne dégénèrent** en affrontements pour trouver une voie entre le statu quo et la guerre civile. Mais sans douleur, pas de changement ! En ce qui nous concerne, la petite taille de l'entreprise, la jeunesse de ses membres et les liens d'amitié qui nous réunissaient, nous permettaient de déminer les situations à la taverne du coin.

LES 5 RECETTES
PRENDRE LE TEMPS
CONVAINCRE EN FAISANT FAIRE
ACCEPTER UN RYTHME NON-LINÉAIRE
VARIER LES APPROCHES
#@! ACCEPTER LES CONFLITS
EN ÉVITANT QU'ILS DÉGÉNÈRENT

1.5 En route vers la sociocratie !

Au moment d'écrire ces lignes, nous sommes en train de pousser le concept d'entreprise agile un cran plus loin en entamant une transition vers la sociocratie 3.0. En parallèle de la rédaction de ce livre, ce cadre de référence, d'abord très émergent, s'est de plus en plus largement diffusé au sein d'OCTO.

Comme nous le verrons, l'adoption de l'agilité apporte un certain nombre de réponses, mais soulève également d'autres questions à un niveau plus large et en particulier au niveau de la gouvernance. À cette échelle, les modèles qui permettent de guider la réflexion et l'action ne sont pas légion.

Nous pourrions certes évoquer SAFe, qui se définit comme un « schéma d'organisation et de process destiné à déployer à grande échelle les méthodes agiles », mais son côté très procédural, et donc mécaniste, conduit plus à cocher les cases qu'à faire émerger une véritable culture et de réelles valeurs agiles. Et dès que l'on sort du mode projet, SAFe devient quasiment muet.

Nous aurions pu nous inspirer du modèle Spotify (et nous l'avons fait !). Mais, ce n'est pas tant un modèle qu'une méthode de résolution de problème, elle aussi, quasi uniquement focalisée sur l'activité de (très gros) développements logiciels.

Quant aux entreprises « libérées » ou « opales », les ouvrages qui les abordent décrivent quelques grands principes et un catalogue des pratiques puisées parmi les différentes organisations qu'ils citent en exemple. Il s'agit de sources d'inspiration inestimables auxquelles nous avons généreusement puisé, les multiples références de cet ouvrage le montrent, mais ces modèles ne fournissent pas véritablement un cadre opératoire cohérent.

Nous aurions pu tout autant poursuivre notre route tout seuls, comme nous l'avons longtemps fait, en continuant à élaborer nos propres stratégies pour répondre aux enjeux que nous rencontrons. Mais pourquoi réinventer la roue alors que nous pouvons trouver des solutions sur étagère qui nous conviennent ?

Nous avons jeté un (rapide) coup d'œil à l'holacratie : nous avons trouvé cette méthode intimidante, potentiellement dogmatique (avec la signature d'une « constitution »), et le système de certification ne nous semblait pas en accord avec les fondements, même si ce jugement lapidaire ne s'appuie pas sur une mise à l'épreuve robuste.

Nous avons en revanche jeté notre dévolu sur la sociocratie 3.0 : cette approche est, comme l'holacratie, héritière de la sociocratie. Ces méthodes ont en commun quatre outils puissants :

- L'organisation en cercles ;
- Le double lien pour assurer la connexion entre les cercles ;
- La décision par consentement ;
- L'élection sans candidat.

La sociocratie ajoute une liste de « *patterns* » dont une large part est inspirée des méthodes agiles et entre en parfaite résonance avec les pratiques historiques d'OCTO, ce qui explique sans doute notre inclination spontanée.

Nous sommes au début du chemin, mais la sociocratie devrait nous permettre de passer un cap dans notre maturité. J'ai pour ma part l'intime conviction qu'il s'agit d'un cadre très prometteur, à même d'intégrer les méthodes agiles à l'échelle de toute une organisation et qu'il constitue à cet égard un outil à considérer pour toute entreprise qui souhaite progresser sur la route de l'entreprise agile.

1.6 Comment nous nous sommes adaptés aux conditions de notre environnement

Ce chapitre est l'occasion d'aborder un sujet qui me fascine : comme nous le savons depuis Darwin, chaque structure vivante n'existe que parce qu'elle est adaptée à des conditions environnementales. Et ce principe s'applique non seulement aux structures biologiques, mais aussi aux constructions humaines telles que les entreprises. Il peut y avoir évidemment plusieurs formes d'adaptations différentes à des conditions environnementales identiques, mais à l'inverse, dès qu'une structure n'est plus adaptée, elle disparaît à plus ou moins court terme.

On peut donc critiquer la lourdeur de telle entreprise ou la piètre qualité de la relation client dans telle autre, mais si ces organisations existent encore, c'est par définition qu'elles répondent avec une certaine efficacité à un besoin du système global.

OCTO s'est adapté à son écosystème en développant son opportunisme. Pas du tout au sens d'un manque de constance dans ses convictions, mais dans sa capacité à saisir efficacement des opportunités. Cela nous a permis de nous développer à l'ombre des grands intégrateurs, en nous nourrissant des miettes qu'ils n'avaient pas la souplesse ou la vélocité de saisir. Nos modes de fonctionnement, notre structure (ou manque de structure) organisationnelle et nos façons de penser portent l'empreinte de cette orientation initiale.

Pendant longtemps, nous avons été capables de démarrer une mission pour un nouveau client avec une rapidité enviable de quelques jours. Notre capacité à nous mobiliser, le fait que nous ayons souvent des personnes qui ne sont pas occupées à 100 %[15] , la légèreté de nos processus, la simplicité de nos outils étaient autant d'atouts qui nous permettaient d'atteindre de façon répétée ce niveau de réactivité.

15. Le « slack » ou mou en français, est, comme le décrit très bien l'ouvrage éponyme de Tom DeMarco, une condition indispensable à la saisie d'opportunités. C'est un principe que les spécialistes du lean management connaissent également bien.

Avec l'augmentation de taille, notre intégration au sein d'un grand groupe international et le fait que nous soyons soumis aux règles Sarbanes-Oxley[16], certaines pratiques ne sont certes plus possibles, mais notre capacité à saisir des opportunités commerciales nouvelles reste au-delà de la norme et constitue un élément important de différenciation.

D'autre part, notre fonctionnement en mode tribu (tel que décrit dans le chapitre « Comment nous sommes organisés ») nous permet d'ajuster très rapidement nos priorités en fonction des sujets chauds du moment. Si une tribu n'a plus suffisamment de sollicitations sur son cœur d'activité, elle est incitée à se positionner sur les sujets connexes et dispose de l'autonomie nécessaire.

Cet opportunisme a, en retour, façonné nos processus et notre culture. Or, chaque organisation a les défauts de ses qualités et ce trait culturel a évidemment des contreparties.

▷ Par exemple, la construction d'approches commerciales structurées est une activité qui nous est laborieuse. Les plans de compte, les réflexions stratégiques sur les priorités, l'entretien de relations dans la durée, sont des habitudes peu ancrées chez nous. Nous préférons répondre à la sollicitation suivante plutôt que de convaincre un client existant de nous confier son nouveau sujet. Cela nous évite au moins la réputation d'être commercialement trop insistants...

▷ Une conséquence directe du point précédent est le manque d'endurance pour nous positionner sur les grands dossiers stratégiques qui nécessitent des mois et parfois des années pour se concrétiser. En ce sens, notre maison-mère nous complète aujourd'hui parfaitement.

▷ Nous souffrons aussi d'un trouble de l'attention structurel, collectif et quasi-pathologique. Saisir les opportunités requiert d'être ouvert aux possibilités.

La curiosité qui fait partie de nos qualités se retourne alors contre nous, car il nous est difficile de renoncer à des sujets, à des clients,

---

16. Cette loi comptable qui s'impose aux entreprises de droit américain a pour objectif de rendre la communication de l'information financière plus fiable et de lutter contre les comportements déviants et frauduleux.

avec la déperdition d'énergie qui accompagne naturellement ce type de postures. Nous sommes ainsi à l'opposé de la vertu de « focus » prônée par Steve Jobs. Nous essayons de progresser sur ce point, mais devons pour cela aller à contre-courant de notre détermination génétique.

L'adaptation à notre écosystème nous a également poussés à développer une expertise technologique et méthodologique très pointue, car c'est là qu'il y avait des « places à prendre ». Au moment où nous nous sommes installés sur le marché, une tendance de fond était la « commoditisation » et la massification des prestations informatiques : la doctrine dominante des grands acheteurs de prestations informatiques était que la technologie, en dépit de leurs besoins croissants, n'était pas dans leur cœur de métier (on voit à quel point le marché a viré depuis !) et requerrait des compétences à la fois très spécifiques et difficiles à entretenir dans la durée. Une stratégie courante pour ces acteurs a ainsi consisté à laisser les clés de leur SI aux moins-disants des gros intégrateurs, qui se sont alors structurés pour répondre à ces demandes.

> *Les GAFAM ont chacun dans leur style, créé des règles du jeu qui s'imposent désormais à tous.*

Évidemment, se positionner sur des marchés de massification était difficile pour une entreprise nouvellement créée comme OCTO. Nous avons donc emprunté la voie du « *Small Is Beautiful* », à la fois en offrant des opportunités aux candidats qui ne trouvaient pas leur compte dans ce nivellement du marché de la compétence, et également en nous positionnant auprès des clients comme tiers de confiance neutre face à leurs principaux partenaires industriels. Les audits, états des lieux et autres diagnostics IT ont ainsi constitué, pendant longtemps, une part significative de notre activité.

Nous aurions pu faire preuve de plus d'ambition en tentant de changer les codes de notre marché, comme les GAFAM arrivent à le faire à la perfection : ils ont, chacun dans leur style, créé des règles du jeu qui s'imposent désormais à tous. Mais ils sont soumis à la même loi « naturelle » : ils ont su s'adapter à leur environnement.

Sans prétendre jouer dans la même cour que ces géants, toutes les initiatives et pratiques que nous décrirons dans ces pages sont, pour nous aussi, des réponses pour nous adapter au mieux à un écosystème changeant.

1.7 Un contexte propice à l'innovation managériale ?

L'ambition de cet ouvrage est de partager les expériences que nous avons vécues au cours de notre cheminement vers l'entreprise agile et les leçons que nous en avons tirées.

Certains enseignements ont une valeur quasi-universelle, mais il est indubitable que d'autres sont liés à un contexte spécifique et donc plus difficilement transposables.

Cette partie vise donc à expliciter les quelques caractéristiques qui structurent fortement le milieu dans lequel nous évoluons. Mais comme le dit joliment un proverbe américain, « *Don't ask the fish about the water* » : le poisson ne voit pas l'eau dans laquelle il nage. Il est donc probable que certains déterminants d'OCTO m'échappent et ne figurent pas dans la liste ci-dessous.

Un environnement économique favorable

Le premier point marquant est qu'il n'y a pas de chômage structurel dans notre secteur. Les études convergent sur le fait que les métiers du numérique vont poursuivre leur croissance et peiner à pourvoir les postes créés dans les années à venir[17]. La Covid-19, loin de casser cette dynamique, pourrait même la renforcer, tant le digital a été un facteur de résilience pour les entreprises. Par conséquent, sur notre marché, le pouvoir de négociation se trouve du côté des salariés plutôt que du côté des employeurs. S'ils ne trouvent plus leur équilibre entre rémunération, intérêt des activités, environnement de travail et évolution de carrière, il y a fort à parier que la concurrence se fasse fort de les débaucher, à commencer par les meilleurs. Nous en avons fait, il y a quelques années, l'amère expérience - décrite dans le chapitre

17. Rapport de la DARES : Les métiers en 2022, Prospective par domaine professionnel, Julie Argouarc'h, Sandrine Aboubadra-Pauly, Frédéric Lainé, Cécile Jolly - https://dares.travail-emploi.gouv.fr/publications/les-metiers-en-2022.

« Comment nous sommes organisés ». Notre marché étant « piloté par la ressource » et non « par la demande », perdre un consultant ou une consultante peut donc être vu comme plus pénalisant que perdre une mission, d'autant plus que l'investissement pour former un expert de haute volée est bien souvent supérieur à celui nécessaire pour signer un nouveau contrat[18]. Cette contrainte, qui invite à une certaine forme de vertu dans les relations avec les employés, ne concerne évidemment pas tous les secteurs : on imagine bien, par exemple, qu'un acteur de l'eCommerce qui installerait un entrepôt dans une zone à fort taux de chômage n'aurait pas ce type de préoccupations. Beaucoup de nos réflexions sur l'agilité, la qualité de vie au travail, le sens et la culture du management sont ainsi plus ou moins directement motivées par la nécessité d'attirer et de fidéliser des personnes qui ont un large éventail d'options professionnelles. Notre situation fait écho aux considérations que Vineet Nayar, l'ancien CEO de HCL Technologies, partage dans son ouvrage au titre explicite et qui pourrait paraître, à tort, provocateur, « *Employees First, Customers Second: Turning Conventional Management Upside Down*[19] » : la satisfaction client n'est qu'une conséquence de l'épanouissement des employés dans leur travail.

Un corps social en renouvellement ultra rapide

Une autre caractéristique propre à notre secteur est la démographie particulière des personnes employées : la moyenne d'âge est relativement basse, de l'ordre de 30 ans, et le niveau de diplôme plutôt élevé avec une forte proportion d'ingénieurs. Il s'agit donc d'une population très à l'aise avec les outils numériques et prédisposée à l'adaptabilité et à l'apprentissage. Si on ajoute à cela que notre croissance (parfois jusqu'à 30%) et notre turn-over (de l'ordre de 7 à 15%) sont en moyenne élevés, nous avons les conditions d'un changement du corps social extrêmement rapide : en 2,5 ans seulement, la moitié de notre effectif a été renouvelé.

---

18. Cette affirmation est évidemment à moduler en fonction de la taille moyenne des contrats signés. Pendant longtemps, cette taille est restée chez nous de l'ordre de 6 mois du coût d'un ou d'une consultante expérimentée.

19. Harvard Business Review Press (1er mai 2010).

En conséquence, le besoin d'adaptabilité est sans commune mesure avec le contexte des grandes entreprises que j'ai pu côtoyer et par exemple la reconversion professionnelle massive de nos équipes est un sujet qui nous est complètement étranger.

L'humain au cœur de notre métier

À cela s'ajoutent les particularités des métiers de conseil dont nous héritons. Notre activité est presque exclusivement fondée sur le capital humain : deux personnes peuvent lancer en quelques jours leur cabinet de conseil avec pour seul investissement l'achat de deux ordinateurs portables. Bien sûr, le sujet de l'humain est en vogue dans tous les secteurs, mais il ne se matérialise pas de la même façon sur un site industriel avec des installations lourdes.

Une activité propice à l'expérimentation

Comme beaucoup d'entreprises de conseil, nous avons aussi la chance d'avoir une activité fondamentalement peu risquée : même si nous sommes impliqués sur des projets à forts enjeux pour nos clients, nous ne sommes pas confrontés à des situations présentant des risques vitaux, nous ne manipulons pas de matières dangereuses et nous ne sommes pas détenteurs d'informations ultra-critiques relatives à la sécurité nationale ou à la stratégie de nos clients. La situation tend, il est vrai, à évoluer avec l'explosion des menaces liées à la cybersécurité et avec les risques de mauvaise manipulation de données personnelles, mais notre activité reste malgré tout encore modérément exposée. À n'en pas douter, cette caractéristique nous place dans une position très favorable pour essayer de nouvelles pratiques. Le poids de l'expérimentation est probablement tout autre sur un site Seveso ou dans un centre hospitalier où le moindre faux pas peut coûter des vies.

Un espace de liberté pour innover

N'oublions pas non plus que, même si nous faisons désormais partie d'Accenture, grand groupe mondial coté sur les marchés, nous gardons à maints égards des modes de fonctionnement propres à une (grosse) PME. Nous avons conservé en particulier une large autonomie sur notre modèle opératoire, ce qui n'est pas toujours le cas dans les multinationales. Or, disposer d'une certaine latitude sur des déterminants du système est évidemment une composante-clé des pratiques qui sont décrites ici ; on ne crée pas de l'innovation managériale en déclinant scrupuleusement des directives mondiales.

Des sources d'inspirations disponibles

Pour finir la liste des éléments de contexte qui assurent un terreau fertile à nos initiatives, rappelons que nous sommes assis sur les épaules de géants. Quiconque prend le temps de creuser le sujet des nouvelles formes d'organisation, découvre rapidement que les sources d'inspirations sont nombreuses - et parfois anciennes - et que tout a déjà été tenté quelque part dans le monde. En quelque sorte, se lancer dans l'aventure aujourd'hui se fait avec le corrigé : il faut, il est vrai, un peu d'efforts pour agencer les briques éparses, mais on ne souffre pas de la solitude des précurseurs. En ce qui nous concerne, nous avons copieusement puisé dans les pratiques des *Pure Players* du web : par exemple la transparence, l'agilité, les cycles courts et l'autonomisation des équipes sont des caractéristiques que beaucoup d'entreprises de la Silicon Valley ont en commun.

> *Quiconque prend le temps de creuser le sujet des nouvelles formes d'organisation, découvre rapidement que les sources d'inspirations sont nombreuses - et parfois anciennes - et que tout a déjà été tenté quelque part dans le monde.*

Le contexte dans lequel nous évoluons est donc très favorable à l'innovation, mais toutes les entreprises qui bénéficient des mêmes conditions ne se retrouvent pas, loin s'en faut, aux avant-postes de l'innovation managériale. À l'inverse, je suis toujours surpris de certains endroits où fleurissent les initiatives inspirantes : parmi les exemples d'entreprise « libérées » régulièrement invoqués, se trouvent une société de nettoyage industriel, une entreprise de soins à domicile, des ministères et bon nombre de sites industriels, soit autant de terrains qu'on imaginerait spontanément assez peu propices à ce type d'émergences. À tel point que la contrainte peut paraître un terreau plus fertile que les prédispositions structurelles.

1.8 Un système idéal ?

Je suis amoureux d'OCTO : un amour de plus de 20 ans qui dure encore aujourd'hui.

OCTO est une entreprise capable d'apprendre, de « craquer » des sujets complexes par des initiatives courageuses. Et avant tout, OCTO est une entreprise alignée et extrêmement congruente[20].

Même avec l'aveuglement de la passion, je n'oserais prétendre que le cas OCTO est unique ou même idéal ; la partie « ce que nous ratons » en témoignera.

Attendre la perfection d'une organisation faite de femmes et d'hommes est un bien noble objectif, mais dont on ne peut s'approcher que de façon asymptotique : chacun et chacune apporte dans cette construction collective, ses qualités, ses zones d'ombre, ses contradictions personnelles, ses attentes et son parcours individuel, qui peuvent tous se trouver en orthogonalité, temporaire ou radicale, avec la trajectoire de l'entreprise. Le goût très humain pour la puissance, l'argent et la gloire, pour reprendre les mots d'Emmanuel Faber[21], à la fois extrêmement corrosif et délicat à canaliser, apporte, lui aussi, son lot de contrariétés à l'atteinte de toute forme d'utopie.

On aura beau s'agiter, il y aura toujours une part irréductible de médiocrité dans tout projet collectif humain.

Mais l'une des intentions de cet ouvrage est aussi et malgré tout de proposer une alternative à la littérature stigmatisant le monde de l'entreprise et son cortège de maux, qui, en France, constitue quasiment un genre en soi. Les ouvrages tels *La comédie in(humaine)*[22] ou *L'Open*

20. On parle de congruence pour une personne quand ses différents moyens d'expression (discours, gestes, postures, expressions du visage, qualité de la voix) véhiculent le même message. Par extension, pour une entreprise, la congruence correspond au fait que les éléments de culture et les comportements sont en phase avec les messages et les valeurs affichées aussi bien en interne qu'en externe.

21. Le PDG de Danone, qui a prononcé un discours très inspirant aux jeunes diplômés de HEC en juin 2016 - https://www.youtube.com/watch?v=Jx-X8teJAfA, consulté le 10 janvier 2020.

22. Julia de Funès et Nicolas Bouzou, L'observatoire, 2018, 176p. Thomas Zuber et Alexandre Des Isnards, Pocket, 2015, 224p.

space m'a tuer dressent un constat certes pertinent et acide, mais qui, avec l'intention de mettre les rieurs et les indignés du bon côté, généralisent à outrance et proposent des solutions conceptuelles et rapides en regard des réalités de terrain.

Comme l'affirme le dicton populaire, le roi est nu : il évolue dans un environnement que sa propre présence déforme. C'est donc ma vision que j'expose ici. Avec mes angles morts et mes propres limites. Probablement que la version d'une recrue récente, ou de la personne en charge de l'accueil différera de la mienne. Sans doute même circulent sur mon compte des anecdotes contraires à ce que je décris dans ces pages. J'ai tellement constaté ce type d'incongruences chez d'autres leaders et d'autres dirigeants que je ne saurais affirmer que j'en suis parfaitement préservé. Une position qui s'accompagne d'un pouvoir symbolique vient nécessairement avec son lot d'effets de bord.

Néanmoins, les entreprises ne peuvent évoluer que si leurs dirigeants assument que le changement passe d'abord par eux. Et OCTO n'aurait pas pu devenir ce qu'elle est si je n'avais, par étapes, pris conscience à la fois de mes limites et de mon rôle dans le système, et décidé de progresser sur ces sujets.

Si on se réfère au cadre de la Process Com[23] et des types de personnalité qu'elle définit, les tests m'attribuent une dominante de travaillomane, et à ce titre, je serais donc une personne structurée et efficace, mais en même temps peu chaleureuse et avare de reconnaissance, particulièrement en période de stress. En prendre conscience a été le premier pas sur le chemin d'une amélioration patiente et graduelle. Cela m'a aussi permis de donner à lire certains de mes comportements à mon entourage, non pas pour me dédouaner de mes responsabilités, mais pour fournir des clés de ma personnalité à mes proches collaborateurs afin que chacun, dans la relation, puisse prendre un pas de recul pour interagir au mieux. Il est vrai que le naturel a tôt fait de revenir au galop, mais à force de vigilance et de persévérance, on parvient à contrarier les habitudes les plus établies et à en construire d'autres.

23. https://fr.wikipedia.org/wiki/Process_communication, consulté le 10 avril 2020.

1.9 Le secteur du digital, à la pointe de la pensée organisationnelle moderne ?

L'histoire économique est écrite par les vainqueurs. Les méthodes de management en vogue à une époque donnée sont celles qui sont inventées et déployées dans les secteurs attirant les meilleurs talents d'une génération. Il y a 30 ans, il s'agissait de l'industrie manufacturière et notamment de l'automobile ; il y a 20 ans, la banque et le conseil en stratégie avaient pris le relais. Désormais, le secteur le plus attractif est celui de la technologie. On peut prédire raisonnablement que les revers actuels de popularité des GAFAM et la montée des préoccupations environnementales annoncent un changement d'ère prochain - probablement en faveur des éco-business -, mais c'est encore aujourd'hui le secteur du digital qui donne le « la » sur les approches d'organisation et de management modernes.

Or, la plupart de ces grandes entreprises du web sont tombées dans la marmite de l'agile quand elles étaient petites, à tel point qu'elles n'éprouvent pas même le besoin de s'afficher comme étant agiles, ni même digitales. Malgré tout, leur cadre opératoire fait de cycles courts, de mesure systématique, de collaboration et d'adaptation rapide au changement est devenu le modèle inspirationnel de toutes les entreprises plus traditionnelles dans leur quête de l'efficacité absolue.

Dans le même mouvement, les technologies numériques ont progressivement gagné le cœur opératoire de la plupart des entreprises. D'activité marginale, la production de logiciels est devenue bien souvent stratégique, et dès lors, pourquoi ne pas transposer les bonnes recettes à d'autres pans de l'activité ?

Voici donc comment des méthodes au départ purement applicables à la production de code informatique sont devenues le parangon des transformations organisationnelles des entreprises de tout secteur.

Les cabinets de stratégie, en s'emparant eux aussi des principes d'agilité - plus d'ailleurs dans les sujets qu'ils poussent à leurs clients que dans leur mode de fonctionnement - ont fini de consacrer le succès des méthodes agiles dans la sphère du management et de l'organisation. À tel point que le mot agile a fait la manchette de la prestigieuse *Harvard Business Review* américaine deux fois en deux ans ! Et les nouvelles modes en provenance des GAFAM et de leurs acolytes se succèdent à un rythme rapide. C'est ainsi que des expressions comme *MVP*, *Design Sprint*, *Lean Startup* ou encore *Design For Failure* se sont invitées dans le jargon de nombreux managers, quel que soit leur corps de métier.

> La culture des cycles courts et de la mesure, un combo d'une redoutable efficacité qui s'imposera probablement très largement dans le monde de l'entreprise.

Il est probable que cette hégémonie du monde du digital sur la pensée organisationnelle perdure encore quelque temps : la culture des cycles courts et de la mesure qui sous-tend les pratiques des acteurs du numérique permet à la fois une boucle d'expérimentation et d'apprentissage extrêmement rapide et fournit des données pour étayer les conclusions. Il s'agit là d'un combo d'une redoutable efficacité qui s'imposera probablement très largement dans le monde de l'entreprise.

2.

LA CONSTRUCTION DU PROJET COMMUN

QUI VEUT CONSTRUIRE HAUT

CREUSE PROFONDÉMENT

PROVERBE MONGOL

2.1 Comment nous créons du sens

« *Start With Why* » ! Telle est l'injonction du fameux livre de Simon Sinek devenu désormais un classique de la littérature managériale[1] et qui nous a fortement inspirés chez OCTO. Il est donc tout naturel de commencer cette partie avec le sens et le questionnement.

La création de sens est un enjeu fort de toute entreprise aujourd'hui.

On entend parfois que les générations Y, Z et autres millenials seraient particulièrement sensibles à ce sujet, et notamment en comparaison avec leurs aînés. Il semblerait plutôt que le besoin de sens ait toujours été essentiel pour l'être humain, mais trouvait autrefois d'autres

1. *Start with Why: How Great Leaders Inspire Everyone to Take Action*, Simon Sinek, Portfolio 2011, 256p.

Si la recherche de sens est une constante chez Homo Sapiens, le rôle que joue l'entreprise dans l'accomplissement de cette quête devient plus central.

façons de se déployer, que ce soit par des ancrages locaux, politiques ou religieux. Et l'effritement de ces cadres laisse désormais peser sur l'entreprise des attentes plus fortes. Il est également probable que l'évolution de la société ait conduit à des équilibres différents entre aspiration à un épanouissement individuel rapide et « sens du devoir ».

D'autre part, le citoyen et l'employé interrogent de plus en plus la contribution positive ou négative de chaque entreprise aux désordres du monde moderne.

Ainsi, si la recherche de sens est une constante chez Homo Sapiens, le rôle que joue l'entreprise dans l'accomplissement de cette quête devient plus central, et on attend avec plus d'insistance qu'elle nous permette de contribuer à quelque chose de plus grand que nous.

Sur le site re:Work[2], qui vise à partager « une collection de pratiques, recherches et idées issues de Google et d'autres pour aider ceux qui le souhaitent à mettre la priorité sur l'humain et contribuer à rendre le travail meilleur », un accent particulier est porté sur les conditions de succès d'une équipe. Selon les recherches effectuées par Google, cinq critères sont nécessaires, dont deux qui entrent en parfaite résonance avec ce chapitre :

- **Le sens :** trouver du sens soit dans les activités elles-mêmes, soit dans les réalisations produites.
- **L'influence :** avoir le sentiment que sa propre contribution change la donne.

Et ce panorama ne serait pas complet sans mentionner la tendance de fond qui émerge depuis peu et que la crise de la Covid-19 semble renforcer, celle de la raison d'être et du statut d'entreprise à mission.

---

2. https://rework.withgoogle.com/print/guides/5721312655835136/

Ce mouvement, initié par la loi PACTE du 22 mai 2019, vise à inscrire dans la gouvernance des entreprises une finalité qui ne soit pas seulement capitalistique, mais qui s'ouvre à une contribution positive à la société. Bien que l'authenticité ne soit pas toujours au rendez-vous, on sent que ce sujet est désormais sur la table des comités de direction, comme le prouvent les premiers signaux en provenance des membres du CAC40[3].

Même si le sens est une préoccupation désormais majeure des acteurs économiques, employeurs comme employés, il ne faut évidemment pas occulter les fortes disparités qui existent. Pour ce qu'elle vaut, la pyramide de Maslow illustre le fait qu'un individu est bien plus susceptible de se soucier de la mission de l'entreprise qui l'embauche quand il bénéficie d'un emploi stable, correctement rémunéré et stimulant.

Chez OCTO, notre façon de créer du sens est passée par la rédaction collective d'un manifeste, dont l'idée nous est venue après la découverte de Simon Sinek.

Ce manifeste est le suivant :

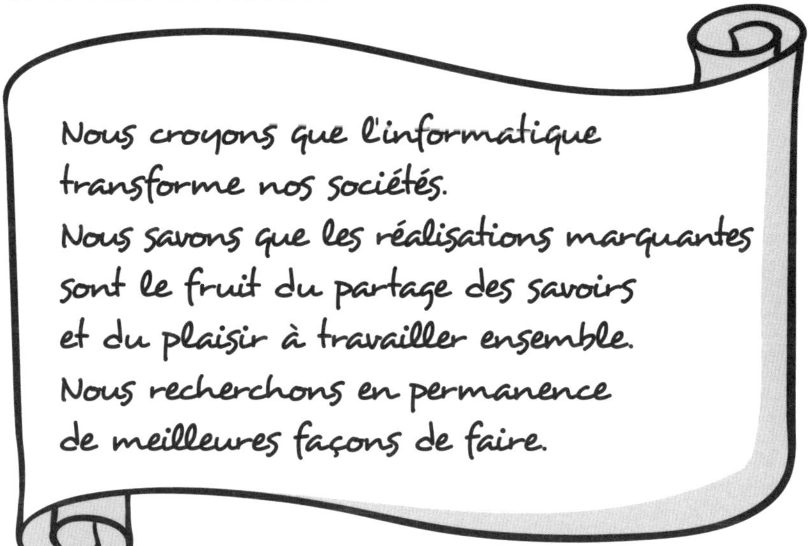

3. http://www.influencia.net/fr/actualites/media-com,etudes,entreprises-cac40-age-raison-etre,10398.html, consulté le 26 août 2020.

Ce texte nous accompagne depuis près de 10 ans maintenant. Il est difficile d'imaginer le temps de cerveau que ces 3 phrases ont exigé : avec des fausses pistes, des revirements, des impasses. Certains mots ont vieilli : ainsi, si ce manifeste annonce le digital, il est antérieur à la banalisation du mot, d'où l'usage de « informatique » qui sonne presque vintage aujourd'hui.

Cet étendard est assez régulièrement challengé par de nouveaux arrivants, qui, sans prendre toujours le temps nécessaire pour s'en imprégner véritablement, ne le jugent pas suffisamment radical. La vague des MTP (*Massive Transformation Purposes*) popularisés par les start-ups « hypes » et les leaders charismatiques tels que Elon Musk est passée par là : il faut avoir une vision transformationnelle à l'échelle de l'humanité sans quoi le risque est grand d'échouer à donner aux *millennials* l'envie de se lever le matin. Et il est vrai qu'il est difficile d'être aussi messianique que les MTP de Tesla ("*Accelerate the transition to sustainable transportation*") ou de SpaceX ("*Humans must become a multi-planetary species*").

Pour ma part, je reste fier de notre « *why* ». Il est fidèle à ce que nous sommes, nous inspire et guide nos actions.

Nous incarnons en particulier jusqu'à l'extrême la formule finale « Nous recherchons en permanence de meilleures façons de faire » et ce, jusque dans ses dimensions les plus sombres qui font de nous d'éternels insatisfaits.

Mais ce manifeste accuse désormais son âge, ce qui devrait nous conduire à le revisiter en profondeur prochainement. En particulier, il est désormais inenvisageable qu'il n'intègre pas les dimensions sociétales et environnementales qui sont aujourd'hui au cœur des préoccupations des employés OCTO et qui commencent à imprégner toutes nos actions. Un pas important (que nous franchirons sans doute prochainement) serait évidemment d'inscrire ce nouveau why dans nos statuts et, qui sait, de devenir une entreprise à mission ?

Les équipes, qu'elles soient opérationnelles ou support, se sont spontanément emparées de cette pratique du « why » pour créer leur propre version, souvent déclinée de l'original.

En voici quelques exemples :

▷ « Nous croyons que les usages de demain seront avant tout mobiles. Nous voulons changer la vie des gens et leur apporter la meilleure expérience utilisateur. Nous savons que faire un projet mobile de qualité n'est pas simple. Nous recherchons en permanence de meilleures façons de faire. »

Ou encore :

▷ « Nous nous engageons à diffuser les valeurs et savoir-faire d'OCTO pour concrétiser la transformation numérique de la région Nord avec audace et plaisir. »

Ces émergences locales sont un bon indicateur de l'adhésion et de l'énergie que peuvent nourrir ces quelques phrases qui nous guident. Le temps que l'on y passe sur le moment peut paraître disproportionné mais les résultats éclairent le chemin pendant de longues années.

En quelques mots

- **Créer du sens est un enjeu fort pour toute entreprise.**
- **Écrire un why inspirant et incarné constitue un excellent point de départ.**
- **Cet investissement en temps important peut être l'occasion d'une belle expérience collective !**

2.2 Comment nous partageons le pourquoi des choses

Ce sujet du « partage du pourquoi » s'inscrit évidemment dans la droite ligne de la section précédente, mais au-delà du « *why* » un peu messianique de l'entreprise, la question du sens se pose pour chacune de ses activités : pourquoi nous prenons telle décision, pourquoi nous appliquons tel processus, pourquoi nous demandons à telle personne de réaliser telle action, pourquoi nous utilisons tel outil, etc.

> **Remettre en perspective le pourquoi des choses est une habitude qui s'est progressivement ancrée au sein d'OCTO, de façon souterraine mais puissante, jusqu'à devenir un véritable réflexe.**

Remettre en perspective le pourquoi des choses est une habitude qui s'est progressivement ancrée au sein d'OCTO, de façon souterraine mais puissante, jusqu'à devenir un véritable réflexe. Elle constitue en ce sens une cristallisation chimiquement pure de notre *baseline* « *There is a better way* » : car comment découvrir ce meilleur chemin si nous ne pesons pas en permanence le sens de nos actions ? Les niveaux hiérarchiques interfèrent très peu avec cette pratique : les plus jeunes peuvent interpeller assez naturellement leurs aînés ou leurs managers sur le fondement des demandes qui leur sont adressées.

Probablement n'aurais-je pas écrit ce chapitre sans le frottement culturel que nous avons vécu lorsque nous avons rejoint Accenture et qui m'a permis de mesurer à quel point la recherche du pourquoi nous définissait, tout en étant loin d'être universellement partagée. Cet écart culturel nous a d'ailleurs conduits à certaines situations de collaboration assez inconfortables : il était parfois attendu des personnes d'OCTO une posture d'exécution qui entrait en conflit avec une très forte attente, côté OCTO, de justifications rationnelles et étayées des actions demandées.

Le cerveau humain est une machine à construire du sens : il fonctionne nettement mieux en termes de motivation et d'engagement quand les actions, les plus élémentaires soient-elles, s'inscrivent dans une finalité connue. Il s'avère même que le mot « parce que » revêt une dimension quasi magique. Dans une expérience classique[4], des étudiants utilisaient trois arguments différents pour essayer de court-circuiter la file d'attente à une photocopieuse :

- « Puis-je utiliser le photocopieur. »
- « Puis-je utiliser le photocopieur, parce que je dois faire des photocopies. »
- « Puis-je utiliser le photocopieur, parce que je suis très pressé. »

En dépit du caractère tautologique de la deuxième version, elle a fonctionné dans 93 % des cas, contre 60 % pour la première et 94 % pour la dernière.

Cette quête du pourquoi qui s'est installée chez OCTO est à bien des égards un réflexe salutaire qui nourrit grandement la motivation. Néanmoins, même les meilleures habitudes poussées à l'extrême deviennent des TOCs. Comme l'illustre très bien Daniel Kahneman dans l'ouvrage *Thinking, Fast and Slow*[5], si nous devions recourir en permanence à la réflexion consciente et rationnelle, notre vie deviendrait impossible. Il en est de même de la recherche de sens. Il faut pouvoir, sur les sujets standards, lui substituer l'habitude, et donc le processus, ce qui suscite chez nous bien des discussions.

En quelques mots

Revenir au pourquoi des choses est un levier pour plus d'efficacité, plus de pertinence et plus d'engagement des membres de l'entreprise.

4. Langer, E., Blank, A., & Chanowitz, B. (1978). The mindlessness of Ostensibly Thoughtful Action: The Role of "Placebic" Information in Interpersonal Interaction. Journal of Personality and Social Psychology, 635-642.
5. Farrar, Straus and Giroux, 2013, 499p.

2.3 Comment nous transmettons les valeurs

Les valeurs sont un sujet tarte à la crème de la culture d'entreprise, mais elles n'en restent pas moins importantes. Et depuis le retentissant scandale Enron[6] qui a marqué ma génération, on sait qu'il ne suffit pas d'afficher « intégrité » au fronton de l'entreprise pour que cette valeur soit incarnée par l'entreprise, y compris au plus haut niveau.

Chez OCTO, la première initiative de formulation des valeurs a été lancée par obligation, « parce qu'il est important d'avoir des valeurs », plus que par désir authentique, et à un moment où les fondations culturelles de l'entreprise étaient à la fois instables et peu conscientisées. Le résultat a été à la hauteur de l'importance et du temps que nous y avions accordé, c'est-à-dire convenu, générique et largement déconnecté de notre identité profonde.

Nous avons remis le couvert quelques années plus tard, dans la foulée de la définition de notre « why »[7], avec cette fois, une vision beaucoup plus poussée de l'exercice. Et en y consacrant le temps nécessaire, c'est-à-dire beaucoup de temps !

Le résultat auquel nous avons abouti est la définition de 7 valeurs, dont les descriptions, telles que consignées sur notre portail interne, sont les suivantes.

---

6. Enron était un courtier en énergie américain. L'entreprise a fait faillite en 2001 de façon tonitruante après avoir manipulé ses comptes de façon massive pour dissimuler ses pertes.
7. Cf chapitre « Comment nous créons du sens ».

1. Expertise

Définition : Qui connaît très bien quelque chose par la pratique / Qui témoigne d'une compétence / Qui est habile, exercé à la pratique d'un art, d'une activité.

Signification pour les Octos	Signification pour nos clients
Je recommande des actions que je maîtrise ou qu'OCTO maîtrise. Je me forme pour rester à la pointe sur les outils et les pratiques. Je contribue à la R&D d'OCTO pour améliorer mes compétences. Je sais dire quand je ne sais pas (mais je sais que je peux compter sur la communauté OCTO). Je sais trouver des compétences pointues chez OCTO. Je peux m'appuyer sur les savoirs de la communauté OCTO.	Les consultants OCTO sont à la pointe sur leur domaine de compétences. Les consultants OCTO savent de quoi ils parlent. Les consultants OCTO peuvent vous conseiller au-delà de leur périmètre d'intervention.

2. Solidarité

Définition : Rapport existant entre des personnes qui, ayant une communauté d'intérêts, sont liées les unes aux autres. / Sentiment d'un devoir moral envers les autres membres d'un groupe, fondé sur l'identité de situation, d'intérêts.

Signification pour les Octos	Signification pour nos clients
Je contribue activement au succès de la communauté OCTO. J'ai conscience que je représente la communauté OCTO en toutes circonstances. J'accepte d'aider mes collègues. Je partage ouvertement mon savoir avec mes collègues. Je sais que je peux compter sur les Octos et n'hésite pas à leur demander de l'aide.	Les consultants OCTO s'appuient sur les compétences de l'ensemble des consultants OCTO. On « n'achète » pas un consultant, mais le savoir-faire d'une communauté riche et diverse. Dans les moments difficiles, les consultants OCTO et OCTO se

• Un Octo peut compter sur la communauté en toutes circonstances.	serrent les coudes pour assurer la réussite de leur projet. • Les consultants OCTO sont managés par OCTO : leur lien avec OCTO reste fort même en mission longue.

3. Vitalité

Définition : Qualité de quelqu'un, d'un groupe dont l'énergie, le dynamisme se manifestent par l'activité. / Aptitude à produire des résultats nombreux et importants.

Signification pour les Octos	Signification pour nos clients
• Je suis engagé activement dans l'amélioration des outils et des pratiques OCTO. • J'anticipe et je connais les dernières tendances du marché. • Je produis et communique du contenu de référence. • Je participe à des communautés au-delà du périmètre d'OCTO. • Lorsque je m'engage, je délivre conformément à mes engagements. • Je suis autonome dans mes décisions, mais responsable des résultats. • Je m'appuie sur les résultats de mes pairs pour produire des résultats remarquables.	• OCTO produit du contenu de référence sur ses sujets d'intérêt. • Les consultants OCTO s'investissent pleinement dans les projets. • Les consultants OCTO restent positifs et factuels.

4. Courage

Définition : Fermeté, force de caractère qui permet d'affronter le danger, les revers, les circonstances difficiles. / Ardeur mise à entreprendre une tâche. /Force, énergie et envie de faire une action.

Signification pour les Octos	Signification pour nos clients
• Je prends des décisions. • Je prends des risques. • Je reconnais mes erreurs. • Je sanctionne à bon escient. • Je défends avec intelligence mes idées et mon point de vue. • J'ose dire « non », en préparant sérieusement mon argumentation. • J'essaie de réussir les choses par tous les moyens avant de renoncer. • J'ai le droit d'avoir un avis différent des autres (et je peux déplaire), j'ai le devoir de l'expliquer clairement.	• Les consultants OCTO exercent leur devoir de conseil en toutes circonstances et en toute indépendance. • Les consultants OCTO défendent les dossiers avec vigueur. • Les consultants OCTO sont capables d'innover par rapport à mon contexte. • Les consultants OCTO témoignent de la confiance dans leurs propositions et « tiennent la barre ».

5. Pragmatisme

Définition : Principe qui prend pour critère de vérité le fait de fonctionner réellement, de réussir pratiquement. / Attitude de quelqu'un qui s'adapte à toute situation, qui est orienté vers le résultat de son action.

Signification pour les Octos	Signification pour nos clients
• Je cherche en priorité à atteindre l'objectif. • J'applique en priorité des solutions « activables » et éprouvées plutôt que des résultats théoriques. • J'écoute et j'analyse le contexte de mon client pour lui apporter les meilleures solutions.	• Les consultants OCTO obtiennent des résultats tangibles rapidement. • Les consultants OCTO font simple sans s'égarer. • Les consultants OCTO s'adaptent et peuvent rapidement faire face à des changements de contexte.

- Je remets en question mon approche si les résultats ne sont pas obtenus rapidement.
- Je sais m'engager sur mes préconisations.

- Les livrables d'OCTO sont concrets et applicables dans mon contexte.

6. Curiosité

Définition : Qualité de quelqu'un qui a le désir de connaître, de savoir. / Ce qui retient l'attention, l'intérêt.

Signification pour les Octos

- J'accueille la nouveauté avec intérêt.
- Je m'informe des actualités sur mes domaines d'expertise, mon secteur, (je lis les blogs, les livres, ...).
- Je m'intéresse à mon client pour comprendre les spécificités de son secteur, de son entreprise, de ses clients.
- Je participe à des projets Open Source, je vais à des conférences, je déjeune avec mes anciens clients ou collègues.
- Je vais vers les nouveaux/anciens OCTO pour mieux les connaître.
- Je me forme et j'assiste aux BOF en-dehors de mon domaine de compétences initial.

Signification pour nos clients

- Les consultants OCTO sont des geeks, pas des « nolife ».
- Les consultants OCTO s'intéressent à leur client, au-delà de leur périmètre d'intervention : ils apprennent à parler votre langage.
- Les consultants OCTO font part de leurs idées et relaient des idées intéressantes venant de l'extérieur.
- Les consultants OCTO collaborent facilement avec les équipes déjà en place.

7. Honnêteté

Définition : Qualité d'un comportement d'une personne qui agit, parle conformément à sa pensée, qui est de bonne foi. / Qualité de quelqu'un qui est loyal, droit.

Signification pour les Octos	Signification pour nos clients
• Je suis franc, mais je sais y mettre les formes. • Je présente la réalité sans jugement de valeur et en donnant toujours des éléments factuels. • Je défends toujours des idées auxquelles je crois et que je peux confirmer par des arguments. • Je partage sans réserve et manipulation les 7 valeurs d'OCTO - c'est bon ça compile ! :o)	• Les livrables d'OCTO sont clairs et sans artifice. • Les consultants OCTO expliquent clairement leurs propositions. • Les consultants exercent leur devoir de conseil en toutes circonstances. • Les consultants OCTO ont une éthique qu'ils exercent en toutes circonstances.

Bien sûr, l'idéal serait que chaque collaborateur et chaque collaboratrice ait ces valeurs en tête. Pourtant, si on faisait des tests à l'improviste dans les couloirs d'OCTO, je doute que nous obtenions beaucoup de réponses exhaustives. Peut-être faudrait-il pour cela que nous élaguions cette liste et que nous n'en gardions que quatre ou cinq ?

Nous avons également matière à les rendre plus pratiques. Beaucoup d'entreprises formulent leurs valeurs sous forme de phrases : nous prônons ainsi la curiosité, mais sans doute qu'une phrase comme « Nous développons notre émerveillement et notre ouverture au monde en toute situation » serait plus inspirante.

À mes yeux, les valeurs d'une entreprise comme Buffer sont un modèle du genre, au moins dans leur formulation :

▷ 01. Default to transparency

▷ 02. Cultivate positivity

- 03. Show gratitude
- 04. Practice reflection
- 05. Improve consistently
- 06. Act beyond yourself

Bien qu'elles soient moins universelles, j'ai un goût particulier pour les valeurs d'Appaloosa, la filiale « produits » d'OCTO, qui, à une taille modeste, a réussi à développer sa propre micro-culture :

- Mets le nez dans toutes les fonctionnalités
- Have fun
- Apprends de tes erreurs
- Quand tu ne sais pas, demande
- Donne et demande souvent du feedback
- Choisis les outils avec lesquels tu aimes travailler
- Montre ce que tu fais, sois-en fier et demande l'avis des autres

Dans notre travail sur les valeurs, nous avons réussi à éviter quelques écueils.

> *Beaucoup d'entreprises agiles savent que toute dissonance forte entre ce que l'organisation affiche et ce que les employés vivent au quotidien est un poison mortel dès que la dose augmente.*

En premier lieu, les sept valeurs d'OCTO sont largement incarnées au quotidien.

Deuxièmement, nous avons fait ce travail de définition des valeurs nous-mêmes, c'est-à-dire sans prendre de consulting. Nous aurions pu utiliser des services de facilitation pour aider à converger et à formaliser et il est possible que nous le fassions une prochaine fois. En revanche, sur un tel sujet, avoir quelqu'un qui prend le stylo à votre place me semble potentiellement dangereux.

Troisièmement, nous y avons consacré l'effort nécessaire : nous y avons passé du temps dans une démarche qui a permis à tous ceux qui le souhaitaient de s'impliquer.

Enfin, nous avons mis en place un rituel de décryptage et de transmission de ces valeurs : six mois après leur arrivée (et donc après validation de leur période d'essai), les nouvelles recrues suivent une demi-journée de présentation des valeurs et de la culture OCTO.

Une des questions que nous nous posons est d'introduire une ou deux valeurs que l'on pourrait appeler « inspirationnelles », tout en les affichant comme telles. En effet, une culture reste un objet en mouvement et nous envisageons d'orienter notre transformation de façon volontariste en affichant des valeurs vers lesquelles nous souhaiterions aller. Il est probable que cela fasse partie des tests que nous lancerons à l'occasion de la prochaine mise à jour de nos valeurs.

> **En quelques mots**
>
> - **L'exercice de définition des valeurs est désormais un incontournable dans toute entreprise.**
> - **Pour que l'exercice soit utile, authenticité et concertation sont indispensables, et le temps nécessaire est conséquent.**
> - **Nous avons défini 7 valeurs chez OCTO, qui sont toutes très incarnées.**

Beaucoup d'entreprises agiles ou libérées accordent un soin tout particulier à ce sujet des valeurs, à la fois dans leur définition, dans leur communication, et dans leur mise en œuvre. Ce n'est, à mon sens, pas par hasard : l'alignement et la congruence font partie, comme nous l'avons vu, de leurs caractéristiques communes. Elles savent que toute dissonance forte entre ce que l'organisation affiche et ce que les employés vivent au quotidien est un poison mortel dès que la dose augmente. Soit cette dissonance est la conséquence d'une forme de travestissement de la réalité organisée par l'entreprise, soit elle résulte d'une mauvaise perception de la réalité par ceux qui produisent ces messages. Dans le premier cas, le danger est de se couper des équipes, notamment des jeunes générations particulièrement allergiques à ce type de supercheries, et d'ancrer le message subliminal que la manipulation est une pratique tolérée au plus haut niveau. Dans le deuxième cas, tout le monde comprendra que la direction est déconnectée de la réalité de l'entreprise.

3.

LES PRINCIPES DE FONCTION-NEMENT

"We have a strategic plan, it's called doing things" - Herb Kelleher.

3.1 Comment nous sommes organisés

Notre organisation est relativement classique pour un cabinet de conseil : nous avons à la fois des équipes sectorielles qui ont la responsabilité de suivre les clients dans la durée et des « practices[1] », c'est-à-dire des équipes positionnées sur une compétence précise et pointue.

En revanche, la façon dont ce système vit et évolue au quotidien est bien plus novatrice.

Avant d'en décrire les principales caractéristiques, revenons un instant sur sa genèse.

Au tournant des années 2010, OCTO traverse une crise identitaire assez profonde, qui se manifeste par une augmentation importante des démissions. Nous qui n'avions connu que des turnovers de moins de 10 % depuis notre création, nous sommes brusquement confrontés à des pics de 25 %. Même s'il s'agit de niveaux presque « classiques » dans les métiers de conseil, ces pointes mettent à mal notre modèle, qui s'appuie sur des savoir-faire longs à transmettre. Les raisons de cette fièvre de départs sont multiples. On peut bien sûr évoquer la crise de 2008, mais ce serait une échappatoire facile ; elle a peut-être été un déclencheur, mais pas une cause profonde. Parmi les explications plus fondamentales, nous venions de nous repositionner, en ne nous affichant plus seulement comme un acteur du conseil, mais comme une entreprise réalisant des développements logiciels, activité infiniment moins noble à cette époque. Ce changement avait créé un

1. Il s'agit du terme consacré dans notre secteur.

désalignement parmi les membres historiques qui s'était soldé par les départs de personnalités marquantes. Enfin, je venais pour ma part de prendre mes fonctions de directeur général, et le costume était sans doute un peu grand pour moi, avec à la clé des décisions et des postures contre-productives. Autant de petits catalyseurs qui pris indépendamment n'auraient eu que des conséquences modérées, mais qui combinés ont créé un cocktail explosif.

> **Dunbar est arrivé à la conclusion que dans l'espèce humaine, la « limite cognitive du nombre de personnes avec lesquelles un individu peut avoir des relations stables » est de 150 et qu'au-delà l'appartenance au groupe se distend.**

Malgré tout, je considère aujourd'hui que l'explication la plus profonde de ce trou d'air est à chercher du côté de la « limite de Dunbar ». Cet anthropologue britannique a entrepris de corréler la taille du néocortex chez les mammifères avec la taille des groupes sociaux qu'ils forment. Il en est arrivé à la conclusion que dans l'espèce humaine, la « limite cognitive du nombre de personnes avec lesquelles un individu peut avoir des relations stables »[2] est de 150 - 148 pour être précis - et qu'au-delà l'appartenance au groupe se distend. Or, à ce moment-là de l'histoire d'OCTO, en franchissant ce seuil fatidique, nous avons en effet pu constater un relâchement du lien social au sein de l'entreprise.

Nous avons ainsi traversé une période particulièrement éprouvante qui s'est matérialisée par une perte de confiance des Octos dans le management et une montée en flèche du turn-over. Pendant un peu plus de 2 ans, et tels des Sisyphe des temps modernes, nous avons terminé nos exercices comptables peu ou prou à l'endroit où nous avions commencé l'année tout en ayant déployé une énergie de tous les instants dans une ambiance particulièrement morose. Le plus ironique est que cette spirale descendante est intervenue alors même que nous venions d'obtenir deux années consécutives la première place au palmarès *Great Place to Work™ des entreprises où il fait bon travailler* !

---

2. https://fr.wikipedia.org/wiki/Robin_Dunbar, consultée le 3 novembre 2020.

Cette épreuve nous a conduits à totalement mettre à plat le modèle de l'entreprise. Rétrospectivement, cette période a constitué un moment très riche de l'histoire d'OCTO et, de ce fait, de ma vie professionnelle. Face à l'adversité, nous avons exploré collectivement de nouvelles sources d'inspiration. Une phase importante de ce « *reboot* » a été le partage, au sein du comité de direction, de lectures qui ont nourri notre réflexion sur les sujets du management, de la culture d'entreprise et des modèles d'organisation des sociétés de conseil.

Les écrits fondateurs qui ont constitué notre bible de l'époque ont été les suivants :

▷ ***Tribal Leadership : Leveraging Natural Groups to Build a Thriving Organization*** *(Dave Logan, John King, Halee Fischer-Wright)* : cet ouvrage nous a fourni une grille de lecture des leviers qui permettent à une organisation de passer à l'échelle tout en préservant des valeurs humaines et l'engagement de ses membres.

▷ ***Getting Naked : A Business Fab About Shedding The Three Fears That Sabotage Client Loyalty*** *(J-B Lencioni Series)* : grâce à cette fable managériale qui prend le parti du *storytelling* pour faire passer son message, nous avons pris conscience de certaines de nos différences dans notre façon de faire du conseil en prenant acte de nos forces et de nos axes d'amélioration.

▷ ***Liberté & Cie : Quand la liberté des salariés fait le bonheur des entreprises***, *(Brian Carney et Isaac Getz)* : ce livre nous a ouvert l'univers des modèles de gouvernance et de management différents et nous a permis de découvrir une forme de radicalité que nous n'aurions pas osé embrasser sans cela. Plus tard, nous nous sommes tournés vers l'incontournable (quoiqu'exigeant) ***Reinventing Organization - Vers des communautés de travail inspirées***, de Frédéric Laloux, qui fait autorité sur ce sujet.

En parallèle de cette recherche d'ouverture, nous avons lancé une grande initiative interne de collecte des avis et des irritants, que nous avons appelée True Place To Work[3].

Cette grande consultation s'est faite sur un mode original et très participatif en partant de la question « si nous voulons devenir une entreprise libérée, comment devons-nous nous y prendre ».

Le questionnaire, qui a été soumis à l'ensemble des collaborateurs, a ainsi été construit par les Octos pour les Octos. Les quelques 120 questions qui le composent ont été élaborées à l'occasion de BBL[4] sur la base des contributions volontaires.

Cette initiative a donné ainsi lieu à quelques bizarrerie bienvenues comme le principe de la double question « Êtes-vous satisfaits de tel sujet ? » / « Est-ce que ce sujet est important pour vous », ce qui évite à la fois de passer à côté des vraies problématiques et de consacrer du temps aux irritants qui ne sont un enjeu pour personne. Le questionnaire laissait également une grande place aux questions ouvertes dont l'analyse demande un travail énorme, mais d'une richesse infinie. Enfin, nous avons vu apparaître des questions un peu… perturbantes du type « As-tu pensé à démissionner dans les 6 derniers mois ». Quand la réponse est « oui » à près de 50 %, le *feedback* est difficile à digérer... mais donne aussi l'impulsion de changer des choses !

Pour résumer à l'extrême le bilan de cette consultation, deux points-clés ont émergé. D'une part, les consultants rejoignaient OCTO pour trouver le challenge de leurs pairs sur des sujets d'expertise technologique et méthodologique pointus et n'avaient, en majorité, pas d'appétence particulière pour un secteur d'activité précis. D'autre part, les équipes orientées clients dans lesquelles ils se trouvaient étaient trop grandes et n'avaient pas une raison d'être qui les nourrissaient suffisamment

3. Par décalage de Great Place to Work™, auquel nous avions participé deux fois précédemment. Les retours aux questionnaires GPTW fournissent quantité d'informations, mais présentent deux défauts au regard de l'intention que nous avions. D'une part, il s'agit de questions fermées à base de QCM, ne permettant pas de comprendre véritablement les problèmes (juste de compter les mécontents) ni de collecter des idées d'amélioration de la part des équipes. D'autre part, les collaborateurs sont face à un conflit de loyauté : « dois-je mettre une bonne évaluation car au fond je veux soutenir mon entreprise ou dois-je être totalement transparent tout en sachant que ce n'est pas forcément mieux ailleurs ? ».

4. Brown Bag Lunch, cf. « Comment nous partageons nos savoirs au sein de l'entreprise ».

(et nous retrouvons l'importance du sens que nous mentionnions plus haut).

Cette collecte d'informations a servi de base au reboot de notre organisation sur le mode des tribus.

Nous avons imaginé le modèle des tribus en définissant les principes suivants :

- Les caractéristiques indispensables d'une tribu sont : un challenge à relever, des membres motivés par le challenge et un leader désigné par les membres.
- Une tribu regroupe plus de quatre personnes.
- Une tribu a un compte de résultats et elle est suivie sur l'atteinte d'un niveau de marge opérationnelle.
- La raison d'être de la tribu est réévaluée à intervalles réguliers.

En synthèse, il s'agissait de principes posant un cadre strict et laissant beaucoup de liberté sur le « quoi ». Nous avons également insisté sur un principe supplémentaire : rendre aussi visibles que possible les discussions. Ainsi, les projets de tribus devaient se faire publiquement, à travers un document partagé[5]. L'intention était de limiter la prime à la connaissance du système OCTO, et éviter que les choix de tribus se fassent entre initiés au bar du coin.

Il est important de noter que les règles du jeu ont bénéficié de nombreux petits ajustements au fil du temps, en fonction des apprentissages que nous faisions, sans pour autant remettre en cause le principe général. Ainsi, au moment de la création des tribus, une taille maximale de 10 personnes avait été fixée. Comme nous essayions de renforcer le sentiment d'appartenance à des équipes plus petites, cette règle pouvait sembler assez naturelle. Nous avons vite compris qu'elle était incompatible avec la croissance et surtout particulièrement démotivante pour les tribus en succès. En effet, la seule perspective que nous leur offrions était une dissolution pour cause de bons résultats ! Nous sommes donc revenus à l'inspiration originelle en

5. Une Google Sheet, quoi…

mettant en place le THC (*pun intented*, comme disent les Américains) pour *Tribe Health Check*. Ce questionnaire envoyé deux fois par an vise à assurer que l'équipe est saine et si tel est le cas, nous n'avons pas de raison de jouer les dieux bâtisseurs. De la même façon, dans l'intention initiale, les tribus étaient supposées être suivies sur la base de leur taux d'activité facturé. L'une de nos principales angoisses était en effet qu'il puisse y avoir une perte de pragmatisme économique et que les tribus se focalisent sur l'interne plus que sur les clients. Avec le temps, passer de l'indicateur d'effort (le taux d'activité) à un indicateur de valeur (la marge opérationnelle) est apparu beaucoup plus pertinent et efficace.

Ces exemples sont surtout là pour illustrer qu'il est quasi impossible d'avoir tout bon dès le premier coup lorsqu'on teste des approches vraiment innovantes, et qu'il est donc important de pouvoir donner quelques « coups de tournevis » en fonction des découvertes que l'on fait en chemin.

Cette transformation n'aurait jamais pu avoir lieu sans l'incroyable abnégation et le solide sens de l'objectif commun dont ont fait preuve les membres du comité de direction.

Soulignons que cette transformation n'aurait jamais pu avoir lieu sans l'incroyable abnégation et le solide sens de l'objectif commun dont ont fait preuve les membres du comité de direction. Parmi eux se trouvaient tous les responsables de secteurs : ils ont été parties prenantes d'une décision qui a conduit littéralement du jour au lendemain, à l'évaporation de plus de la moitié des équipes dont ils avaient la responsabilité. Certes, le système de bonus en place n'était pas un frein car personne n'avait d'incitation financière indexée sur la taille des équipes gérées[6], mais j'ai malgré tout un profond respect pour la capacité qu'ils ont eue à dépasser leur intérêt personnel à court terme pour accompagner une vision prometteuse pour OCTO. Or, ce sens de l'objectif commun est souvent ce qui manque dans les contextes de transformation que je peux observer dans d'autres entreprises.

6. Voir le chapitre « Comment nous gérons les bonus ».

Quand on évoque le terme de tribu aujourd'hui, on ne peut éviter la référence au « modèle Spotify ». Ce modèle, qui fait le miel des cabinets de conseil, est pourtant tout sauf une solution d'organisation prête à l'emploi. Même s'il est utilisé de cette façon la plupart du temps, ce dévoiement ne rend pas justice aux fabuleuses publications de Henrik Kniberg[7] qui montrent brillamment comment l'organisation de Spotify, que beaucoup s'évertuent à copier, est en réalité le fruit d'un patient travail d'apprentissage collectif. De notre côté, même si les travaux de Kniberg ont alimenté notre réflexion, l'origine de notre utilisation du mot « tribu » est véritablement à chercher du côté de l'ouvrage *Tribal Leadership : Leveraging Natural Groups to Build a Thriving Organization*, cité plus haut parmi nos inspirations fondatrices. Cette référence est en effet celle qui nous a permis d'appréhender les enjeux de taille d'équipe et de déchiffrer les types de comportements managériaux qui permettent de passer à l'échelle.

Courant 2019, nous sommes entrés dans un nouveau stade de ce mode d'organisation : en effet, avec 28 tribus regroupant plus de 400 personnes, le sentiment d'appartenance à un collectif avait commencé à se distendre à nouveau. D'autre part, nous constations une augmentation constante de notre « coût de transaction » interne[8], à savoir le nombre d'interlocuteurs avec lesquels il faut interagir pour résoudre des problèmes complexes. Les symptômes visibles étaient soit l'évitement et le contournement des difficultés, soit la mise en place de solutions inadaptées car décidées trop rapidement.

Enfin, après plus de 6 ans de fonctionnement en mode tribus, les silos avaient repris leurs droits. Les forces de rappel vers la stabilité de l'organisation étaient devenues puissantes : la fidélité à l'équipe, au leader, aux personnes que l'on manage, la construction identitaire qui se fait par opposition aux autres équipes, l'attachement personnel aux collègues, tous ces éléments favorisaient une certaine fixité du corps social. Ce n'était pas un problème en soi : les habitudes au sein d'une

7. Son blog, blog.crisp.se, est une mine d'or, tout comme l'ouvrage *Lean from the Trenches : Managing Large-Scale Project with Kanban*, O'Reilly, janvier 2012.
8. Par extension du concept de coût de transaction de l'économiste Ronald Coase, qui décrit les coûts directs et indirects nécessaires au fait qu'un échange économique se réalise : https://fr.wikipedia.org/wiki/Co%C3%BBt_de_transaction, page consultée le 8 avril 2019.

équipe ont une certaine valeur. Cependant dans un monde qui exige de plus en plus souvent de résoudre des situations complexes, cette cristallisation organisationnelle ne favorisait plus la fluidité d'une indispensable collaboration.

Bref, nous arrivions à l'aube d'une refonte organisationnelle, que nous avons entreprise à la fin de l'année 2019. L'idée n'était pas de tirer un trait sur les tribus, mais de les inciter à se regrouper en ensembles de taille homogène, des *leagues*, d'environ 80 personnes, et d'augmenter l'autonomie de ces équipes. Cette évolution reste donc fondamentalement dans la continuité du système des tribus. L'initiative est encore trop fraîche pour pouvoir partager des retours factuels, sauf à dire que l'étape de constitution de ces *leagues* peut être considérée comme un succès.

Cette exploration est un nouveau défi qui porte aussi en lui une promesse excitante de renouveau.

En quelques mots

- **Dans l'organisation en tribu adoptée, les employés créent et rejoignent les équipes qu'ils souhaitent, en toute autonomie, mais avec des règles du jeu strictes.**
- **Les tribus peuvent être vues comme des mini-entreprises, avec une équation économique mais beaucoup de liberté d'action.**
- **Ce mode d'organisation a été une révélation pour OCTO.**

3.2 Comment nous manageons

En tant qu'entreprise un peu visible sur les sujets de l'innovation managériale, nous accueillons assez régulièrement des « *learning expeditions* », de la part de confrères en quête d'inspirations sur leur organisation et leurs pratiques.

Comme nous sommes assez spontanément classés dans la catégorie des entreprises libérées, une question revient fréquemment : « Comment se fait-il que vous ayez des managers en si grand nombre et avec autant de niveaux hiérarchiques ».

Et, de fait, nous avons beaucoup de personnes en situation de management, dans un ratio de l'ordre de 1 manager pour 3 personnes. Et le nombre d'échelons hiérarchiques s'élève à 7, ce qui peut paraître considérable pour une entreprise de notre taille.

La principale explication est à la fois, que le rôle de manager et les rituels associés sont centraux dans nos modes de fonctionnement et que la hiérarchie est peu présente - ces deux traits nous distinguant d'ailleurs de beaucoup d'entreprises de conseil.

Cela n'a cependant pas toujours été le cas et il peut être intéressant de revenir sur la façon dont le management s'est diffusé au sein de l'entreprise. La mue a commencé il y a une douzaine d'années. L'introduction de la culture du management est pour beaucoup le fait de mon adjoint de l'époque. J'avais pour habitude d'expliquer à tout nouvel arrivant dans mon équipe qu'OCTO était comme le grand bassin de la piscine : tu plonges et tu te débrouilles pour ne pas couler, la capacité à surnager servant tout à la fois de test d'adaptabilité, de rite de passage, et de préparation au futur.

J'avais en réalité fait de vice vertu puisqu'ayant moi-même la responsabilité directe d'une trentaine de personnes tout en cumulant une activité soutenue de consultant, il m'était difficile d'accorder individuellement de l'attention à chaque managé en dehors des situations de crises.

Un beau matin, Alain, mon adjoint, remit en cause ces principes de « non-management » et m'annonça qu'il avait découvert un site de podcasts américain, *Manager Tools*[9], qui prônait la méthode des O3, pour *One On One*. Le principe consistait à passer 30 minutes par semaine avec chacun de ses managés sur un format structuré : 10 minutes pour le managé, 10 minutes pour le manager et 10 minutes centrées sur le développement du collaborateur, le but premier étant de construire une relation solide.

Cette idée me parut incongrue tant l'investissement en temps était considérable – comment caser 30*30mn de management individuel dans des semaines déjà bien remplies ? Mais l'argumentation d'Alain était suffisamment solide pour que je valide l'expérimentation.

> Know the rules and break them, IN THAT ORDER.

Par capillarité, la méthode s'est finalement diffusée au sein d'OCTO. Je suis, quant à moi, loin d'avoir fait partie des « *early adopters* » ; j'ai fini, malgré tout, par reconnaître les bénéfices de l'approche et par l'appliquer. Après quelques années, elle est devenue le standard de fait dans la ritualisation des interactions managers-managés. Cela ne signifie pas pour autant que tout le monde la met en œuvre, ni même qu'elle est déclinée de façon fidèle, mais elle est devenue la norme sociale chez OCTO et la charge de la justification est désormais du côté de ceux qui s'en écartent : si la relation manager-managé se passe mal, on opposera au manager qu'il ne fait pas d'O3. « Know the rules and break them, IN THAT ORDER ».

Manager Tools, qui a servi de déclic à nos expérimentations managériales, nous a très largement inspirés au-delà des O3. Rien de révolutionnaire dans les méthodes mises en avant dans ces podcasts : du bon sens, de la méthode et de la discipline. La « promesse-produit » du site - « *There is a Cast for That* » - est, en revanche, parfaitement tenue : quelle que soit la situation managériale précise à laquelle vous

9. Les podcasts décrivant les piliers de cette méthode peuvent être trouvés à l'adresse https://www.manager-tools.com/manager-tools-basics, consultée le 11 avril 2020.

faites face, il est hautement probable que vous trouviez un podcast de 30 minutes traitant le sujet dans le détail et avec des recettes on ne peut plus pratiques. À titre d'illustration, voici quelques-uns des sujets les plus pointus, voire exotiques, qui ont fait l'objet d'un podcast (et en même temps, quel manager n'a pas été confronté à ce type de situation ?) :

- *Too Full Calendar Solutions - Back To Back Meetings* – Solutions pour un agenda trop rempli – gérer les meetings qui s'enchaînent
- *How To Handle Radio Silence* – Comment gérer le silence radio
- *My Direct is Resigning - Never Counter Offer* – La personne que je manage démissionne – ne jamais faire de contre-offre.

C'est sûr que ça change des grandes théories sur le management !

Sur beaucoup de sujets, les prises de positions des auteurs sont claires et tranchées. On peut évidemment ne pas être d'accord, ce qui m'arrive d'ailleurs régulièrement, mais l'argumentation est toujours parfaitement ficelée.

> Il y a une certaine permanence des comportements-clés qui font le bon manager. Et avant de céder aux sirènes du « hype » des nouvelles modes organisationnelles, il y a quelques gestes managériaux simples dont la répétition laborieuse et obstinée permet de faire beaucoup mieux que la moyenne des entreprises.

À une époque où le « management 3.0 »[10] devient la version minimum du « logiciel » à déployer dans les organisations, *Manager Tools* apparaît plutôt comme du management à l'ancienne, que l'on pourrait presque qualifier de management 1.0. Ainsi, avec un pragmatisme tout anglo-saxon, Mark Horstmann, l'un des fondateurs, rappelle volontiers que les deux missions principales du manager sont 1/ d'obtenir des résultats et 2/ de fidéliser les employé(e)s, toute autre considération étant secondaire. C'est aussi l'occasion de prendre

10. Si, si, ça existe pour de vrai : https://management30.com/, consulté le 10 avril 2020.

conscience qu'il y a une certaine permanence des comportements-clés qui font le bon manager. Et avant de céder aux sirènes du « hype » des nouvelles modes organisationnelles, il y a quelques gestes managériaux simples dont la répétition laborieuse et obstinée permet de faire beaucoup mieux que la moyenne des entreprises. En ce qui nous concerne, il n'y a pas de doute que l'adoption de ces pratiques de management nous a permis de faire un bond qualitatif. Cette histoire explique l'importance que le rôle de manager à pris dans le fonctionnement d'OCTO. Néanmoins, nous sommes restés vigilants à ce que le management ne devienne pas un métier en tant que tel : il nous paraissait en effet dangereux, dans notre activité un peu abstraite et intangible, que les managers perdent le contact avec le « terrain » que constituent les projets, la technologie, les clients et l'expertise. Pour que les individus soient en mesure de combiner un rôle de management et une activité de consultant, il est apparu que la solution quasi-incontournable était de limiter autant que possible le nombre de managés en rattachement direct, la norme étant de deux à cinq.

La conséquence immédiate est l'augmentation de la proportion de managers et par incidence celle du nombre de niveaux hiérarchiques, car moins un manager a de managés, plus il faut de managers, et ce, à tous les niveaux de l'organisation.

Ce phénomène est encore accentué par la distinction que nous faisons entre « rôle de manager » et « titre de manager ». Comme c'est le cas dans beaucoup de cabinets de conseil, nous utilisons le mot manager avant tout pour définir un grade, qui s'applique parfois à des personnes sans réelles responsabilités de management. Ce n'est pas une pratique forcément très heureuse, mais il est difficile de s'affranchir de ce standard de marché surtout dans notre secteur où la mobilité est la règle : ces titres sont importants pour attirer des candidats externes qui ont cette norme en tête et les Octos en ont aussi besoin pour valoriser leur profil s'ils souhaitent changer d'entreprise. Pour complexifier le tout, nous mettons volontiers en position de management les jeunes consultants et consultantes volontaires qui en ont le potentiel.

Nous nous retrouvons ainsi dans une situation particulière où certains employés ayant le titre de manager ne managent pas tandis que des jeunes n'ayant pas ce titre, eux, managent – et dans quelques cas, des équipes significatives !

En termes de clarté de l'organisation, cette approche est loin d'être idéale, et je n'irai pas jusqu'à la recommander. La raison pour laquelle elle fonctionne malgré tout chez nous tient beaucoup à notre culture très peu hiérarchique. Dans notre modèle, le manager est essentiellement vu comme un coach, et donc comme quelqu'un qui aura la responsabilité de pousser ses managés à exprimer leur plein potentiel. La hiérarchie joue assez peu le rôle de chaîne de commandement - ce qui pose d'ailleurs d'autres problèmes. En conséquence, le manager n'est pas le point de passage obligé pour le managé. Ce dernier peut interagir librement avec tout le monde à tous les niveaux de l'organisation et notamment avec ses pairs dans d'autres équipes, sans pour autant que quiconque ne s'en formalise. Il est ainsi fréquent qu'en tant que CEO, je sois interpellé par des personnes de tout grade qui ont soit une question, soit une idée, soit un conseil, soit même un *feedback*. Il est difficile d'imaginer que cela puisse perdurer avec la croissance de l'entreprise, mais il est intéressant de constater que c'est un phénomène globalement auto-régulé ; le plus important reste que l'échange soit possible à tous les niveaux de la pyramide.

Pour compléter la description de notre doctrine managériale et contrairement à beaucoup de schémas organisationnels modernes, nous avons banni le matriciel : chaque personne a un manager et un seul. J'ai, sur ce sujet, transposé l'une de mes croyances, à savoir que plusieurs chaînes hiérarchiques tendent à diminuer la clarté et le sens, et que la circulation des compétences et la réorganisation à intervalles réguliers sont des façons plus efficaces de résoudre la cohabitation d'objectifs multiples. J'ai conscience qu'au-delà d'une certaine taille, il est difficile de s'affranchir du matriciel et la plupart des grands groupes adoptent ce type de modèle, certains avec un succès honorable.

Quand il est question de management, quelques questions reviennent fréquemment dans la sphère des entreprises libérées ou des organisations agiles. La première est celle que nous avons esquissée au début de ce chapitre : faut-il des managers ? Une deuxième question, très liée à la précédente, est : faut-il plutôt parler de management ou de leadership ? Enfin, une dernière interrogation porte sur les spécificités de l'activité de management dans ce que l'on pourrait appeler le monde moderne, qu'il s'agisse du management des nouvelles générations ou du management dans un monde digital avec ses nouveaux codes et ses nouveaux outils. Comme nous n'avons rien de spécifique pour répondre à ces enjeux et que, malgré nos convictions, ces sujets relèvent encore du questionnement, ils seront abordés dans la partie « Les questions que nous nous posons », et plus spécifiquement dans les sections : « Y a-t-il une spécificité au management digital ? », « Faut-il un leadership très incarné ? », « Faut-il supprimer les managers et les dirigeants ? »

La description de notre approche de management ne serait pas complète sans mentionner une pratique que nous avons progressivement adoptée sous le nom de « *Choose your Manager* », et que nous couplons assez volontiers avec celle de l'« *Open Mercato* ». La première est explicite : n'importe qui peut choisir son manager. La seconde, complémentaire, stipule que chacun et chacune peut demander à changer d'équipe à tout moment. De prime abord, cela pourrait donner l'impression d'ouvrir le champ à un joyeux bazar, mais il y a malgré tout quelques garde-fous. En premier lieu, le manager et le managé doivent appartenir à la même équipe : par exemple quelqu'un d'une tribu A ne peut pas manager quelqu'un d'une tribu B. D'autre part, une personne ne peut être managée que par quelqu'un d'un grade supérieur ; ce principe part du constat que quand on a peu de vécu professionnel, il est difficile d'alterner entre les postures assertives que requiert le rôle de manager et des postures de coach. Enfin, avant tout mouvement, il faut que le manager et/ou l'équipe de destination soient d'accord, ce qui n'est le plus souvent qu'une formalité. Moyennant ces principes, tout est ouvert !

Cette grande liberté de mouvement favorise les ajustements organiques et continus des équipes de façon probablement plus efficace qu'une décision centrale, large et plus perturbatrice : ainsi, si la vision d'une tribu devient moins pertinente ou si un manager ne parvient pas à embarquer les équipes et à avoir de bons résultats, les membres de la tribu auront tendance à aller voir ailleurs et y sont encouragés par les incitations financières (comme nous le verrons dans la section « Comment nous gérons les bonus »).

Nous avons aussi l'intuition que cette pratique favorise la fidélisation des Octos : selon l'adage bien connu, « on rejoint une entreprise, on quitte un manager », et il semble utile de favoriser autant que possible l'adéquation entre le managé et son manager.

Selon l'adage bien connu, « on rejoint une entreprise, on quitte un manager », et il semble utile de favoriser autant que possible l'adéquation entre le managé et son manager.

Comme tout système, celui-ci a ses effets de bord.

Le principal est un organigramme pas toujours très lisible dans certains recoins de l'organisation. Ces accrocs dans la structure peuvent aussi être interprétés comme des symptômes, car ils sont souvent l'indice que les personnes en charge du management ne sont pas celles reconnues pour leur leadership. L'autre situation est celle du passager clandestin : une personne qui migre d'équipe en équipe pour ne pas laisser le temps à une éventuelle mauvaise réputation professionnelle de se répandre. Ces comportements sont à considérer comme les révélateurs d'un problème qu'il faut identifier et traiter.

Malgré tout, et comme souvent quand on laisse de la liberté aux individus, la règle du « *Choose your Manager* » conduit à des décisions en moyenne beaucoup plus sages que ce que le manager contrôlant pourrait redouter. À tel point qu'il s'agit plus souvent de rappeler à tous l'espace de liberté qui leur est laissé plutôt que de le restreindre.

En définitive, le plus gros enjeu autour du management est le besoin de remettre cent fois son ouvrage sur le métier : la promotion de nouvelles personnes à des rôles de management couplée à l'arrivée permanente de recrues avec des habitudes différentes requièrent un effort constant, beaucoup de temps et de pédagogie pour assurer la pérennité d'une culture de management spécifique. Sans oublier qu'il s'agit d'un chemin qui n'a pas de destination : ce qui était valide il y a cinq ans à 200 personnes ne l'est plus à 700 aujourd'hui, et impose de réinventer continuellement les pratiques.

Nous avons ainsi régulièrement des sujets qui émergent et requièrent une attention particulière. Au moment où j'écris ces lignes, nous faisons le constat récurrent que les managers n'ont pas toujours une compréhension fine des situations réelles auxquelles leurs managés sont confrontés. Cette méconnaissance peut les conduire à prendre des décisions non congruentes, en accordant trop de poids au point de vue des consultants ou consultantes dont ils ont la responsabilité au détriment d'un contexte qu'ils ne connaissent que par les yeux de leur managé. Faut-il contrebalancer cette tendance, par exemple en donnant plus d'importance à l'avis du responsable de mission ? Y a-t-il d'autres solutions plus simples ou plus efficaces ? Avons-nous réellement un problème, le premier réflexe déviant du manager étant précisément de tirer des généralités de quelques cas particuliers ? L'on comprendra à la lecture de ces interrogations que nous en sommes encore à la phase de compréhension de cette situation nouvelle qui a émergé avec la taille et la « clanification » des tribus.

Au-delà des gestes managériaux à proprement parler que nous venons d'illustrer, nous avons la chance de bénéficier d'un socle culturel commun mettant l'accent sur l'écoute, le développement des personnes et la bienveillance, qui vient donc très naturellement nourrir une approche positive du management.

En conclusion, les pratiques et la culture de management sont des piliers indispensables pour pouvoir explorer sereinement les chemins de l'entreprise agile. Mais il s'agit ici de faire preuve d'adaptabilité plus que de certitudes.

En quelques mots

- **Loin des modèles « sans managers », nous prenons très au sérieux le rôle de management.**
- **Rôle peu hiérarchique chez OCTO, le manager fournit surtout un cadre et favorise le développement des collaborateurs dans une vision de « *manager as a coach* ».**
- **Une pratique-clé est le O3 (*one on one*), 30 mn de tête-à-tête hebdomadaire entre le manager et chaque membre de son équipe pour construire la relation.**
- **Permettre aux personnes de choisir leur équipe et leur manager a rendu l'organisation très adaptable et fluide.**

3.3 Comment nous gérons les changements de managers

Pendant longtemps, chez OCTO, les discussions autour des nominations et attributions de postes se sont faites dans la confidentialité des comités de direction. En tant que dirigeants, nous étions « évidemment » les mieux placés pour décider de la personne la plus légitime à telle fonction.

La bascule dans l'organisation en tribus a commencé à fissurer cette pratique : pour la première fois, ce sont les équipes elles-mêmes qui devaient se mettre d'accord sur celui ou celle qui allait guider leurs destinées. Même si certains choix d'équipe nous ont paru évidents, d'autres nous ont surpris tout en s'avérant à la fois audacieux et pertinents.

Lorsque nous fûmes confrontés à la première démission de leader d'équipe, nous avons commencé, lors d'un comité de direction, à passer en revue la liste des remplaçants potentiels. Il nous a fallu quelques minutes avant de nous rendre compte de « l'horreur » de ce que nous étions en train de faire. Pour paraphraser Gerry Weinberg, auteur de quelques ouvrages indépassables sur la systémique dans le monde de l'ingénierie logicielle, « on peut considérer qu'on a changé ses habitudes le jour où en situation de crise, on n'utilise plus ses anciens réflexes ». Nous étions sur le point de réagir comme dans le « modèle d'avant ». Nous nous en sommes rendu compte avant de commettre l'irréparable et avons donc demandé à la tribu qui venait de perdre son leader de proposer quelqu'un d'autre.

Le mode nominal des transitions au sein des tribus est désormais celui-ci. Parfois, le départ du leader conduit à la dissolution de la tribu, notamment pour les équipes de petite taille, ou alors au rapprochement avec une tribu connexe, mais c'est alors avec l'assentiment de ses membres.

À mon sens, une nouvelle étape de maturité collective a été franchie quand, après la démission de leur leadeuse, les membres d'une équipe ont considéré collectivement que personne dans leur groupe n'avait à la fois les compétences, la légitimité et la motivation pour devenir leur meneur. Ils ont donc demandé à pouvoir recruter leur futur leader de tribu. Dans l'intervalle, deux membres de l'équipe se proposaient d'assurer l'intérim. Quelques mois plus tard, cela a donné lieu à un moment réellement magique : ce binôme de transition venait fièrement présenter celui qui avait été adoubé par l'équipe, expliquant devant l'intéressé que tout le monde avait été séduit par sa vision, ses qualités humaines et ses compétences en management. J'ai ressenti à cet instant-là une immense fierté de travailler pour cette entreprise !

> *L'équipe s'étant engagée dans le choix développe spontanément une adhésion au moins temporaire à son leader.*

L'exemple précédent est extrême, mais de façon générale, ces transitions en forme de plébiscite sont d'une puissance rare. L'équipe s'étant engagée dans le choix développe spontanément une adhésion au moins temporaire à son leader, ce qui évite la période « d'observation », fréquente dans ce type de situations. En miroir, le leader est porté par la confiance de son équipe, qui est aussi une responsabilité qui oblige.

En toute honnêteté, cela ne se passe pas toujours de cette façon : pour les équipes de développement commercial (notre Guilde) et les services support, les nominations sont beaucoup plus descendantes. Si la disparition brutale d'une tribu peut être très douloureuse, cela ne met pas en jeu la pérennité de l'entreprise.
En revanche, si les finances ou les RH ne fonctionnent plus, les conséquences peuvent être graves. Manque de courage de notre part de n'être pas allés jusqu'au bout de la logique ? Oui, peut-être…

En quelques mots

Au départ ce sont les membres de cette équipe qui proposent son successeur.

3.4 Comment nous gérons les bonus

Le sujet du bonus a fait l'objet de discussions récurrentes chez OCTO.

Nous sommes passés d'une situation initiale où personne n'avait de bonus, puis, à un moment où la motivation semblait flancher, à un bonus sur la performance individuelle. Pour les consultants, cette performance individuelle était mesurée par le taux d'activité, c'est-à-dire le temps facturé à un client divisé par le temps de travail total. Cette métrique universellement utilisée dans notre secteur a la vertu d'être facilement mesurable et quasi-indiscutable. Le système s'est avéré très efficace pendant un temps, mais nous nous sommes vite rendu compte de ses effets pervers. Il devint ainsi difficile de trouver des bonnes volontés pour travailler sur le temps long et sur la structuration interne d'OCTO, tandis que nos projets clients facturables étaient « bizarrement » de plus en plus souvent en dépassement. Obtenir de l'aide de façon désintéressée devenait aussi plus difficile.

Cela nous a donc amenés à indexer le bonus sur des éléments plus qualitatifs : au début de chaque année, le ou la manager fixait quelques objectifs non chiffrés qui devaient conditionner l'obtention de ce complément de rémunération.

Mais là encore, nous avons vite constaté les limites. La validation de ces objectifs a très rapidement tourné aux discussions de boutiquiers. Si l'un des objectifs de la personne consistait à prendre la parole à une conférence, est-ce qu'une prestation médiocre à un *meetup*[11] obscur devant 10 participants permettait de cocher la case ? De la même façon, écrire un article de blog a-t-il la même valeur quand il tient sur 20 lignes et suscite peu d'écho ou quand il représente quatre pages, génère plusieurs dizaines de milliers de vues et fait l'objet de citations sur Quora ?

11. Wikipedia définit les meetups comme des « soirées de réseautage social, centrées, pour les participants sur un ou plusieurs centres d'intérêt communs ». Ce type de manifestations est très prisé des personnes que recrute OCTO.

Nous avons également constaté des priorisations douteuses dans le but d'afficher des indicateurs au vert au détriment de l'optimum global d'OCTO. À titre d'illustration, il devenait difficile de démarrer des missions vers la fin de l'année, au moment même où nos clients commandent habituellement des prestations dans l'urgence pour consommer leurs fins de budget, car les consultants et consultantes d'OCTO étaient occupés à écrire des articles pour sécuriser leur bonus. De façon analogue, pour peu que quelqu'un ait comme objectif de « prendre la direction d'un gros projet de plus de 10 personnes dans les architectures de données », mobiliser cette personne, pourtant candidate idéale, pour une mission de conseil stratégique, relevait de la gageure. Pour limiter ces effets pervers, nous avons offert la possibilité de redéfinir les objectifs en cours d'année. Mais nous ouvrions la porte de la discussion permanente : « Si je n'arrive pas à atteindre mon objectif, c'est parce qu'il n'est pas réaliste ou que j'ai réalisé quelque chose qui a plus de valeur pour l'entreprise, donc je mérite mon bonus ».

Pour conclure cette longue liste de tares, comment faire pour valoriser, avec ces primes, des comportements essentiels pour l'entreprise et pourtant difficilement tangibles tels que la collaboration ? Faut-il prendre en considération le nombre de cafés pris avec les collègues, le nombre de mots gentils en réunion, le sourire ? Et pourtant, ces petits gestes ne sont-ils pas le ciment d'une organisation fluide et humaine qui rend possible la collaboration efficace ? Et si tel est le cas, pourquoi ceux qui la favorisent au détriment de leur propres performances ne devraient-ils pas, eux aussi bénéficier d'un bonus ?

> *Si bonus il y a, ceux-ci doivent contribuer de façon vertueuse et indiscutable à un objectif clair de l'entreprise.*

Toutes ces expériences nous ont conduits à la conclusion suivante : si bonus il y a, ceux-ci doivent contribuer de façon vertueuse et indiscutable à un objectif clair de l'entreprise. Et dans notre cas, la solution la plus pertinente que nous avons trouvée a été d'indexer les bonus des équipes sur leur valeur générée, et donc leur marge opérationnelle - et nous reviendrons sur ce mécanisme précis un peu plus loin. *Primum non nocere* : si les bonus ne sont pas efficaces, au moins s'assurer qu'ils ne nuisent pas.

En parallèle de ces réflexions, nous découvrons la fameuse vidéo de la session de Dan Pink à la conférence Ted en 2009, sur le thème « *the puzzle of motivation*[12] » (plus de 22 millions de vues tout de même). Dans cette présentation, Dan Pink expose le fait que les bonus sur objectifs individuels sont efficaces pour les tâches répétitives et individuelles : si vous êtes rémunéré au nombre de clous que vous enfoncez, il est probable que votre productivité se trouve boostée par une telle prime. En revanche, ce type de bonus a des effets contre-productifs lorsqu'il s'agit de promouvoir la créativité et la collaboration, deux qualités qui sont au cœur de notre différenciation en tant que société de conseil. Si votre entreprise est confrontée à la disruption digitale, vous êtes aussi très certainement concernés par ces enjeux.

La présentation de Dan Pink a été une sorte d'illumination pour nous : elle mettait des mots simples sur une idée qui paraît évidente après coup, mais dont nous n'étions jusqu'à présent jamais parvenus à saisir l'essence. J'ai la conviction que, vous qui lisez ces lignes, vous trouverez dans votre expérience personnelle pléthore de situations où des collaborateurs ont pris des décisions absurdes pour l'entreprise dans son ensemble, mais bénéfiques pour leur chèque de fin d'année.

Les bonus sur objectifs individuels sont efficaces pour les tâches répétitives et individuelles.

Cela nous a conduits à approfondir le sujet de l'effet des bonus et à étayer ces considérations par d'autres sources. Les conclusions du « *marshmallow tower challenge* » sont, à cet égard, particulièrement édifiantes. Ce jeu de team building consiste à construire par équipe, en 18 minutes et à l'aide de matériaux très contraints, la tour de spaghettis la plus haute possible et soutenant de façon stable un chamallow à son sommet. Ce défi d'apparence anodin a donné lieu à des observations riches sur la dynamique d'équipe[13]. Notamment, lors d'une

12. https://www.ted.com/talks/dan_pink_on_motivation, consulté le 11 avril 2019.
13. https://www.inc.com/the-build-network/build-a-tower-build-a-team.html, consultée le 14 août 2020.

Les recherches en sciences comportementales semblent peiner à prouver l'efficacité des bonus individuels.

session, un prix de 10 000$ en logiciel était promis à l'équipe qui remporterait le challenge. Fait inédit, aucune des 10 équipes présentes ce jour-là ne parvint à relever le défi, sachant que construire une tour est à la portée d'enfants de primaire ! La forte récompense avait joué comme un puissant poison contre les comportements de collaboration et d'exploration qui sont la clé dans cet exercice. De façon plus générale, les recherches en sciences comportementales semblent peiner à prouver l'efficacité des bonus individuels - l'article de Alfie Kohn publié dans la Harvard Business Review « Why Incentive Plans Cannot Work » constituant une bonne synthèse du sujet[14].

Forts de cette conviction nouvellement forgée, nous avons progressivement fait évoluer tous nos bonus sur objectifs individuels vers des bonus sur objectifs d'équipes.

Si l'on résume la situation actuelle[15], voici les grandes caractéristiques de notre système de bonus. La description est volontairement un peu technique pour ceux qui voudraient s'en inspirer. Si ce n'est pas votre cas, vous pouvez avantageusement passer dès à présent au chapitre suivant.

▷ Un pot commun de bonus est alimenté par les résultats de l'entreprise. En substance, il s'agit d'une formule en fonction de la marge opérationnelle (MOP) que la société génère. Au départ, cette formule était linéaire et nous redistribuions en bonus la moitié du résultat d'exploitation (REX). Si nous faisions par exemple 16 % de REX, 8 % étaient affectés au bonus. Très vite, cette formule a cependant montré quelques limites : si nous décidions d'investir, le bonus des équipes en était directement affecté. Par ailleurs, le REX entre dans le calcul de la participation, ce qui rend complexe sa prédiction. C'est pourquoi nous avons, après quelques années, remplacé le REX par la MOP.

14. https://hbr.org/1993/09/why-incentive-plans-cannot-work, consultée le 14 août 2020.
15. Je passe volontairement sous silence quelques cas spécifiques qui brouilleraient plus l'explication qu'ils ne donneraient vraiment d'éclairage.

- Les bonus dont peuvent bénéficier les Octos sont indexés sur les résultats de leur équipe. Il n'y a donc aucun bonus lié à la performance individuelle.

- Nos tribus/équipes sont des sortes de mini-entreprises dont nous calculons la marge opérationnelle propre ; celle-ci correspond à l'ensemble des revenus générés par les membres de l'équipe en mission, desquels nous retirons l'ensemble des coûts (les salaires, les conférences, les coûts d'animation). Nous n'imputons pas les coûts des activités de support (comptabilité, RH, communication, outils informatiques) sur les tribus, notamment pour contenir certains effets pervers : des équipes qui cesseraient de suivre les formations transverses parce que jugées trop chères ou qui recruteraient leurs propres profils RH ou communication en prétextant que le coût des services centraux est trop élevé.

- Les individus disposent d'un certain nombre de « points de bonus », en fonction de 2 critères : leur « grade » et leur ancienneté. Ces points de bonus servent comme clés de répartition du pot commun décrit précédemment.

- Le bonus est constitué de deux parts, égales en mode nominal : une part OCTO et une part tribu.

- La part OCTO (dont le montant total est donc la moitié du pot commun) est répartie entre toutes les personnes éligibles à un bonus au prorata des points de bonus.

- La part tribu est répartie entre les personnes éligibles au prorata de leurs points de bonus et des marges opérationnelles des tribus. Ainsi, si une tribu a généré une marge opérationnelle nette négative, ses membres ne toucheront que la part OCTO et pas de part au titre de la tribu. À l'inverse, si l'on prend le cas hautement improbable mais illustratif où une seule tribu aurait une marge opérationnelle positive, la moitié du pot commun serait alors répartie entre tous les membres de cette unique tribu au prorata de leur points et aucune autre personne chez OCTO n'aurait de part tribu.

- Nous versons une poignée de bonus individuels à des personnes (moins de 1 % des Octos), le plus souvent membres des fonctions

COMMENT EST CALCULÉ LE BONUS
MARGE
RÉSULTAT ANNUEL
OCTO
f(MARGE OPÉRATIONNELLE)
UN POT COMMUN À RÉPARTIR ENTRE TOUS LES OCTOS
50%
AUX INDIVIDUS DIRECTEMENT
50%
AUX ÉQUIPES
À PROPORTION DE LEURS MARGES OPÉRATIONNELLES RESPECTIVES
TRIBU 1
TRIBU 2
TRIBU 3
TRIBU 4
([PERFORMANCE COLLECTIVE] + [PERFORMANCE D'ÉQUIPE])
X (LES POINTS DE BONUS QUE POSSÈDE CHACUN
ANCIENNETÉ
GRADE
VOTRE TOTAL : 8 POINTS
= BONUS ANNUEL D'UN OCTO
@AChampsavin

support, quand l'entreprise leur a demandé d'être sur le pont pour des activités qui dépassaient leurs attributions habituelles, comme un déménagement de l'entreprise ou un changement de logiciel de gestion. Mais cela reste exceptionnel et marginal pour que ces bonus discrétionnaires ne deviennent pas une norme à laquelle les bénéficiaires s'attendent.

Le système de bonus dont nous venons de décrire le fonctionnement appelle quelques commentaires :

▷ Il est complexe. Si vous avez relu plusieurs fois la liste à puces précédente vous en conviendrez aisément ! Et nous pouvons nous-mêmes parfois nous y perdre. Mais il a le mérite d'être transparent pour celui ou celle qui souhaite faire l'effort de le comprendre : il ne laisse pas de place à l'interprétation des résultats et sa logique est « indiscutable » que l'on soit d'accord avec celle-ci ou non. Le côté très calculatoire flatte bien évidemment notre culture d'ingénieurs, mais malgré nos efforts, nous n'avons pas vraiment réussi à le simplifier. Le côté positif est qu'une fois la logique en place, son automatisation est relativement aisée.

▷ Il nécessite une comptabilité spécifique, à savoir le calcul de la marge opérationnelle nette de chaque équipe. L'effort associé n'est pas neutre, et même si nous obtenons par la même occasion une bonne mesure de la valeur ajoutée de chaque équipe, il s'agit malgré tout d'un gros gaspillage au sens *lean* du terme[16], dans la mesure où cette activité ne génère absolument aucune valeur pour le client final. La lourdeur administrative induite est d'ailleurs souvent un défaut notable de tout système de bonus ; quand on compte, recompte et vérifie à tous les niveaux de l'entreprise, c'est autant d'efforts qui sont détournés de la création effective de valeur, et c'est le lot de beaucoup d'organisations.

▷ Comme indiqué précédemment et afin d'inciter les consultants et consultantes à rester aussi longtemps que possible chez OCTO, nous avons ajouté des points d'ancienneté. En toute sincérité, nous

---

16. « Le gaspillage est défini comme ce qui n'apporte pas de valeur au produit. La valeur étant définie du point de vue de l'utilisateur » - https://fr.wikipedia.org/wiki/Lean_(production) – consulté le 4 juin 2019.

sommes incapables de mesurer l'effet de cette mesure si ce n'est sur la complexification du système. Je ne suis pas certain qu'il s'agisse de la meilleure idée que nous ayons eue, mais une fois en place, elle est délicate à décommissionner.

▷ Le mécanisme du pot commun alimenté par la marge opérationnelle de l'entreprise et réparti en fonction de points s'avère pratique et puissant. Il s'agit d'un jeu à somme nulle : il n'y a donc pas de mauvaise surprise pour l'entreprise, qui ne se retrouve pas à distribuer de l'argent qu'elle n'a pas. La masse salariale totale à provisionner est également très facile à prévoir et à suivre en comptabilité puisqu'il s'agit d'une simple formule sur la marge opérationnelle totale. À cet égard, l'esprit est assez proche d'un accord d'intéressement.

▷ L'utilisation de la marge opérationnelle comme critère d'alimentation du pot commun a le mérite d'aligner tout le monde sur un objectif de création de valeur effective. L'utilisation de cette référence est très cohérente avec notre activité de prestation intellectuelle. Cette approche est sans doute moins pertinente dans d'autres secteurs d'activité où le travail des employés a un effet moins immédiat sur le compte de résultats, potentiellement très dépendant de la stratégie d'investissement ou de prix de marché.

▷ À un moment donné, les débutants bénéficiaient également d'un bonus, mais avec un fixe plus faible pour un package total quasi-identique. Il nous a fallu un certain temps pour comprendre que cette structure de rémunération était un frein au recrutement de jeunes diplômés. En effet, même si la part commune OCTO du bonus change peu d'une année sur l'autre, l'obtention du bonus est perçue par définition comme incertaine et s'avère en définitive moins valorisée par les candidats que du fixe. Après avoir constaté plusieurs refus de postulants qui partaient à la concurrence pour 200 € annuels de plus sur le fixe, mais un package total plus faible, nous avons décidé d'intégrer le bonus des juniors dans le fixe. Ce qui s'avère par ailleurs fondamentalement logique : nous attendons d'eux qu'ils apprennent et développent leur champ de compétences et dans leurs premiers mois de présence dans l'entreprise, nous investissons pour construire leur potentiel. Dans cette perspective, ils ont très marginalement la main sur la valeur qu'ils apportent en retour et variabiliser leur rémunération n'est pas très pertinent. Malgré tout, les juniors remettent assez régulièrement sur la table le principe d'un bonus. Pourquoi ne pourraient-ils pas, eux aussi, en bénéficier (bien sûr en plus de leur rémunération fixe) ? Ce qui nécessite de dérouler à nouveau l'argumentaire sur la notion de package.

Notre système actuel n'est évidemment pas parfait et a aussi ses perversions. Au moment où j'écris ces lignes, nous commençons notamment à rencontrer de nouvelles limites. Dans l'objectif d'améliorer leur marge opérationnelle, les équipes préfèrent placer en mission des membres de leur équipe plutôt que de collaborer avec d'autres équipes qui seraient plus pertinentes. Elles peuvent aussi chercher à fuir les missions difficiles sur lesquelles la rentabilité se dégrade. Bref, les comportements tendent progressivement à privilégier le local au détriment de l'optimum global avec comme conséquence un silotage des équipes. Il est sans doute temps de trouver une maille plus fine pour définir le pot commun à se répartir entre les différentes équipes afin de réintroduire une perception plus directe du lien entre collaboration et réussite collective.

Ces défauts restent malgré tout modérés et, en matière de bonus, je suis désormais convaincu que non seulement la perfection n'existe pas, mais que tout système de rémunération est fondamentalement vicié, une entreprise n'ayant d'autre choix que de faire avec.

> *Le sujet des incitations financières est donc intrinsèquement un terrain miné où les intentions les plus louables peuvent s'avérer contre-productives. La mutualisation de ces incitations au niveau de l'équipe permet d'en limiter les effets délétères.*

Quoi qu'il en soit, je reste fasciné par l'énorme pouvoir des incitations financières, même modestes, sur le modelage des comportements. Dans cette réflexion, j'ai été très marqué par le parallèle avec les innombrables adaptations des populations à leurs systèmes fiscaux, dont regorge l'Histoire. Au XVIIIe siècle, un impôt sur le nombre de fenêtres des habitations est-il introduit ? Celles-ci s'agrandissent, leur nombre diminue et elles sont remplacées par des fenêtres peintes[17].

Si l'impôt s'applique sur les maisons terminées, il reste toujours un étage avec ses armatures de fer qui attend des jours meilleurs, comme on peut le voir dans certains pays méditerranéens. Dans certains cas, les primes peuvent même aller à l'encontre de l'effet recherché, un phénomène connu sous le nom « d'effet cobra », suite à une anecdote édifiante datant de la période coloniale en Inde. Pour lutter contre la prolifération de cobras, le gouvernement offrit une prime pour chaque cobra mort apporté. Les populations se mirent rapidement à l'élevage de cobras, ce qui allait évidemment à l'encontre de l'effet recherché et qui conduisit les autorités à stopper cette prime. Les éleveurs de cobra ont alors relâché les serpents dans la nature, conduisant à une situation pire que le point de départ !

Le sujet des incitations financières est donc intrinsèquement un terrain miné où les intentions les plus louables peuvent s'avérer contre-productives. La mutualisation de ces incitations au niveau de l'équipe permet d'en limiter les effets délétères. Mais, même dans ce cas, les bonus ont un pouvoir d'orientation des comportements à ne pas sous-estimer. Il est donc essentiel d'avoir des axes de rémunération qui soient « vertueux », au sens où les comportements induits sont en alignement avec les objectifs affichés

En quelques mots

- **Les bonus individuels sur la performance présentent de nombreuses tares bien documentées, notamment quand l'objectif est de favoriser la créativité et la collaboration.**
- **Au fil du temps, nous avons été amenés à les remplacer par des bonus liés à des performances collectives de création de valeur.**
- **L'enveloppe totale allouée aux bonus est indexée sur la marge opérationnelle de l'entreprise et répartie en fonction d'un complexe mais efficient système de points.**
- **En raison des effets pervers des bonus, les maintenir reste une question.**

17. Cf article Wikipédia « Impôt sur les portes et fenêtres » https://fr.wikipedia.org/wiki/Imp%C3%B4t_sur_les_portes_et_fen%C3%AAtres, consulté le 4 avril 2019.

de l'entreprise. Il est illusoire d'aller vers plus de frugalité si les bonus sont indexés sur la taille des équipes gérées ou de demander plus de rentabilité avec un variable proportionnel au chiffre d'affaires vendu.

Après ce que nous avons vu et étant donnés la complexité et les risques du sujet, ne vaudrait-il pas mieux purement et simplement supprimer toute forme de bonus ? C'est précisément un sujet que nous explorerons dans le chapitre « Faut-il attribuer des bonus ? »

3.5 Comment nous décidons des augmentations de salaire

Après une longue partie sur les bonus, abordons maintenant la façon dont nous traitons les augmentations de salaire. Cela revient à consacrer une large part de cet ouvrage aux sujets de rémunérations qui ne sont sans doute pas les plus excitants, mais qui constituent un sujet central de la vie des entreprises, qui plus est, structurant et chronophage.

Pendant longtemps, nous avons géré les augmentations de salaire de façon très discrétionnaire. Le rituel des entretiens annuels, que nous avons respecté depuis la création de l'entreprise, consistait pour le manager à évaluer la performance de la personne et à en déduire un niveau d'augmentation. Cette augmentation proposée par le manager était rarement débattue sauf si son niveau défiait la norme.

Au fil du temps, nous nous sommes rendu compte de plusieurs biais, dont certains paraîtront évidents :

▷ Le niveau d'augmentation pouvait être très dépendant de la relation entre le manager et le managé. Dans une entreprise de notre type où le travail est stimulant, où l'on relève des défis ensemble, où la population est jeune et la culture informelle, il est fréquent que des liens d'amitié se nouent indépendamment des relations hiérarchiques. Et sans que cela soit conscient, un manager peut avoir tendance à favoriser un ami.

▷ Le niveau d'augmentation était d'autre part très lié à la personnalité, la maturité, la culture du manager : entre l'empathique qui trouvera tous les mérites aux personnes qu'il manage et le travaillomane[18] qui mettra l'accent sur tous les progrès qui restent à accomplir, l'enveloppe finale a de fortes chances d'être très différente. Certains voient comme une victoire le fait d'avoir défendu du mieux possible les membres de

18. https://fr.wikipedia.org/wiki/Process_communication, consulté le 12 octobre 2020.

leurs équipes, quand d'autres sont surtout sensibles à l'équité globale. Bref, des positions toutes justifiables mais qui créent des inégalités quand elles cohabitent.

- Nous avons toujours refusé d'allouer des sommes par équipes, partant du principe que le hasard ou la dynamique d'une équipe pouvait faire que la concentration de talents pouvaient y être plus importante que dans le reste de l'entreprise. Mais avec l'augmentation de l'effectif d'OCTO, il devenait difficile d'avoir un niveau suffisant de visibilité et de contrôle sur l'augmentation de la masse salariale (soit les 2/3 des coûts dans nos métiers). Notre système purement « *bottom-up* » commençait à montrer ses limites.

Cela nous a conduits à remettre à plat notre système de rémunération.

Nous avons tout d'abord créé un rituel annuel, le « Codir Rémun » : le comité de direction se réunissait pendant 1 journée, puis rapidement 2 jours quand il a fallu accompagner la croissance de l'entreprise, pour passer en revue toutes les propositions d'augmentations en vue de les homogénéiser. L'objectif final était de s'assurer autant que possible qu'un membre d'une équipe soit logé à la même enseigne que son alter ego d'une autre équipe.

Mais ce travail a vite donné la perception d'un fonctionnement arbitraire, avec une prime à la « grande gueule ».

Pour corriger ce point, en bons ingénieurs que nous sommes, nous avons monté une véritable usine à gaz, mais qui a malgré tout ses mérites et qui remplit nos objectifs. Voici donc les caractéristiques principales de ce système.

- Suite à l'entretien individuel avec son managé, le manager doit positionner celui-ci sur une matrice performance / comportement. L'axe performance affiche 4 niveaux, l'axe comportement, 3. Nous avons introduit l'axe comportement il y a quelques années pour saluer les personnes ayant des contributions et des attitudes exemplaires pour le collectif et, à l'inverse, signifier qu'être brillant et performant n'était pas les seules qualités requises pour réussir chez OCTO.

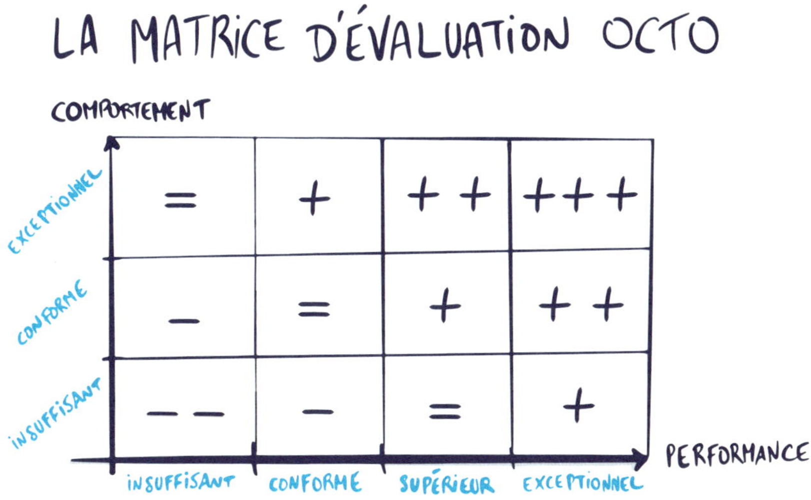

▷ Une première revue par équipe a lieu en présence des managers de la tribu, de la DRH et de deux membres de la direction (celui qui suit la tribu et une personne neutre). Lors de cette première passe, les managers expliquent comment ils positionnent chaque personne sur la matrice. Ces recommandations peuvent être discutées par les personnes présentes sur le fond (« Avec tes explications et sur la base de ce que nous avons vu pour d'autres équipes, nous ne sommes pas alignés avec ta recommandation ») et sur la forme (« Les explications sont insuffisantes pour que nous puissions être alignés avec toi »). Ce premier niveau de challenge donne lieu soit à un alignement en séance, soit à un désaccord sur la position à prendre. Le collaborateur sur lequel le consensus n'a pas été établi est alors « taggé » pour que sa situation soit revue en comité de rémunération à la lumière des cas similaires dans les autres équipes. Il est important de souligner que ces ajustements peuvent se faire dans les 2 sens, à la « hausse » et à la « baisse ».

▷ À l'issue de tous ces entretiens par équipes, nous réunissons le comité de direction pour les 2 jours du Codir Rémun. Pendant ce rituel, nous réalisons les activités suivantes : étude de toutes les personnes « taggées » lors des revues par équipe, vérification de la cohérence entre équipes pour les demandes de changement de poste des populations les plus seniors (pour les juniors, nous suivons la recommandation des managers), échange autour de tous les cas extrêmes (2 ou 3 « + » ou 1 ou 2 « - »), vérification que la répartition des appréciations par équipe est en ligne avec les performances de l'équipe (afin d'éviter par exemple que des équipes avec des résultats médiocres n'aient une surpondération de profils avec 2 ou 3 +), analyse par niveau hiérarchique des nuages de points « expérience » / « niveau de salaire » et, si des points aberrants n'ont pas une justification claire, correction de ces écarts (ce qui nous conduit souvent à augmenter des personnes).

▷ À la suite de ce Codir Rémun, nous revenons vers les managers pour les informer des modifications faites en expliquant les raisons qui ont conduit à cet arbitrage.

▷ C'est là qu'intervient notre grille « magique » qui calcule automatiquement en fonction du montant d'augmentation de la masse salariale acceptable, le pourcentage pour chaque niveau de poste et chaque niveau d'évaluation. Il s'agit donc d'une grille à 36 entrées, avec 6 niveaux de postes et 6 niveaux d'augmentation, lesquels correspondent en quelque sorte à la « somme » des « - » et « + » de la matrice d'évaluation, --/-/=/+/++/+++.

> *Le temps nécessaire à cette vertu est considérable.*

Vous aurez peut-être remarqué un point important mais inhabituel dans les fondamentaux de ce système : il n'y a pas de quota par niveau d'évaluation. À supposer que tous les collaborateurs et toutes les collaboratrices d'OCTO obtiennent le niveau maximum d'évaluation, la seule conséquence serait que tout le monde aurait le même pourcentage d'augmentation. Le gros avantage est que nous n'obligeons pas les managers à « saquer » des personnes sous prétexte qu'il nous faudrait une répartition en cloche, ce qui limite fortement la compétition interpersonnelle en vue des entretiens de fin d'année. Nous gérons à peu près de la même façon les promotions : il n'y a pas un nombre de positions ouvertes définies a priori, et nous nous assurons juste que notre pyramide hiérarchique reste pyramidale. Le dynamisme démographique d'OCTO aide beaucoup, et probablement qu'avec une circulation moins forte des compétences (comprendre recrutements et démissions), nous serions obligés d'être plus vigilants sur ce point.

Une autre caractéristique de notre approche est qu'il n'y a pas de « *up or out* », pratique pourtant courante au sein des cabinets de conseil. Une personne peut tout à fait ne pas évoluer de façon flagrante en termes de compétences, la seule conséquence sera la stagnation de son niveau de rémunération. Si c'est OK pour elle (ce qui, mine de rien, demande beaucoup d'introspection, d'ancrage et de discernement de sa part), c'est OK pour nous.

Je n'aurais pas la prétention de soutenir que ce système n'a pas de biais - nous l'avons déjà souligné, tous les systèmes de rémunération en ont - mais nous faisons un gros travail pour nous assurer que ceux-ci restent sous contrôle. Le temps nécessaire à cette vertu est considérable. Pour une population de près de 700 personnes, nous consacrons un total d'environ 150 à 200 jours/hommes cumulés dans le contrôle de la cohérence et de l'équité de notre système de rémunération et de promotion. C'est énorme, surtout quand on considère que cette activité interne ne produit aucune valeur directe pour nos clients, mais l'humain étant notre « outil de production », il est logique que nous accordions beaucoup de temps à ces sujets qui restent essentiels.

Les outils que nous manipulons (grilles, graphiques, courbes) sont très largement accessibles à tous les collaborateurs et sans qu'ils soient explicitement ouverts à tout le monde, il est assez facile, pour qui le souhaite, d'obtenir ces informations tant qu'elles restent anonymisées. On touche cependant ici assez vite aux limites de la transparence : chaque année, je suis surpris par le nombre de personnes qui considèrent qu'elles méritent une augmentation supérieure à la moyenne.

Au risque d'insister, un modèle opératoire est une réponse satisfaisante à une situation donnée et à un moment donné. Au fur et à mesure que l'entreprise évolue, notre modèle de rémunération actuel est confronté à certaines limites, dont voici les principales :

▷ Nous n'avons pas complètement réussi à éradiquer le soupçon de la prime « à la grande gueule » : nous restons coupables, aux yeux de certains, de favoriser les individus les plus habiles dans l'art de mettre en avant leurs qualités. Je ne saurais pas dire si ce biais est réel, d'autant plus que la communication reste malgré tout une compétence utile, notamment dans nos métiers. Néanmoins avec le système en place, nous avons a minima la conviction de faire notre travail consciencieusement avec un souci constant de réduire au maximum les biais, que cette vertu nous soit créditée ou non. À défaut d'être portés en triomphe, nous pouvons nous regarder dans le miroir.

▷ La taille des équipes OCTO passe actuellement un seuil où il devient quasi-impossible de réunir suffisamment de personnes en « Codir Rémun » pour avoir des discussions véritablement objectives sur les cas individuels. En 2019, pour la première fois, nous avons augmenté la durée de cette instance de 2 à 3 jours, avec malgré tout un petit sentiment d'inachevé. Bref, il nous faudra trouver un modèle alternatif plus décentralisé où des décisions se prennent plus près des équipes, mais sans doute en renonçant au principe qui nous tenait à cœur d'équité entre les équipes au travers de toute l'organisation.

▷ Sur la population des consultantes et des consultants, nous sommes aujourd'hui sur une approche « *one size fits all* ». Toutes les spécialités sont logées à la même enseigne, qu'il s'agisse des expertises en ergonomie, en *datascience*, en transformation culturelle ou en développement Web Front. Au fur et à mesure que la palette d'offres et donc de compétences d'OCTO s'élargit, cela devient de moins en moins tenable. La même difficulté apparaît avec le développement de nos « campements », le nom que nous avons donné à nos bureaux en province. Nous procédons donc à des ajustements à la marge, mais sans doute devrions-nous commencer à introduire des segmentations plus claires. Or le modèle est déjà bien complexe ; si nous ajoutions des distinctions par spécialités, resterait-il lisible, juste et compréhensible, ce qui étaient nos motivations de départ ?

Bref, nous avons quelque chose de neuf à inventer et c'est excitant !

En parallèle, nous avons beaucoup fait évoluer notre pratique des entretiens annuels, qui est devenue beaucoup moins descendante.

Auparavant, l'approche était généralement, « Voici ce que je pense de ta progression et de ta performance, quel est ton avis ? », ce qui conduisait assez inévitablement à des réactions légitimement passives-agressives de la part du managé. Désormais, les entretiens commencent plutôt par « Quelles sont tes fiertés, tes douleurs et tes apprentissages de l'année », ce qui s'avère bien plus riche en termes d'échanges.

En quelques mots

- **Décider des augmentations constitue une activité chronophage.**
- **Pour assurer un maximum de transparence et d'équité, nous utilisons un système de pourcentages d'augmentation prédéfinis par grade et par niveau de performance.**
- **Les propositions d'augmentations sont discutées devant plusieurs assemblés (niveau manager, niveau équipe, niveau transverse) pour veiller à ce que les situations particulières soient prises en compte, mais en toute justice.**
- **Sur ces sujets de rémunération, nous n'avons pas trouvé la martingale, si elle existe, qui garantirait la satisfaction de tous.**

3.6 Comment nous promouvons les personnes

Après les bonus et les salaires, reste un troisième pilier de la motivation extrinsèque dans les entreprises, les promotions.

Chez OCTO, la façon dont nous promouvons les personnes s'appuie sur les principes suivants :

▷ Nous avons créé ce que nous appelons un « *framework* carrières », à savoir un référentiel qui décrit les différentes filières, les différents niveaux, les conditions nécessaires pour la promotion ainsi que ce qui est attendu de la personne à chacun de ces niveaux[19].

▷ Il peut y avoir un écart, au moins temporaire, entre le poste et le rôle. Comme nous l'avons vu précédemment, il est possible qu'une personne exerce des activités de management sans avoir le grade de manager. Cette désynchronisation possible est une conséquence de notre culture peu hiérarchique, et cela nous ouvre indubitablement une certaine agilité organisationnelle, en permettant par exemple que les équipes puissent désigner elles-mêmes leur leader quel que soit son grade. La contrepartie est de potentielles situations « d'injustice », avec des personnes exerçant les mêmes responsabilités avec des postes (et des salaires) potentiellement différents, même si ces écarts finissent par se résorber avec le temps.

▷ Pour les quatre premiers grades, les promotions se font sur proposition du manager, avec test de robustesse du N+1, de la DRH et d'un membre de la direction « neutre ». Cette revue n'est le plus souvent qu'une formalité et vise essentiellement à s'assurer que l'interprétation des critères de promotions est uniforme au sein de l'entreprise.

▷ Pour les grades suivants (globalement, managers et plus), le système de promotion est plus élaboré. Tout d'abord, les candidats

19. Nous en avons jadis publié une version :
https://fr.slideshare.net/OCTOTechnology/dvelopper-ses-super-pouvoirs-chez-octo-mode-demploi

à la promotion doivent se déclarer et constituer un « dossier », que nous nous efforçons de garder léger. Chaque année, un comité de promotion de 7 personnes est élu par l'ensemble de la communauté des managers avec quelques règles pour s'assurer de sa représentativité. C'est ensuite ce comité qui étudie les dossiers de candidature et valide les promotions. Il peut demander tout complément d'information souhaité. Ce fonctionnement vise à garantir au maximum la légitimité de la décision en favorisant la neutralité et la variété des points de vue sur un candidat : les mandats annuels rendent vains les jeux politiques en prévision des futures promotions. Initialement, le nombre de 7 membres devait assurer un bon équilibre entre représentativité et efficacité, tout en garantissant que les votes puissent toujours être départagés par le nombre impair. Néanmoins les protocoles de décision sont laissés à la discrétion du comité et il s'avère qu'ils ont plutôt conduit à des décisions à l'unanimité. Au moment de sa mise en place, ce processus a pu décourager certaines personnes candidates au changement de poste, jusqu'à parfois les pousser à la démission : l'argument invoqué était que la promotion doit être un acte managérial et que devoir se « vendre » pour être promu était dégradant. Malgré tout, au fil des améliorations, ce système de comité élu s'avère globalement positif et efficace.

▷ Pour les membres les plus seniors de la direction, nous suivons désormais le système de promotion de notre maison-mère, qui est un modèle traditionnel de firme de conseil.

▷ Comme évoqué plus haut, à la différence de beaucoup d'entreprises, les promotions ne se font pas sur un nombre formel de positions ouvertes. La nature de notre activité s'y prête. Cela nous évite une logique de classement des individus avec promotion des N personnes les plus « méritantes ». La comparaison constante entre individus que cette approche entraîne nous a toujours semblé potentiellement délétère pour la collaboration, en incitant à une compétition entre individus sur le mode « pour que je sois promu, il faut que tu ne le sois pas ». Nous suivons évidemment les ratios de promotions à chaque niveau afin de surveiller la cohérence globale et il s'avère que nous ne constatons, d'année en année aucune dérive, ce qui tend à nous conforter dans cette approche. En revanche, comme dans beaucoup d'entreprises, plus on monte les échelons, plus les postes se raréfient, ce qui peut conduire à un peu plus de concurrence, mais de façon générale nous parvenons à la maintenir à un niveau, je pense, très acceptable.

▷ Point notable, la promotion ne conditionne pas un niveau minimum d'augmentation, celui-ci étant, dans tous les cas, fixé par la grille décrite plus haut. Il est clair qu'une personne très performante peut enchaîner les promotions rapides et des augmentations significatives. Mais à l'inverse un individu peut être promu avec une faible augmentation : son année n'a peut-être pas été ébouriffante, mais il aura réussi à développer les compétences qu'il lui fallait pour le niveau d'après. Cela conduit à dissocier en partie la compétence de la performance, ce qui s'avère relativement sain et permet notamment de décrisper un peu la course au changement de grade. Nous surveillons néanmoins les écarts entre les rémunérations des personnes au sein d'un même niveau pour garantir un minimum d'homogénéité et pour assurer que l'équilibre général des rémunérations reste cohérent. Il serait par exemple évidemment étrange qu'un junior, même brillant, ait un package salarial supérieur à un manager.

Pour conclure cette partie sur la description de notre système de promotions, il peut être utile de partager quelques questions récurrentes que nous nous posons.

▷ La première porte sur l'introduction de critères chiffrés dans les conditions de changement de poste de notre « *framework* carrière ». Jusqu'à présent, nous avons toujours rechigné à le faire, sans véritablement parvenir à nous faire un avis définitif sur la question : les chiffres ont le mérite de la clarté, mais tendent à rendre les comportements des individus un peu trop scolaires et peuvent inciter à la manipulation des métriques, avec parfois des conséquences néfastes sur les indicateurs de pilotage. À l'inverse, conserver l'esprit du poste sans mettre des critères objectifs rend le système moins lisible pour les personnes et peut donner l'impression de moins de transparence.

▷ La seconde question, plus fondamentale, est celle de l'ouverture des rémunérations. Ce sujet est suffisamment important pour que nous y revenions dans le chapitre « Comment nous partageons l'information en interne » et nous ne le développons donc pas ici.

Nous sommes soumis à cette tension classique des entreprises agiles : au même titre que la rémunération, les promotions réintroduisent de l'individuel dans des fonctionnements que l'on cherche à centrer sur l'équipe. Tout l'enjeu consiste donc à reconnaître les mérites de chaque personne sans que cela ne distende trop le tissu du collectif, et c'est un équilibre à la fois subtil et instable.

En quelques mots

- **Nous avons construit un « *framework* carrière » qui précise les attentes aux différents grades.**
- **Les changements de grades ne sont pas liés à un nombre de positions ouvertes.**
- **Au-delà d'un certain grade, les promotions sont décidées par une commission de pairs élus.**
- **Les augmentations sont largement indépendantes des promotions ce qui permet de limiter l'enjeu.**

3.7 Comment nous formons les personnes que nous recrutons

Toutes les entreprises sont confrontées au défi de la transmission des savoirs et de la montée en compétences des profils recrutés. Mais s'il y a bien une industrie dans laquelle cette thématique est cruciale, c'est évidemment celle des métiers du conseil et, en particulier du conseil en technologie. Par nature, ce métier recrute une proportion importante de jeunes professionnels récemment diplômés, le *turn-over* y est structurellement élevé et une partie des savoir-faire se renouvelle très rapidement, en 2 à 5 ans - un rythme qui tend même à s'accélérer. Le défi de la transmission est accentué par la nature volatile du monde économique actuel et les métiers qui n'ont pas fortement évolué au cours de la décennie écoulée ou qui n'évolueront pas au cours de celle qui commence, relèvent de l'exception.

Notre capacité à identifier et recruter les personnes qui vont s'épanouir dans notre environnement et à leur transmettre les savoir-faire nécessaires, reste l'une de nos grandes forces. Or, comme nous le verrons au chapitre « Comment nous exécutons nos missions », dans notre modèle, la transmission des savoirs se fait en priorité par du compagnonnage, c'est-à-dire par des personnes expérimentées qui vont prendre sous leur aile des débutants pour leur faire découvrir en situation réelle tous les arcanes du métier.

Pendant longtemps, une croyance fortement ancrée chez OCTO était qu'au-delà de la limite empirique de 20% de croissance annuelle des effectifs, nous étions incapables d'intégrer proprement les nouveaux embauchés et que nous risquions donc d'hypothéquer l'avenir de l'entreprise.

Il y a quelques années, nous avons connu un pic d'opportunités commerciales que nous étions incapables de satisfaire. Or, nous avons pour saine habitude de ne pas accepter de nouvelles missions au-delà de notre capacité à les réaliser, pour éviter de placer nos consultants et consultantes sur le terrain dans des positions intenables[20].

Cette tension est devenue une source de frustration croissante pour nos équipes commerciales : demander d'éconduire les clients à des personnes dont la fonction est de vendre n'est en effet satisfaisant pour personne. Sans compter que si certains clients comprennent très bien votre situation et vont voir ailleurs sans plus d'états d'âme, d'autres vous en tiennent grief et prennent ombrage de ne pas être servis en priorité.

Avec ma doctrine bien ancrée de la croissance bornée à 20 %, je me suis assez vite trouvé isolé au sein même de mon comité de direction. Cela nous a conduits à reposer les bases de la problématique : quelle était l'intention de cette limite (revenir en somme au fameux « *why* » du chapitre « Comment nous partageons le pourquoi des choses ») ? Nous sommes arrivés à la conclusion que l'enjeu était d'assurer que nous étions capables, d'une part, d'intégrer les nouvelles recrues dans la culture OCTO, et d'autre part, de leur transmettre les connaissances et les savoir-faire propres à nos métiers.

Pour ce qui est de la culture, en creusant un peu, nous avons rapidement constaté que de, façon étonnante, il n'y avait pas véritablement de sujet : le filtre effectué sur les valeurs au moment du recrutement, la culture très forte, la pression de groupe, les rituels, les modes d'intervention en équipes, tous ces éléments combinés faisaient que la transmission culturelle était rapide et efficace dans la grande majorité des cas. Je dois même avouer avoir été un peu effrayé de cette découverte.

En revanche, nous avions un réel enjeu de transmission structurée des savoir-faire. Ce constat nous a conduits à lancer une initiative que nous avons appelée la « Skool ».

Le principe était de créer un parcours d'intégration des jeunes recrutés centré sur l'acquisition de compétences et qui mixerait des formations par mises en situation et des missions propices à l'application des savoir acquis. Nous voulions en effet éviter un double effet classique

20. Cela paraît une évidence, mais cette habitude est loin d'être un standard sur notre marché.

des formations : d'une part, le cours magistral qui devient de plus en plus inadapté à la transmission de savoir-faire et d'autre part les formations interactives, potentiellement très intéressantes, mais dont les bénéfices s'évaporent après quelques semaines, faute de mise en œuvre rapide.

Nous avons commencé à concevoir, à l'aide des experts OCTO pertinents, un programme visant à transmettre à des jeunes diplômés de solides bases de « développement professionnel agile et en équipe ». Nous sommes arrivés à la conclusion qu'il fallait compter 20 à 30 jours de formation sur une période d'un an. Ce qui représente un investissement par personne considérable !

Après de nombreux débats, nous avons pris la décision à l'unanimité du comité de direction de lancer l'initiative Skool, selon des modalités qui commencent à être éprouvées chez nous : expérimenter autant que possible, se mettre en situation de s'adapter rapidement et en permanence, ne pas céder à la tentation d'un surdesign visant à prévenir des risques non avérés, mais au contraire privilégier la capacité de réaction. Puis, dans un deuxième temps, passer à l'échelle et généraliser.

Ce modèle présente l'avantage de rendre supportable l'échec en permettant ainsi une posture propice à l'exploration et à l'innovation. Pour autant, prendre la décision initiale nécessite un peu de courage : 10 personnes non affectées à des missions pendant un mois minimum n'était pas un investissement anecdotique pour une entreprise de la taille de l'OCTO de l'époque et dans laquelle les salaires sont, de très loin, la charge financière la plus importante.

Cette approche « *test & learn* » nous a ainsi conduits à de nombreux petits ajustements au fil des promos de Skools. Avant même la fin de la première édition, nous avions revu la durée du parcours complet de 12 à 9 mois, qui semblait suffisant et plus compatible avec le niveau d'impatience de tous, skoolers, tribus et projets. D'autre part, l'option choisie initialement de répartir les formations sur toute la durée du parcours s'est rapidement avérée très lourde en organisation et en planification et engendrait beaucoup de perturbations au sein des équipes des projets d'application. Nous avons donc très vite décidé de concentrer les formations en début de cursus. Pour finir cette série d'illustrations, le public visé par les Skools était initialement les jeunes diplômés fraîchement sortis d'école. Après quelques promos, nous avons constaté certaines limites. Le niveau moyen en développement logiciel pouvait être assez faible et très disparate au sein d'une promo. Ensuite, des personnes n'ayant pas vécu d'autres contextes professionnels ne valorisaient pas forcément les différences du modèle OCTO, ce qui pouvait induire chez elles des comportements d'étudiants attardés. Comme par ailleurs, l'initiative commençait à avoir un bon écho à l'extérieur, le remplissage des promos était devenu une formalité. Nous avons donc fixé une expérience minimale de un an à l'entrée de la Skool.

Cinq ans plus tard, la Skool est désormais déclinée en quatre « parfums », Développement Agile, Intelligence Artificielle, DevSecOps, Product Management. Là encore, ces variantes n'avaient nullement été anticipées au lancement. Nous avons utilisé notre statut d'organisme de formation pour faire en sorte qu'une partie des 25 à 30 jours de formation de chaque Skool permette d'obtenir une certification professionnelle, certification que nous proposons désormais à nos clients.

> *Cette initiative Skool constitue l'une des plus belles choses qui soient arrivées à OCTO sur les cinq dernières années.*

Il s'agit selon moi d'un bel exemple de démarche innovante : à partir d'un problème bien analysé, nous avons exploré une idée un peu folle, en commençant petit, en adaptant rapidement le fonctionnement grâce aux apprentissages concrets, et en profitant du régime de croisière pour explorer de nouveaux territoires.

Cette initiative Skool a permis, au moment d'écrire ces lignes, d'intégrer et de former plus de 300 personnes, sur une trentaine de promos, et constitue l'une des plus belles choses qui soient arrivées à OCTO sur les cinq dernières années. Les Skools ont contribué à créer des équipes soudées et compétentes et l'objectif de transmission des savoirs a été plus qu'atteint ; nous avons même constaté une progression générale des pratiques de développement sous la pression des nouveaux venus.

Dans la description de la raison d'être de la Skool, nous avons mentionné qu'il s'agissait de former « au développement professionnel agile et en équipes ». Cette formulation n'est pas anecdotique et nous en avons pesé les mots. Notre vécu en tant qu'entreprise technologique est qu'il y a très peu - et c'est un euphémisme ! - de formations supérieures qui transmettent de façon complète ce type de compétences à la fois dures et molles. Évidemment, il est possible, quoique improbable, qu'une école ait échappé à notre vigilance, mais il est néanmoins surprenant de constater l'écart moyen entre ce qui est attendu dans le monde professionnel du développement et ce qui est transmis dans les cursus pédagogiques. Les formations institutionnelles vont souvent mettre l'accent sur l'algorithmie et la débrouillardise, alors que dans l'univers de l'entreprise, l'algorithmie représente une part limitée du travail du développeur et à l'inverse, la conception et le travail structuré par des pratiques sont absolument déterminants. La capacité à développer du code de façon fluide au sein d'une équipe, en pratiquant du « *Pair Programming*[21] » ou des revues de code, est devenue une compétence essentielle, encore aujourd'hui très peu transmise par l'enseignement supérieur. En conséquence, assurer un complément de formation pour les professionnels du code est rarement un luxe, même pour ceux et celles qui ont suivi un cursus spécialisé.

En définitive, la Skool est une nouvelle illustration de cette croyance profondément ancrée chez OCTO que la seule compétence à entretenir pour construire une carrière sur le long terme dans un environnement éminemment incertain est d'**apprendre à apprendre**.

En quelques mots

- **Pour assurer un socle commun de compétences professionnelles pointues, nous avons créé la « Skool ».**
- **Il s'agit d'une formation appliquée et accompagnée aux pratiques du développement en équipe et en agile, sur une période d'un mois.**
- **Les savoir-être sont aussi importants que les savoir-faire.**
- **Apprendre à apprendre est la compétence cardinale à acquérir aujourd'hui.**

21. Pratique qui consiste à développer à deux personnes sur un seul ordinateur pour favoriser la transmission, le partage d'information et la propriété collective du code.

3.8 Comment nous vendons nos prestations

La vente est un métier très difficile et qui n'est bien souvent pas la tasse de thé des profils qui composent le gros de nos équipes. L'un des paris gagnants d'OCTO a été de miser très tôt sur le recrutement de commerciaux dédiés - que la complexité des sujets que nous abordons nous conduit plutôt à nommer « ingénieurs d'affaires ». Nous avons recruté le premier d'entre eux alors que nous n'étions qu'une dizaine de consultants. Nous avons réussi cette transition avec des styles d'ingénieurs d'affaires qui nous ressemblent, à savoir des personnes qui travaillent collectivement, qui s'intéressent au fond et qui sont prêtes à renoncer à une vente importante si celle-ci est trop éloignée des envies des équipes.

De ce que je peux constater autour de moi, recruter des commerciaux est un cap difficile pour la plupart des entreprises de conseil qui se créent. Trop souvent, elles ne s'y résolvent que tardivement et se retrouvent à végéter à une taille intermédiaire, le CEO se consacrant seul au développement de l'activité et négligeant de ce fait les activités plus stratégiques. Même pour les entreprises qui franchissent le pas, les bénéfices ne sont pas toujours immédiats, car trouver le bon profil à ce type de postes est difficile, long et coûteux, sans compter qu'en cas d'erreur, les conséquences peuvent être lourdes et durables, surtout la première fois.

Sur ce sujet, on peut donc considérer qu'OCTO a bénéficié d'une bonne étoile.

Nous avons par ailleurs réussi à ce que notre réputation et notre image deviennent très vite de puissants leviers de vente. À la source, il y a évidemment la qualité de nos missions couplée à une identité forte et des partis pris courageux. Il est en effet plus probable que l'on parle de vous si vous marquez les esprits plutôt que si vous êtes consensuels, et il y a plus de chance que ce soit de façon positive si vous êtes pertinents. J'ai le souvenir d'un client qui nous a contactés près de 10 ans après

> Il est en effet plus probable que l'on parle de vous si vous marquez les esprits plutôt que si vous êtes consensuels, et il y a plus de chance que ce soit de façon positive si vous êtes pertinents.

une mission d'audit que nous avions menée pour son employeur de l'époque : nos conclusions n'étaient pas allées dans le sens des intérêts politiques du commanditaire et notre intervention n'avait donc pas eu de suite. Mais cette personne avait été suffisamment marquée par notre pertinence, notre intégrité et notre imperméabilité aux jeux de pouvoir, pour se souvenir de nous et nous solliciter pour un diagnostic délicat dans une entreprise où elle était désormais membre du comité de direction.

Je n'aurai plus la naïveté du bon expert qui considère « qu'il suffit de bien travailler et ça se saura » et nos efforts de communication ont largement contribué à construire notre notoriété. Nous avons pour autant toujours veillé à ce que cette communication nous ressemble, en étant orientée contenu, utile à nos clients et sans « *bullshit* ». Pour reprendre le terme consacré, nous avons beaucoup misé sur « *l'Inbound Marketing* », en faisant en sorte que les clients nous identifient, aient envie de travailler avec nous et nous contactent spontanément, ce qui nous évite de forcer la porte de leur bureau pour les convaincre de nous confier un sujet. Nous avons la chance que cela fonctionne, mais comme disait Pasteur, « la chance sourit aux esprits bien préparés ». Depuis que nous avons rejoint Accenture, nous bénéficions également de l'énorme traction du groupe qui se manifeste bien sûr par l'apport direct d'opportunités, mais aussi, de façon plus inattendue, par un effet de halo[22] : l'acquisition par Accenture nous a non seulement rendus visibles à de nouveaux clients potentiels, mais a également modifié la perception de certains qui nous connaissaient déjà et nous considèrent désormais crédibles sur des interventions plus ambitieuses.

Vu de loin, ce flux spontané d'activité peut sembler une bénédiction, et il l'est bien évidemment. Il présente cependant un gros défaut : il tend à nous renforcer dans nos biais opportunistes et nous pousse à saisir

22. https://fr.wikipedia.org/wiki/Effet_de_halo, consulté le 7 mai 2019.

des sujets non stratégiques plutôt que de travailler en amont avec nos clients les plus fidèles pour faire émerger, avec eux, leurs grands chantiers de transformation. En définitive, nous avons tendance à nous laisser emporter par les rouleaux plutôt que de surfer les vagues, mais, grâce à nos efforts pour être identifiés sur les thématiques qui nous plaisent, la mer est belle !

En quelques mots

- **Une entreprise de conseil qui se développe ne doit pas négliger l'embauche de commerciaux.**
- **L'idéal est de construire une image et un contenu qui incite les clients à venir à vous dans une logique d'*inbound marketing*, mais c'est un résultat qui s'atteint dans la durée et la constance !**

3.9 Comment nous exécutons nos missions

L'ouvrage de David H. Maister, *Managing The Professional Service Firm*[23], nous a fourni une clé de lecture essentielle pour comprendre le type d'activité de conseil que nous opérions et en décoder les tenants et aboutissants.

Dans son livre, l'auteur introduit un modèle distinguant trois types de sociétés de conseil en fonction de leur façon d'exécuter leurs missions.

La première est dite de type « *Procedural* », et consiste en l'application hautement efficace de solutions bien connues - ce qui ne signifie pas pour autant que leur mise en œuvre soit simple ! Cette catégorie regroupe en particulier tous les grands intégrateurs. Les clients font appel à ces entreprises quand ils recherchent des équipes qui savent comment s'y prendre pour produire, efficacement et de façon prédictible, un résultat attendu.

La deuxième catégorie, qualifiée de « *Grey Hair* » (cheveux gris), se structure autour de l'expérience accumulée par ses membres. On retrouve dans cette catégorie les cabinets de conseil de petite ou moyenne taille, disposant d'une compétence très pointue et constitués essentiellement d'associés ayant « roulé leur bosse », typiquement dans les fusions et acquisitions ou le coaching de dirigeants. Les clients font appel à ces entreprises quand ils recherchent des personnes qui ont l'expérience de la situation à laquelle ils sont eux-mêmes confrontés.

La troisième catégorie est appelée « *Brain* » (matière grise) et se définit par la réalisation de prestations qui nécessitent de la créativité et de l'innovation s'appuyant sur de l'expertise avancée. Les clients ont recours à ces prestataires quand ils ont besoin de résoudre des problèmes complexes et nouveaux.

Ces différents types se caractérisent par des modèles d'organisation différents et le recrutement de profils spécifiques.

---

23. S & S International, 1997, 368p.

À la lumière de ce modèle, OCTO est typiquement une société de conseil de type « *Brain* ». Il est à noter que cette catégorie est probablement celle qui se prête le mieux à l'expression d'une culture agile, car elle est à la fois structurée et privilégie des solutions ad hoc et donc l'autonomie.

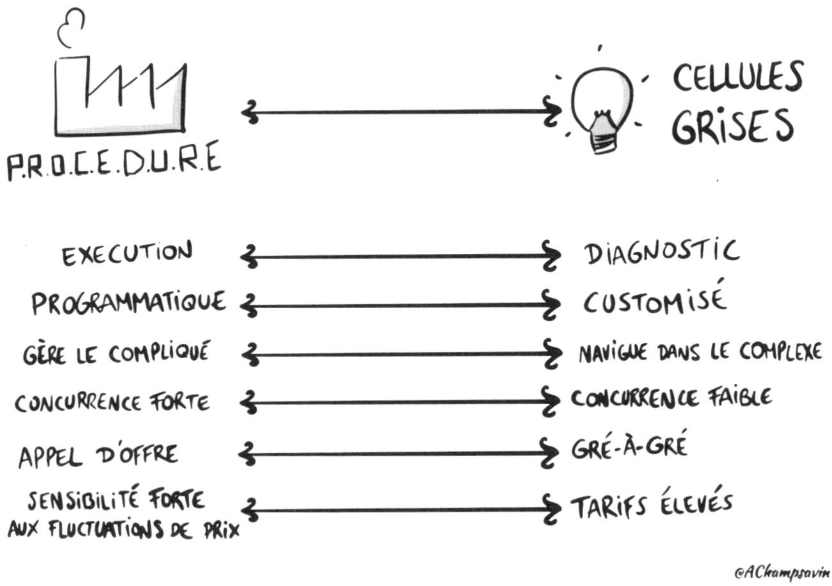

Toujours selon Maister, dans les entreprises appartenant à cette catégorie, l'enjeu consiste à construire des équipes avec une expertise forte et une légitimité reconnue. La façon de réaliser les missions est très largement à la main des experts qui jouissent à la fois de la plus grande expérience et de la meilleure réputation. Par rapport aux entreprises de type procédural dont l'activité consiste à vendre des missions que l'on pourrait qualifier de « prêt-à-porter », les entreprises « *Brain* » réalisent majoritairement des prestations sur mesure.

Plusieurs traits structurants sur nos façons d'exécuter nos missions héritent ainsi de cette propriété.

En premier lieu, nous sommes assez faiblement « industrialisés ». Nous avons très peu de « *blueprints* » ou de supers méthodes sur étagère qui seraient le fruit d'années de capitalisation et qui feraient l'objet d'une propriété intellectuelle jalousement gardée. Ce manque de standardisation est une frustration qui m'a longtemps miné, jusqu'à ce que je découvre le modèle de Maister et que je comprenne qu'il est difficile d'échapper à sa détermination génétique. De façon très pifométrique, près de la moitié de notre activité d'aujourd'hui porte sur des sujets d'expertise dont le marché était inexistant il y a quatre ans. Entre le *Deep Learning*, la *Blockchain*, le déploiement continu, les Micro-conteneurs, les *Design Sprints*... le rythme de renouvellement des sujets que nous abordons est vertigineux. Difficile dans ces conditions d'investir dans la reproductibilité des missions, sachant que la majorité aura de tout évidence muté ou disparu avant que nous ayons réussi à les procéduraliser entièrement. Ce n'est sans doute pas un hasard si nos programmes de formation internes ont progressivement mis l'accent sur les savoir-être plutôt que sur les savoir-faire qui sont, pour une large part, périssables et laissés à l'initiative d'auto-formation des Octos.

D'autre part, les profils que nous attirons et recrutons sont précisément des personnes qui souhaitent apprendre vite sur des expertises à l'état de l'art. Leur motivation à refaire plusieurs fois le même type de missions est en moyenne assez faible, ce qui rendrait difficile de lancer un travail de « généricisation » de nos offres.

Nous avons malgré tout quelques invariants, des interventions très récurrentes sur lesquelles nous nous appliquons, douloureusement, à créer des approches un peu standardisées. L'audit d'application et de système d'information, que nous pratiquons depuis près de 20 ans, en est un bon exemple. Même sur des sujets comme celui-ci, la créativité naturelle des consultants et consultantes reprend bien souvent le dessus, et le beau papier glacé de la méthode se retrouve couvert de tags qui sont autant de façons pour nos équipes de s'approprier le sujet.

Notre modèle de type « *Brain* » définit par ailleurs la nature des équipes que nous constituons. En particulier, nous nous prêtons assez peu à ce qu'il est coutume d'appeler la « délégation de ressources ». Ce mode d'intervention consiste à mettre à disposition des clients des personnes compétentes qui vont adopter une posture d'exécutants par rapport à leurs demandes. Or, la survie de notre modèle passe par notre capacité à transmettre des pratiques et des connaissances hautement volatiles, mais malgré tout avec un haut niveau d'exigence, ce qui n'est plus possible si nos consultants sont isolés et dispersés dans différents environnements. Comme le décrit Maister, dans le modèle « *Brain* », la transmission des savoirs s'appuie majoritairement sur du compagnonnage, et donc sur la possibilité de mixer en missions les débutants avec des personnes très expérimentées qui vont leur apprendre le métier. Par ailleurs, notre culture qui met en avant la fierté de l'expertise et du geste bien exécuté est peu compatible avec ces contextes où l'on recherche uniquement des bras et des têtes bien faites pour se plier aux directives. Nous considérons même que cela a peu de sens avec des profils qui sont sélectionnés pour leurs compétences de conception, de design, de réflexion et pour leur intelligence humaine. Nous entendons parfois dans la bouche de nos clients des demandes que l'on pourrait résumer de cette façon : « Je n'ai pas les compétences pour faire ce que je vous demande de faire, mais je veux malgré tout que vous appliquiez la méthode que j'ai en tête ». Ces attentes nous semblent relever de l'injonction paradoxale : soit notre interlocuteur sait précisément ce qu'il souhaite faire et comment, et il ne cherche qu'une force d'exécution et pas véritablement du conseil, soit il n'a pas d'idée préconçue sur la façon de faire, ce qui justifie qu'il fasse appel à des experts, mais ce qui sous-entend aussi qu'il ne sera pas directif sur le « comment ».

> *Une belle équipe est un actif d'une valeur infinie et les plus beaux produits sont les conséquences de cette mayonnaise humaine réussie.*

Le fonctionnement en équipe que nous privilégions dans nos interventions n'a pas pour seul objectif de créer un environnement propice à la montée en compétence : c'est aussi une source d'efficacité et surtout de plaisir pour les consultants et les consultantes. Travailler de façon quotidienne avec les mêmes personnes, qui partagent les mêmes rituels, les mêmes convictions, les mêmes valeurs et les mêmes modèles mentaux se révèle d'une puissance incroyable. L'efficacité et la performance collective qui en découlent sont de fabuleuses sources de motivation et de plaisir pour les membres du collectif. Il faut évidemment veiller à assurer le renouvellement de l'équipe, quitte à le forcer si nécessaire, afin d'éviter l'endogamie. Mais si ce point est assuré, rien n'est plus ébouriffant et enthousiasmant qu'une équipe saine et fonctionnelle. À tel point que nous avons un slogan largement utilisé chez OCTO : « le produit, c'est l'équipe ». La formule matérialise cette vérité trop souvent sous-exploitée dans les projets informatiques : une belle équipe est un actif d'une valeur infinie et les plus beaux produits sont les conséquences de cette mayonnaise humaine réussie bien plus que le résultat de succès individuels ou de l'application consciencieuse de procédures. Il est intéressant de noter que le plaisir qui vient de la collaboration efficace est par ailleurs un sujet sur lequel la science se penche de plus en plus sérieusement[24].

Les méthodes agiles ont depuis leur avènement accordé une attention particulière aux enjeux de dynamique d'équipe : cela les a conduites à reprendre à leur compte le nombre magique de 7 ± 2 pour la taille des équipes. Au-delà de ce chiffre, l'augmentation exponentielle des efforts de coordination et de synchronisation prend le pas sur l'efficacité. L'agile recommande donc d'évaluer toutes les options pour rester à cette taille et, s'il advient qu'il faille véritablement aller au-delà, de créer à ce moment-là une organisation à base de plusieurs équipes respectant chacune le nombre magique. Nous nous appliquons à respecter autant que possible cette heuristique dans tous nos projets.

Sans que cela ne transparaisse dans les lignes précédentes, il est fréquent que nous proposions à nos clients des modes d'intervention mixtes où nous embarquons directement certains de leurs employés au sein de nos équipes, de façon à faciliter la circulation de la connaissance. Il s'agit même d'un mode que nous encourageons : nous pensons que le digital est un sujet trop important pour que les entreprises se contentent d'externaliser la résolution de problèmes sans essayer de construire un socle de compétences propres.

---

24. « *Dopamine makes it feel good to collaborate and connect with others, which means that working together is something we evolved to enjoy.* » - citation extraite de l'article https://hbr.org/2019/07/how-our-brains-decide-when-to-trust, consulté le 16 août 2019.

Enfin, un point qui nous tient à cœur dans nos missions est, de la même façon que ce que nous prônons en interne, de viser à la plus grande transparence possible avec nos clients. L'agile se prête bien à cette vertu : les itérations courtes, les *feedbacks* rapides et le pilotage visuel font qu'il est difficile de cacher bien longtemps un problème sous le tapis. Les crises éclatent rapidement, ce qui est d'ailleurs un atout majeur, et parfois négligé, de la méthode. Mais nous portons plus loin ce souci de transparence en l'appliquant dès l'amont : même en phase de vente, nous bannissons tout autant les fausses promesses, les prix « optimisés » avec l'espoir de se refaire sur les avenants, les CV mitonnés, les disponibilités fallacieuses des intervenants, en un mot, toutes ces pratiques regrettables mais malheureusement chroniques de notre secteur. Cela a pu parfois nous jouer des tours face à des concurrents plus enclins aux exagérations dans la phase de séduction. Fort heureusement, une grande partie de notre activité nous arrive par recommandation ou réputation, sans doute alimentée par cette rigueur, ce qui nous évite de multiplier les défaites cuisantes à ces concours d'arracheurs de dents. Au rayon des bonnes nouvelles, les services achats commencent à intégrer les vertus de l'agile dans leurs stratégies de sélection et deviennent de plus en plus vigilants quant aux fausses promesses.

En définitive, nos missions chez nos clients, toutes centrales soient-elles dans notre quotidien, ne représentent finalement que la partie émergée de l'iceberg OCTO, avec des pratiques et des approches qui sont les conséquences directes de nos

En quelques mots

- **On peut distinguer 3 modèles de sociétés de conseil : « prodédural », « matière grise », « cheveux gris », et les stratégies à déployer sont différentes pour chacune.**
- **En tant que société de type « matière grise », OCTO met l'accent sur le compagnonnage et sur le travail en équipe plus que sur la standardisation.**
- **La posture d'expertise que nous mettons en avant nécessite un accord clair du client : il indique le « quoi » et le « pourquoi » et nous gardons la maîtrise du « comment ».**
- **Nous cherchons à être aussi alignés que possible par la cohérence entre ce que nous faisons en interne et ce que nous affichons à nos clients.**

comportements internes. Cycles courts, *feedbacks* rapides, amélioration continue, adaptabilité, transparence, sont ainsi les ingrédients que nous injectons dans nos interventions clients.

Pour paraphraser un vieux slogan publicitaire, ce que nous faisons à l'intérieur se voit à l'extérieur. Ce n'est pas pour autant un complet hasard ni un pur effet mécanique : il faut aussi y lire les conséquences d'une ligne de conduite affirmée qui vise à privilégier la congruence et l'alignement. Nous croyons fortement aux vertus de l'authenticité, et pour que celle-ci s'épanouisse, il est important que les personnes se sentent autorisées à agir vis-à-vis du monde extérieur comme elles agissent en interne.

À mon sens, cet alignement est l'une des qualités communes aux entreprises agiles.

3.10 Comment nous gérons nos budgets

Comme cela est très bien décrit dans l'ouvrage *Beyond Budgeting: How Managers Can Break Free from the Annual Performance Trap*[25], les budgets sont traditionnellement utilisés pour trois usages, fondamentalement différents :

- La prévision des résultats de l'entreprise.
- La fixation des objectifs des équipes et bien souvent des bonus correspondants.
- L'allocation d'enveloppes de dépenses pour les différents départements.

Pour reprendre l'argumentaire de ce livre, le mélange des genres rend l'exercice hautement problématique. En effet, quand les bonus sont indexés sur l'atteinte d'objectifs budgétés, les acteurs du système auront tout intérêt à afficher des perspectives aussi médiocres que possible. On se retrouve parfois dans cette situation ubuesque où une personne avec de piètres résultats mais conformes à un budget bien négocié, sera plus valorisée qu'une autre ayant obtenu des résultats intrinsèquement remarquables, mais sans atteindre la cible ambitieuse fixée. On peut facilement imaginer les conséquences délétères sur la motivation et, à plus long terme, sur la culture de l'entreprise.

De la même façon, dans le jeu à somme nulle de l'allocation de moyens, chaque service a tout intérêt à négocier bec et ongles sa quote-part pour avoir le maximum de financement pour ses projets de l'année. Et évidemment, la mauvaise monnaie chassant la bonne, tout le monde se retrouve à réclamer plus que nécessaire dans l'espoir d'obtenir le plus possible, sans aucune considération pour l'optimum global. Ce jeu de dupes, très consommateur en temps, contribue à nourrir la compétition entre les équipes, alors même que l'enjeu principal de nos jours est la collaboration transverse. Cette négociation des

25. Jeremy Hope et Robin Fraser, Harvard Business Review Press 2003, 256p.

enveloppes a aussi pour conséquence fâcheuse le fameux rituel des queues de budget, où, en fin d'exercice comptable, chaque service s'empresse de dépenser les quelques deniers qui lui restent en achats souvent superflus, dans le seul but de prétendre au même budget l'année suivante.

Sur ce sujet, comme sur beaucoup d'autres, il ne s'agit évidemment pas d'épingler les comportements individuels qui s'avèrent d'une rationalité implacable et qui visent à s'adapter au mieux au système, mais plutôt de questionner le système lui-même qui encourage implicitement ces comportements.

> La seule ligne qui n'apparaît pas dans les budgets est celle de la constitution du budget lui-même... et probablement, la capture de cette information constituerait un acte de vérité salutaire.

La visite du musée des horreurs budgétaires ne serait pas complète sans mentionner le coût de constitution et de suivi du budget lui-même : les dizaines d'heures passées par chaque manager pour préparer, valider, soumettre, défendre, justifier, corriger, mettre à jour et suivre à la fois les prévisions, les estimations, le constaté et les écarts, représentent en cumul un effort considérable ainsi qu'une bien mauvaise utilisation du talent de ces profils. Comme me l'a fait remarquer un confrère, la seule ligne qui n'apparaît pas dans les budgets est celle de la constitution du budget lui-même… et probablement, la capture de cette information constituerait un acte de vérité salutaire dans les entreprises.

Pour traiter ces problèmes, les auteurs de *Beyond Budgeting* recommandent ainsi de sortir des exercices budgétaires comme outils multivalents, en séparant les usages. Faire des estimations simples pour anticiper les résultats, fixer des objectifs qui ne s'appuient pas sur des chiffres auto-déclarés, mais plutôt sur des références de marché, et aller vers une allocation plus dynamique de moyens en cours d'année en fonction de la pertinence des projets. Tout cela pourrait ressembler à un doux rêve d'utopistes si cela n'avait été mis en œuvre au sein d'Equinor (anciennement Statoil), compagnie norvégienne d'énergie pétrolière et éolienne et plus grosse entreprise du pays, cotée en bourse.

Avant de découvrir *Beyond Budgeting* comme source d'inspiration, nous avons chez OCTO adopté certaines de ces orientations, tels des Messieurs Jourdain du budget.

Sur le volet prédictibilité de nos résultats, nous profitons d'une situation enviable car notre chiffre d'affaires est assez directement et linéairement corrélé à notre effectif de consultantes et de consultants. Une simple multiplication prenant en compte le nombre de personnes que nous pouvons recruter et intégrer dans l'année, le taux d'activité moyen et le taux de vente journalier moyen (deux paramètres qui varient assez peu d'une année sur l'autre), nous donne une estimation étonnamment précise de notre chiffre d'affaires. En ce qui concerne le volet coûts - et sans trop entrer dans le détail - la mécanique est à peine plus complexe.

Pour ce qui est de la fixation des objectifs et comme nous l'avons vu plus haut, nous avons largement découplé les bonus des objectifs budgétaires. Le mode d'attribution que nous avons retenu élimine ainsi tous les jeux de poker menteur sur la fixation de la cible et limite les effets d'aubaine pour ceux qui négocieraient mieux leur objectif budgétaire.

La seule exception porte sur le bonus des équipes de développement commercial : pour dépassionner le débat, c'est ici le comité de direction qui fixe le taux de croissance annuel qui est ensuite décliné par secteur, mais le bonus des équipes commerciales est mutualisé à l'échelle de l'entreprise. Donc, là encore, il n'y a que peu de pertinence pour chacun à ergoter sur son objectif local.

Enfin, nous n'utilisons pas les prévisions budgétaires pour attribuer des enveloppes aux différentes équipes. Nous faisons des estimations sur la base du nombre de personnes pour les dépenses courantes et nous regardons de près les coûts qui nous paraissent anormaux (ce qui arrive de façon très exceptionnelle). Pour une dépense plus importante et notamment un investissement, nous échangeons pour savoir si elle est pertinente, si nous pouvons nous la permettre, et si elle relève de notre zone d'autonomie par rapport à notre maison-mère ; si l'ensemble de ces conditions est réuni, la dépense est engagée.

Grâce à cette approche, nous avons fait, depuis le début d'OCTO, une économie de temps considérable sur la fixation des objectifs budgétaires. Cela ne nuit pas pour autant à notre prévisibilité, car nous terminons très souvent nos exercices budgétaires avec un très faible écart par rapport aux prédictions et quand celui-ci se creuse, c'est le plus souvent dans le bon sens.

Je ne saurais dire si ces pratiques sont transposables dans d'autres activités. J'imagine que pour une entreprise qui opère dans un secteur à faibles marges, connaît des difficultés, ou encore doit amortir des investissements lourds sur de longues périodes, il est nécessaire d'aller plus loin que quelques chiffres jetés dans une feuille Excel. On m'objecte aussi souvent qu'une entreprise en bourse a ses impératifs de prévisibilité, faute de quoi elle risque d'être durement sanctionnée par les marchés. Certes, OCTO a été cotée un temps sur un marché secondaire, mais nous étions infiniment moins minutieusement scrutés qu'une entreprise du SBF120.

Bref, il y aurait mille et une raisons de considérer que nos pratiques budgétaires sont celles de doux rêveurs dans une PME coupée des réalités. Malgré tout, je ne peux m'enlever de la tête que si Equinor, entreprise industrielle de 20 000 employés et réalisant 18 milliards de dollars de chiffre d'affaires, est allée « au-delà de l'exercice budgétaire », beaucoup de choses doivent être possibles dans différents contextes. J'ai même la conviction qu'un coût trop important de constitution des budgets menace la compétitivité économique des

En quelques mots

- **Les budgets cumulent traditionnellement plusieurs objectifs (prévisibilité, allocation de moyens et attribution d'objectifs individuels avec bonus à la clé) ce qui crée de nombreux biais.**
- **En dissociant ces objectifs, on parvient à être plus efficaces, plus adaptables et à passer moins de temps en planification sans renoncer pour autant à la prévisibilité. Au moins jusqu'à une certaine taille.**

entreprises, car là encore, pour le *Lean Management*, il ne s'agit que d'un « gaspillage ».

Les pratiques budgétaires de notre nouvel actionnaire sont très différentes de celles que nous avions instaurées jusqu'à présent, notamment en raison de la taille du groupe. Nous avons donc aujourd'hui comme enjeu d'adapter nos façons de faire pour répondre aux demandes légitimes de plus de prévisibilité du contrôle de gestion d'Accenture, mais sans compromettre les vertus de notre fonctionnement. C'est un sujet qui nous occupe beaucoup.

3.11 Comment nous investissons

Sur ce thème, nous héritons des mœurs propres à tous les cabinets de conseil : la culture de l'investissement n'est pas véritablement dans nos gènes. La notion d'outil industriel nous est étrangère et l'activité de conseil présente cette particularité qu'il suffit de deux PC et d'une imprimante pour démarrer.

Malgré tout, avec la croissance, même une entreprise de prestations intellectuelles est confrontée à la question des investissements, pas tant au sens comptable (c'est-à-dire de dépenses amortissables) qu'au sens stratégique : il s'agit de donner à l'entreprise les moyens de déployer ses ailes.

Dans le conseil, les sujets d'investissement sont typiquement le lancement d'une nouvelle offre et le recrutement des compétences associées, l'ouverture de nouvelles implantations régionales ou internationales, la croissance par acquisitions externes, les gros projets d'outillage informatique internes (ERP ou CRM, par exemple) ou le démarrage d'activités en dehors du cœur de métier initial (souvent, l'édition de solution logicielle).

Cette logique d'investissement a chez nous deux faces.

Sur les investissements petits et moyens, notre fluidité organisationnelle et notre culture de l'autonomie font des miracles. En deçà de 10 jours/hommes, la décision est laissée à la discrétion des personnes (cf « Comment (nous essayons d') encourager les initiatives et l'innovation »). Sur d'autres sujets sur lesquels nous sommes rôdés, comme l'exploration d'une nouvelle offre, ou l'écriture d'un livre blanc ou d'un ouvrage (comptez entre 50 et 200 jours tout de même), nous misons très largement sur l'autonomie et l'auto-organisation des équipes.

Pour les investissements plus conséquents, notre succès est plus contrasté : à côté de réussites notables comme notre conférence USI[26],

26. www.usievents.com

nous avons eu des fortunes diverses dans l'ouverture de filiales dans d'autres pays et dans le lancement de produits logiciels. Le déploiement d'un CRM a fait également l'objet de ratages répétés. Nous peinons, dans ces initiatives, à la fois dans le suivi et dans la froideur nécessaire pour arrêter des investissements qui paraissent prometteurs, mais dont le ROI semble glisser constamment vers l'année d'après.

Nous incitons le plus possible les personnes qui travaillent sur ces projets à s'y consacrer à temps plein car nous connaissons parfaitement les nombreux méfaits du multi-tâches ; néanmoins, comme dans beaucoup d'organisations, nous peinons à appliquer systématiquement cette règle.

Notre culture de l'agile et du *lean startup* sont néanmoins d'une aide précieuse pour nos investissements. À quelques exceptions près, nous ne raisonnons pas en définissant des objectifs, un délai et des moyens pour fournir une solution clairement délimitée, mais nous fonctionnons par itérations en allouant une capacité à peu près constante et en calant les attendus du projet sur un niveau de dépenses que nous sommes prêts à nous permettre sur le sujet. Si la valeur n'est pas ou plus au rendez-vous, nous stoppons ou réorientons l'initiative. De cette façon, nous échappons à la dictature du ROI, qui part du principe que tout investissement, si innovant soit-il, doit se matérialiser par un bénéfice chiffrable et précis pour l'entreprise dans un horizon de temps clairement établi. Cet exercice, qui a l'immense vertu d'obliger à se poser la question de la valeur, est bien sûr indispensable sur des investissements lourds et dans les domaines maîtrisés (l'ouverture d'une nouvelle usine ou le lancement d'une nouvelle offre commerciale). Mais pour les projets plus innovants, qui requièrent de démarrer modestement, la logique de ROI s'accompagne souvent d'une bureaucratie comptable absurde, couplée à un jeu de poker menteur.

En quelques mots

- **L'investissement n'est pas dans la culture des cabinets de conseil.**
- **En cas de besoins, nous nous efforçons de nous appuyer sur le *lean startup* qui permet de tester des idées de façon aussi frugale que possible.**

3.12 Comment nous travaillons avec les fonctions « support »

Dans les métiers du conseil, les activités qu'il est coutume d'appeler les fonctions support, sont souvent considérées comme la cinquième roue du carrosse. On parle ici des Ressources Humaines, de la Communication et du Marketing, de la DSI, des Services Généraux et dans une moindre mesure de la Finance et de la Comptabilité, qui peuvent être à l'inverse extrêmement mises en avant dans les entreprises très financiarisées.

Sans chercher à le justifier, ce comportement est facilement explicable. Tout d'abord, le propre des fonctions support est par définition de ne pas avoir de contribution immédiate à la création de valeur. On parle de centre de coûts. Et si on n'est pas capable de matérialiser clairement la valeur, le débat se porte assez naturellement sur le coût. Peut-on faire la même chose pour moins cher ? Voire, faire moins et le juste nécessaire pour encore moins cher ? Ce type de réflexions peut assez naturellement conduire à une externalisation ou même à une offshorisation de tout ou partie de ces fonctions support. Et dans certains cas amorcer un cercle vicieux, la baisse de la valeur perçue justifiant encore plus la baisse des coûts, et donc la distance et la banalisation…

Dans les entreprises à très forte valeur ajoutée comme le sont les entreprises de conseil, une autre raison de cette faible considération vient aussi parfois d'une différence de statut perçu : ce sont souvent au sein des fonctions support que l'on retrouve la plus grande part des populations non-cadres et avec des diplômes moins prestigieux.

Chez OCTO, la volonté a toujours été très marquée d'intégrer fortement ces équipes dans les modes de fonctionnement de l'entreprise et de favoriser des collaborations directes d'égales à égales et en bonne intelligence entre les différentes populations. Les fonctions support

> *Les fonctions support sont réellement respectées et considérées comme des partenaires business indispensables.*

sont réellement respectées et considérées comme des partenaires business indispensables.

Outre une culture peu hiérarchique, peu statutaire et mettant l'accent sur la collaboration, certaines habitudes favorisent cette perméabilité. Tout d'abord, n'importe qui peut s'installer dans n'importe quel espace. Par exemple, des consultants peuvent travailler dans l'espace des services généraux tandis que les membres des RH sont encouragés à s'installer sur les plateaux projet. D'autre part, même si les cas sont peu nombreux, il est tout à fait possible de passer des fonctions support aux activités de conseil et réciproquement. Enfin, parmi les pratiques encouragées figure le « Vis ma vie » : n'importe qui peut prendre l'initiative à tout moment de passer une journée en compagnie d'une personne d'une autre équipe pour découvrir son quotidien. Il y a ainsi eu des personnes des RH qui sont parties en mission avec des consultants, ou des consultants qui ont fait des entretiens en binôme avec des recruteurs. Ce type de partage est extrêmement puissant pour ancrer collaboration et empathie entre les équipes opérationnelles et les équipes support.

L'expérience que nous avons faite est que construire des équipes support performantes nécessite du temps. Ces fonctions se structurent au fur et à mesure de la croissance de l'entreprise. Le besoin qui émerge le plus rapidement est celui des RH et notamment de la gestion administrative du personnel qui est à la fois très technique et devient vite chronophage. Chez OCTO, nous avons très tôt fait le pari d'une équipe Communication en propre. Quant à la direction financière, jusqu'à la taille d'environ 80 personnes, elle a été assurée par le PDG historique, avant que nous n'en venions à recruter un directeur financier. Nous nous sommes ensuite dotés d'une activité DSI : cette équipe a été créée plutôt tardivement, car notre culture technique nous permettait une certaine autonomie sur les outils et nous avons longtemps fonctionné sur la base du volontariat des consultants et consultantes en intercontrat. La dernière fonction support qui a émergé est celle des services généraux.

Un point frappant est la difficulté à constituer chaque nouvelle équipe. Cela impose en effet de recruter des profils nouveaux sans cadre de référence dans l'entreprise : quelles sont les qualités qu'il faut rechercher chez un ou une DRH et comment les valider ? Quand il s'agit du premier recrutement de ce type, l'exercice est plus que délicat !

En fonction des équipes, nous avons eu de bonnes et de mauvaises surprises, et dans certains cas, il a fallu nous y reprendre à plusieurs fois.

Aujourd'hui néanmoins, la qualité et l'homogénéité des fonctions support d'OCTO est une de nos grandes forces et je suis régulièrement impressionné par la puissance que dégage une organisation qui arrive à intégrer toutes les composantes de l'entreprise de façon fluide.

Une des particularités étonnantes est que les pratiques de l'agilité ont, avec le temps et de façon très naturelle, percolé dans les différentes équipes support, si bien que chacune a son kanban affiché sur les murs, que les rétrospectives sont un outil couramment utilisé et que certaines équipes font leur *stand-up* en mode *Scrum* tous les matins !

En quelques mots

En considérant les fonctions support comme des partenaires à l'égal du business et non comme des centres de coût dont il faut réduire au maximum la facture, on privilégie la fluidité, l'alignement, la collaboration et le respect.

3.13 Comment nous tenons nos réunions

Le sujet de la tenue de réunions peut paraître anecdotique de prime abord, mais étant donné l'importance que celles-ci prennent dans la plupart des agendas et l'effet qu'elles produisent sur les dynamiques d'équipes, il n'est pas inutile de leur consacrer ce chapitre.

Selon son baromètre annuel réalisé en partenariat avec l'IFOP[27], l'éditeur Wisembly estime que le temps moyen passé par les cadres en réunion est de 27 jours par an (en augmentation de trois jours par rapport à 2016 !), soit un bon mois et demi. On comprend l'enjeu de rendre cette pratique aussi efficace et plaisante que possible !

C'est un thème sur lequel nous avons, chez OCTO, quelques pratiques efficaces ou originales, mais avec une marge d'amélioration encore notable.

Le premier point paraît presque une évidence : nous sommes « relativement » ponctuels. Les réunions commencent et se terminent à l'heure dans 90 % des cas et en cas de débordement, celui-ci reste limité. Quand nous arrivons à la fin d'une réunion sans avoir tout à fait clos le sujet abordé, nous consacrons les cinq dernières minutes à aborder le fait que nous n'allons pas tenir l'objectif et nous nous mettons d'accord sur l'étape suivante : est-ce que l'on « ajoute un peu de temps au pot » avec l'accord de tout le monde, est-ce qu'une personne ou un binôme continue les travaux, ou est-ce que nous ajournons et trouvons un nouveau créneau ?

Cette ponctualité n'a pourtant pas toujours été la norme. Dans les débuts d'OCTO, nos pratiques de réunion étaient calées sur celles de nos clients principaux de l'époque, et il nous paraissait tout à fait acceptable de démarrer nos rencontres avec systématiquement 15 à

27. https://www.ifop.com/wp-content/uploads/2018/10/CP-En-2018-les-cadres-passeront-plus-de-temps-en-r%C3%A9union-qu%E2%80%99en-vacances-WisemblyIFOP.pdf, consulté le 9 septembre 2019.

20 minutes de retard. La lecture d'une interview d'une grande CEO américaine a été, pour nous, un électrochoc. Elle expliquait de façon très directe qu'une organisation qui n'était pas capable de tenir les horaires de début et de fin de ses réunions renvoyait à toutes les équipes quatre messages implicites : le temps des employés n'avait pas de valeur, ne pas respecter un engagement était un comportement admis, la discipline collective d'exécution était inexistante et la direction était à l'aise avec cette situation. Et dans ces conditions, l'entreprise était condamnée à la médiocrité…

Cette prise de conscience nous a conduits à résoudre notre problème de ponctualité en très peu de temps et je suis aujourd'hui convaincu que ce changement, intervenu au bon moment, a été salutaire.

Un autre sujet porte sur l'utilisation des outils numériques en réunion. Tout le monde a pu expérimenter à maintes reprises dans sa vie professionnelle à quel point la distraction numérique induit une baisse considérable d'énergie lors des réunions. Chez OCTO, nous avons réussi à faire en sorte que la norme sociale condamne le fait de surfer ou de traiter ses mails en réunions. Cependant, la mauvaise conscience du toxicomane ne suffit pas toujours à modérer sa consommation : quel combat pour faire respecter cette bonne pratique ! Un combat qui passe évidemment par le fait d'être moi-même aussi exemplaire que possible, ce qui m'a demandé une bonne dose de discipline. Rappeler régulièrement ce principe, notamment lors de nos comités de direction, dont les membres ne sont pourtant pas ce que je qualifierais de millenials inconditionnels des réseaux sociaux, reste nécessaire. Et je crois avoir tout essayé : la pédagogie, les *feedbacks* collectifs, les *feedbacks* individuels, l'humour, les rituels et même les coups de gueule dans les moments d'abattement les plus profonds. Les résultats sont globalement positifs mais disproportionnés en regard de l'effort fourni et nécessitent de fréquentes piqûres de rappel pour lutter contre ce mal du siècle.

L'une des difficultés est qu'il nous arrive couramment d'utiliser la suite collaborative de Google lors de nos réunions, avec notamment des votes, des listes de sujets, des tableaux ou des textes partagés en temps réel et que tout le monde peut amender. Ces outils qui nous sont très utiles pour collaborer efficacement à plusieurs, y compris dans la même salle, nous exposent malheureusement à la tentation. Chacun est ainsi à un clic de la notification pernicieuse ou du vilain réflexe qui pousse à jeter un petit coup d'œil rapide à ses mails. Au risque de mettre le doigt dans l'engrenage…

Une parade que nous utilisons fréquemment consiste à transformer autant que possible les réunions en ateliers de travail où l'on supprime les tables et où tout se joue par groupes autour de notes repositionnables ou de *paper boards*. La formule s'avère relativement efficace, mais pas toujours adaptée à tous les formats de réunion. Dans les cas les plus extrêmes, nous mettons en place la technique du « saladier » ou chacun doit déposer les armes numériques à l'entrée de la réunion. Et le télétravail en confinement est évidemment venu contrarier ces stratégies.

En dépit des difficultés, je nous considère dans la bonne moyenne sur le sujet. En tout cas, nous sommes loin de certaines réunions auxquelles j'ai pu assister dans d'autres contextes où tout le monde expédie ostensiblement les affaires courantes, devant un intervenant privé du moindre contact visuel. Lors d'une soutenance récente en présentiel chez un acteur bancaire, j'ai présenté un sujet, sans slides, pendant de longues minutes avant de capter le regard de nos deux interlocuteurs, masqués, qui étaient restés les yeux rivés sur leur écran. Une expérience réellement détestable...

Pour finir la rubrique des fausses évidences, nos réunions se font dans des horaires de travail raisonnables soit entre 9h et 18h : il peut certes arriver que, pour des raisons « techniques », un créneau soit pris en dehors de ces bornes, mais cela relève de l'exception qui arrange les participants, souvent en petit nombre, et le refus d'une personne est socialement tout à fait acceptable et conduit naturellement à l'identification d'un nouveau créneau.

Ponctualité, présence mentale et horaires raisonnables sont donc les trois principes fondamentaux que nous nous efforçons d'appliquer. Au-delà, nous avons une collection de trucs et astuces qui font partie de notre boîte à outils et que nous convoquons en fonction des situations :

▷ **L'intention.** Il nous arrive couramment de commencer une réunion par la réponse à la question « Nous serons contents à l'issue de la réunion si... ». Il est toujours surprenant de constater à quel point nous pouvons commencer une rencontre sans pour autant être véritablement alignés sur l'objectif (et pour ne s'en rendre compte qu'à la fin !) ou pire, ne pas avoir une idée précise de la finalité du rendez-vous. Cette petite astuce, toute simple, évite cet écueil.

▷ **Le *check-in*.** Cette pratique, empruntée aux *Core Protocols*[28], mais que l'on retrouve aussi en sociocratie, a eu son heure de gloire chez nous. Le principe consiste à commencer toute réunion en partageant son état d'esprit et son humeur pour que chaque participant puisse avoir une meilleure compréhension du contexte dans lequel chacun parle. Si je viens d'apprendre que quelqu'un de ma famille a un souci de santé grave, sans doute ne serai-je pas dans les meilleures dispositions possibles. Après l'avoir beaucoup utilisé, nous nous en sommes un peu détournés, mais nous y revenons progressivement sous l'influence de la sociocratie. Même si le tour de table n'est pas encore redevenu systématique, il est socialement acceptable de partager une vulnérabilité ou un état d'âme en réunion, fût-ce en comité de direction.

“ Dans les réunions, nos instincts d'animaux sociaux qui s'alignent sur le comportement du leader ou de la majorité sont souvent à l'œuvre, de façon pernicieuse et inconsciente, ce qui peut conduire à la prise de décisions biaisées ou contraires à l'intime conviction du groupe.

▷ **Le bâton de parole.** Pour éviter que tout le monde prenne la parole de façon désordonnée, nous faisons circuler un objet (typiquement un feutre et même souvent deux pour plus de fluidité) et seule la personne qui le détient peut prendre la parole.

28. Les *core protocols*, formalisés par Jim McCarthy et Michele McCarthy, sont des routines de communication en face à face ou en groupe qui visent à rendre plus efficients et plus fluides les dynamiques collectives. Pour en avoir un aperçu, https://kasperowski.com/the-core-protocols/, consulté le 12 novembre 2019.

▷ Des pratiques qui permettent de lutter contre la pensée de groupe et le phénomène Hippo[29] (*Higgest Paid Person Opinion*), popularisé par Amazon. Dans les réunions, nos instincts d'animaux sociaux qui s'alignent sur le comportement du leader ou de la majorité sont souvent à l'œuvre, de façon pernicieuse et inconsciente, ce qui peut conduire à la prise de décisions biaisées ou contraires à l'intime conviction du groupe. Quelques outils, que nous utilisons fréquemment, permettent de se prémunir de ces biais. Le premier est le « *Decider* ». Lui aussi figure parmi la liste des *Core Protocols*. Il permet de prendre des décisions dont la formulation est précise, sur lesquelles tout le monde s'est positionné et dont toutes les propositions d'amélioration ont été évaluées. Le deuxième outil est le « *Planning poker* » que nous dévoyons de son usage agile initial : chacun choisit, dans un jeu de cartes spécial, une carte qui matérialise une note d'adhésion par rapport à une décision, et tout le monde dévoile sa carte à en même temps. Là encore, nos pratiques évoluent de plus en plus vers la sociocratie, et c'est désormais la décision par consentement qui tend à s'imposer : sur la base d'une proposition formulée, nous faisons un tour de table ou chacun est appelé à exprimer s'il a ou non une objection.

29. https://exp-platform.com/hippo/ - consulté le 3 septembre 2019.

▷ **Une objection n'est pas une obstruction et doit valider quatre conditions pour être recevable :** elle ne peut pas être prospective (« Ça ne marchera jamais »), elle ne peut pas invoquer un autre problème qui existe déjà dans la situation actuelle (« Oui, mais avec cette solution, on ne résout pas toutes nos douleurs »), elle n'est pas une façon détournée d'exprimer une préférence pour une autre solution (« Oui, mais avec l'option 2, on aura tel autre bénéfice ») et elle ne doit pas venir en contradiction avec des décisions déjà prises.

▷ **La limitation de l'usage de Powerpoint** lors de nos réunions internes. Il est d'ailleurs assez fascinant de constater à quel point nos pratiques ont évolué en quelques années. Il nous arrive encore de projeter des slides, en particulier si nous avons besoin de partager des analyses chiffrées, mais cela devient de plus en plus occasionnel.

▷ **La lecture en commun des supports en début de réunion.** Lorsque des documents préparatoires étaient envoyés, nous n'avions jamais véritablement réussi à garantir que les participants aient tous pris connaissance de ce support avant la réunion. Cela avait tendance à créer des situations inconfortables où l'on prenait pour acquis que tout le monde avait lu le support ; ceux qui ne l'avaient pas fait éludaient la question, mais restaient silencieux ou intervenaient de façon incongrue. Pour tordre le cou à ce problème, nous utilisons pour certains types de réunion la pratique d'Amazon qui consiste à consacrer du temps en début de réunion à une lecture individuelle et silencieuse des supports. Cette pratique peut paraître scolaire, mais elle s'avère très efficace.

▷ **Jamais de délégation de présence :** si vous êtes convié à une réunion, vous pouvez accepter ou décliner, mais pas vous faire représenter. C'est d'ailleurs un concept qui nous a toujours paru un peu saugrenu. Les présents sont les bonnes personnes et ont toute latitude pour décider. Si quelqu'un doit absolument être présent, on trouve un créneau qui puisse lui convenir.

▷ L**e ROTI** ***(pour Return On Time Invested)***. Sans être systématique, il s'agit d'une pratique très courante chez OCTO. Elle consiste à demander aux participants à la fin d'une réunion d'évaluer la valeur qu'ils accordent au temps qu'ils y ont consacré. Cela se fait en silence, en levant autant de doigts d'une main que nécessaire. À cinq doigts, le participant considère que c'était la meilleure façon de passer son temps (de façon professionnelle, s'entend !). À trois doigts, le bénéfice perçu est équilibré avec le temps consacré. À un doigt, le participant considère que la participation à la réunion était une perte de temps totale. Les valeurs deux ou quatre permettent d'introduire de la nuance. C'est une pratique très efficace pour obtenir un *feedback* rapide en fin de réunion et nous l'utilisons également avec nos clients. Ce qui peut parfois donner lieu à quelques dévoiements révélateurs. Je me souviens de cette personne qui un jour commenta « J'ai mis 0, parce que j'ai encore quelque chose à dire », ou encore « J'ai mis 4 et pas 5, parce qu'une réunion ne peut pas être parfaite », ce qui en dit long sur les stigmates laissés par le système éducatif.

▷ **Cette liste ne serait pas complète sans la boîte à Meuh**, fameuse chez OCTO. Il s'agit d'une vraie boîte à Meuh utilisée comme une sorte de joker en réunion et dont l'objectif est de faire passer la réunion en mode « méta » : si les débats tournent en rond, deviennent agressifs ou ne sont plus en phase avec le sujet, n'importe qui peut actionner la boîte à Meuh, ce qui doit normalement stopper net les interventions et donner l'occasion de partager le malaise ressenti. Si cet artefact qui a fait notre (petite) réputation, notamment par des encarts de presse, n'est plus véritablement utilisé chez nous, nous en distribuons encore à nos clients sous forme d'objet promotionnel. Mais il arrive encore parfois que quelqu'un se mette à meugler en réunion pour stopper des débats qui partent sur de mauvaises bases.

Il y a quelques sujets sur lesquels nous n'avons pas trouvé de mode de fonctionnement pérenne.

▷ Le premier est le relevé de décisions. Cela peut paraître anecdotique, mais nous sommes régulièrement confrontés au sujet. Même si, sur la plupart des instances, nous avons des comptes-rendus dans lesquels débats, actions et décisions sont consignés, il est fastidieux de les éplucher pour retrouver toutes les décisions qui ont été prises, surtout sur des sujets (et il y en a beaucoup) qui ont une périodicité annuelle. Et la motivation des décisions (qui est sans doute le sujet le plus important) n'est pas non plus toujours clairement consignée. Un registre centralisé et accessible à tous serait sans doute une bonne

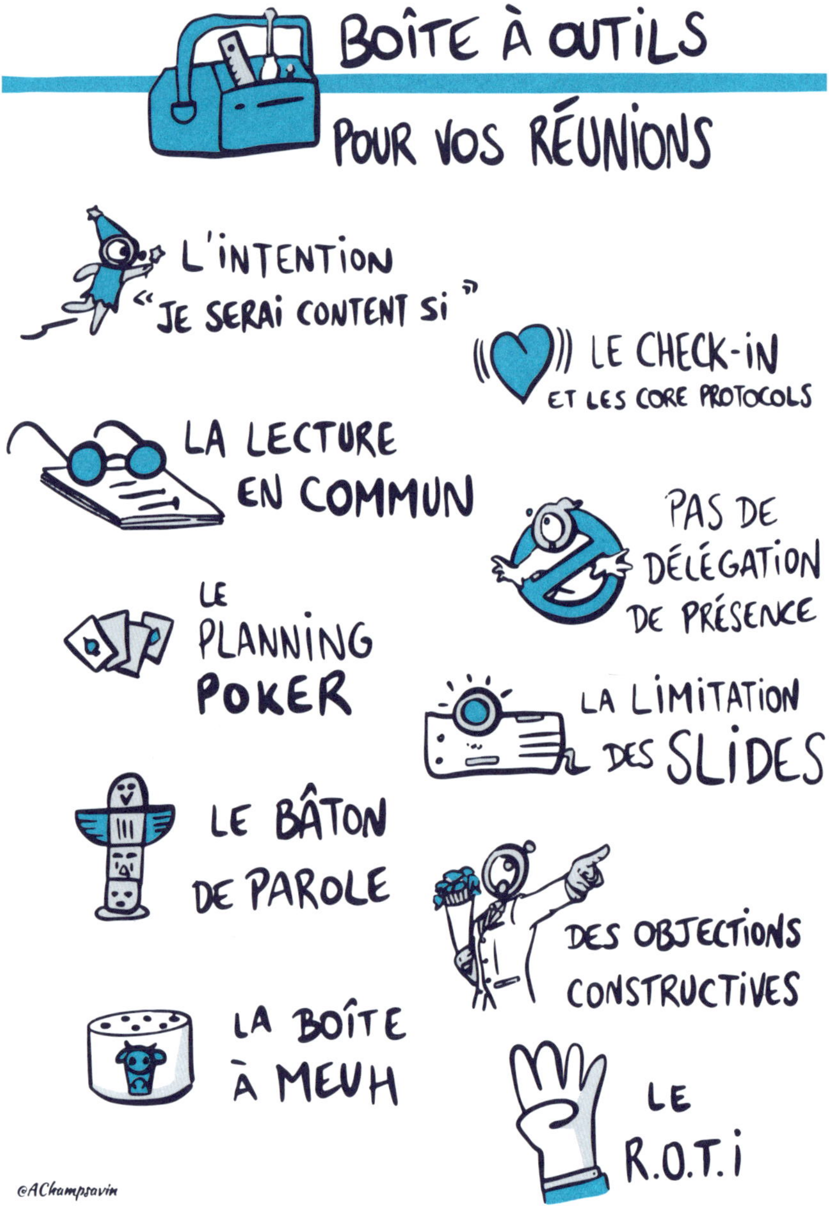
BOÎTE À OUTILS
POUR VOS RÉUNIONS
L'INTENTION
"JE SERAI CONTENT SI"
LE CHECK-IN
ET LES CORE PROTOCOLS
LA LECTURE
EN COMMUN
PAS DE
DÉLÉGATION
DE PRÉSENCE
LE
PLANNING
POKER
LA LIMITATION
DES SLIDES
LE BÂTON
DE PAROLE
DES OBJECTIONS
CONSTRUCTIVES
LA BOÎTE
À MEUH
LE
R.O.T.I
@AChampsavin

idée, mais malgré quelques tentatives, nous n'avons pas réussi à ancrer cette habitude. Là encore, nous nous orientons vers les *Patterns Logbook*[30] et *Logbook Keeper*[31] de la sociocratie 3.0 : depuis quelque temps, nous avons ainsi lancé une expérimentation à base de Git[32] pour matérialiser leur mise en œuvre, mais l'initiative est encore trop récente pour en tirer des conclusions définitives.

▷ Les organisations les plus abouties parviennent à distinguer des formats de réunion en fonction de leur « raison sociale » : réunion d'information, réunion de travail, réunion de *brainstorm*, réunion de décision, réunion de validation. Ce n'est pas notre cas. Malgré tout, nous ajustons spontanément les outils que nous utilisons en fonction de la finalité.

▷ Même si le respect des horaires de début et de fin est une pratique bien ancrée, nous n'avons pas tout à fait la même discipline en ce qui concerne l'allocation du temps sur les différents sujets à traiter lors d'une réunion.

▷ Enfin, et ce n'est pas étranger au point précédent, nous nous sommes essayés quelquefois à la pratique des « rôles délégués ». Cela conduit ainsi à distinguer le rôle de gardien du temps qui s'assure que l'on respecte les horaires et temps alloué à chaque sujet, le facilitateur qui doit veiller à la qualité des débats et de l'écoute en s'assurant que tout le monde participe de façon constructive, le pousse-décision, dont la responsabilité consiste à garantir que le groupe converge vers une décision claire pour tous et correctement consignée. Il existe des variantes avec d'autres rôles, mais ces trois-là sont essentiels. Cette méthode présente beaucoup de vertus, mais sa lourdeur ne se justifie peut-être pas pour toutes les réunions. Néanmoins, pour les réunions de cercles sociocratiques, les rôles de secrétaires et de facilitateurs sont désormais entrés dans nos mœurs.

Les méthodes agiles ont été pour nous, comme à n'en pas douter pour toutes les organisations qui les adoptent, un vecteur de progrès

---

30. https://patterns.sociocracy30.org/logbook.html, consulté le 5 septembre 2019.
31. https://patterns.sociocracy30.org/logbook-keeper.html, consulté le 5 septembre 2019.
32. Cet outil, initialement à destination des développeurs, permet de garder une trace de toutes les modifications qui ont été faites sur un document de référence, et d'en gérer le « *versioning* ».

Le timeboxing, la ritualisation, la ludification, la collaboration, et l'introspection sont autant d'habitudes qui imprègnent durablement les entreprises agiles.

considérable, quoique discret : l'agile introduit en effet dans son cadre une vraie réflexion sur la raison d'être et le format des réunions. Le *timeboxing*, la ritualisation, la ludification, la collaboration, et l'introspection sont autant d'habitudes qui imprègnent durablement les entreprises agiles.

Quand on emprunte cette voie, on trouve presque inévitablement en chemin les pratiques des « *Liberating Structures* » et de la sociocratie 3.0, qui permettent d'enrichir la tenue de réunions avec des outils à la fois plus précis et plus pointus. C'est dans cette phase que nous nous engageons désormais.

Évidemment, à cela s'ajoutent les nouveaux enjeux liés au travail à distance. Quels sont les nouveaux rituels, les nouvelles astuces, les nouveaux protocoles qu'il faut inventer ou adapter ? C'est un vaste territoire, quási vierge, qui s'ouvre à tous, et il est probable que la façon de (bien) tenir des réunions en soit transformée en profondeur dans les prochaines années.

En quelques mots

- **Dans nos métiers de la connaissance, les réunions sont nombreuses.**
- **Rendre ces rencontres efficaces et plaisantes est essentiel.**
- **Il a quelques principes élémentaires : la ponctualité, la focalisation (pas de multitâche), des horaires raisonnables.**
- **Quelques outils simples à adapter à chaque type de réunion et à la culture permettent de rendre les réunions utiles, productives, et aussi agréables que possible.**

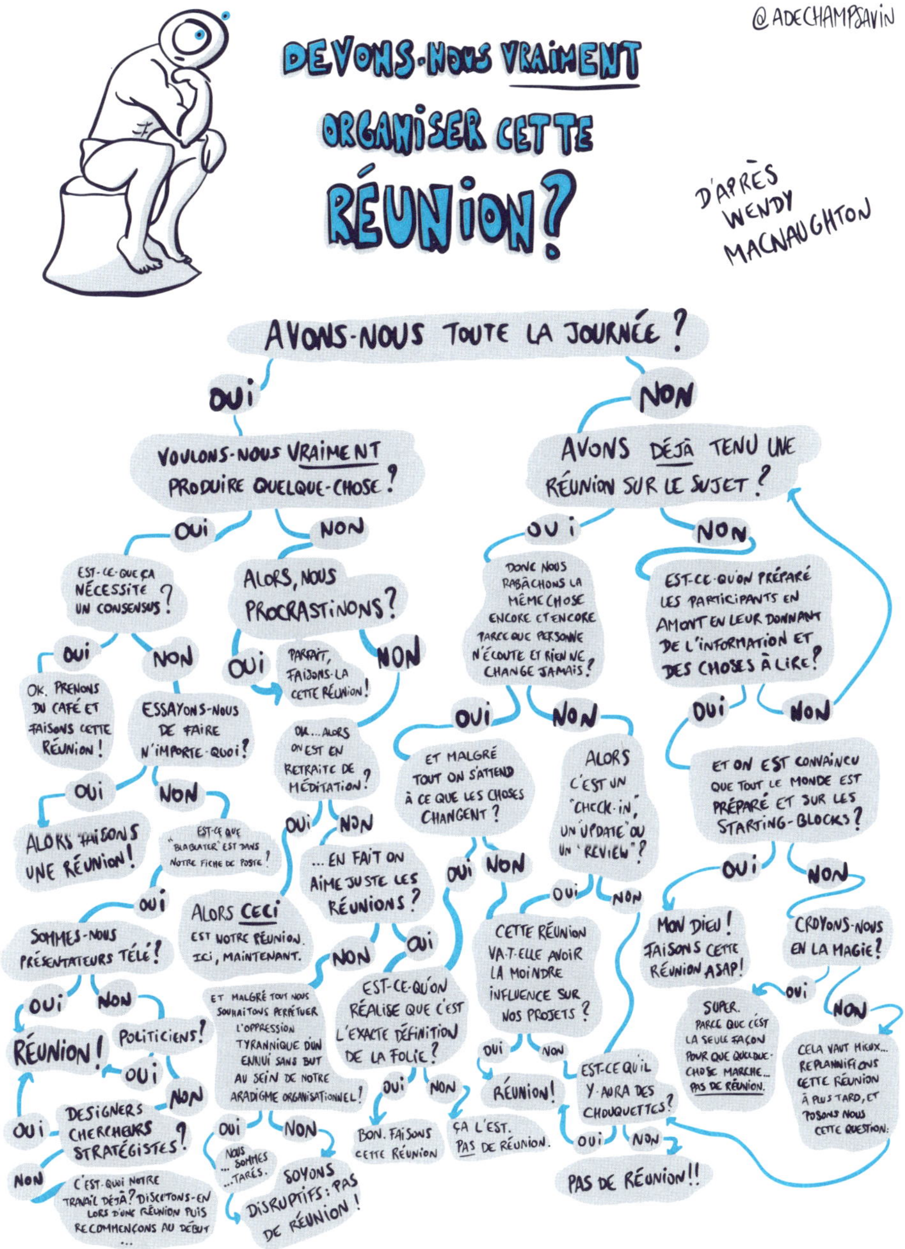

@ADECHAMPSAVIN
DEVONS-NOUS VRAIMENT ORGANISER CETTE RÉUNION ?
D'APRÈS WENDY MACNAUGHTON
AVONS-NOUS TOUTE LA JOURNÉE ?
OUI
NON
VOULONS-NOUS VRAIMENT PRODUIRE QUELQUE-CHOSE ?
AVONS DÉJÀ TENU UNE RÉUNION SUR LE SUJET ?
OUI
NON
EST-CE QUE ÇA NÉCESSITE UN CONSENSUS ?
ALORS, NOUS PROCRASTINONS ?
OUI
NON
DONC NOUS RABÂCHONS LA MÊME CHOSE ENCORE ET ENCORE PARCE QUE PERSONNE N'ÉCOUTE ET RIEN NE CHANGE JAMAIS ?
EST-CE QU'ON PRÉPARÉ LES PARTICIPANTS EN AMONT EN LEUR DONNANT DE L'INFORMATION ET DES CHOSES À LIRE ?
OUI
NON
OK. PRENONS DU CAFÉ ET FAISONS CETTE RÉUNION !
ESSAYONS-NOUS DE FAIRE N'IMPORTE-QUOI ?
OUI
PARFAIT, FAISONS-LA CETTE RÉUNION !
NON
OK... ALORS ON EST EN RETRAITE DE MÉDITATION ?
OUI
NON
ET MALGRÉ TOUT ON S'ATTEND À CE QUE LES CHOSES CHANGENT ?
ALORS C'EST UN "CHECK-IN", UN "UPDATE" OU UN "REVIEW" ?
OUI
NON
ET ON EST CONVAINCU QUE TOUT LE MONDE EST PRÉPARÉ ET SUR LES STARTING-BLOCKS ?
OUI
NON
ALORS FAISONS UNE RÉUNION !
EST-CE QUE "BLABLATER" EST DANS NOTRE FICHE DE POSTE ?
OUI
NON
... EN FAIT ON AIME JUSTE LES RÉUNIONS ?
OUI
NON
OUI
NON
MON DIEU ! FAISONS CETTE RÉUNION ASAP !
CROYONS-NOUS EN LA MAGIE ?
OUI
SOMMES-NOUS PRÉSENTATEURS TÉLÉ ?
ALORS CECI EST NOTRE RÉUNION. ICI, MAINTENANT.
NON
OUI
CETTE RÉUNION VA-T-ELLE AVOIR LA MOINDRE INFLUENCE SUR NOS PROJETS ?
OUI
NON
OUI
NON
ET MALGRÉ TOUT NOUS SOUHAITONS PERPÉTUER L'OPPRESSION TYRANNIQUE D'UN ENNUI SANS BUT AU SEIN DE NOTRE ARADIGME ORGANISATIONNEL !
EST-CE QU'ON RÉALISE QUE C'EST L'EXACTE DÉFINITION DE LA FOLIE ?
SUPER. PARCE QUE C'EST LA SEULE FAÇON POUR QUE QUELQUE-CHOSE MARCHE... PAS DE RÉUNION.
CELA VAUT MIEUX... REPLANNIFIONS CETTE RÉUNION À PLUS TARD, ET POSONS NOUS CETTE QUESTION :
RÉUNION !
POLITICIENS ?
OUI
NON
OUI
NON
OUI
NON
RÉUNION !
EST-CE QU'IL Y AURA DES CHOUQUETTES ?
OUI
DESIGNERS CHERCHEURS STRATÉGISTES ?
OUI
NON
BON. FAISONS CETTE RÉUNION
ÇA L'EST. PAS DE RÉUNION.
OUI
NON
NON
C'EST QUOI NOTRE TRAVAIL DÉJÀ ? DISCUTONS-EN LORS D'UNE RÉUNION PUIS RECOMMENÇONS AU DÉBUT ...
NOUS SOMMES ... TARÉS.
SOYONS DISRUPTIFS : PAS DE RÉUNION !
PAS DE RÉUNION !!

3.14 L'importance des locaux de l'entreprise

Derrière la question des locaux se cachent en réalité deux grands sujets : la localisation et l'aménagement. Lorsque l'on opère dans le digital, l'un des principaux enjeux étant l'attractivité pour les talents, ces deux aspects sont fondamentaux.

Commençons par la localisation. Même pour une société de conseil comme la nôtre qui réalise environ 70 % de ses prestations entre les murs du client, il s'agit d'un paramètre essentiel et qui pèse même de plus en plus lourd. Si l'on prend le cas de Paris où se trouve notre siège social, beaucoup de grandes entreprises ont installé leurs bureaux en périphérie, à la recherche d'économies sur le prix des loyers. Mais de plus en plus nombreuses sont celles qui font le choix inverse pour augmenter leur attractivité auprès des candidats : sauf pour quelqu'un qui y aurait son pavillon, un lieu de travail comme Saint-Quentin en Yvelines, cette ville nouvelle de grande banlieue qui concentre une forte activité informatique, est infiniment moins séduisant que le Silicon Sentier du 9e arrondissement de Paris. Même le quartier de la Défense, avec son environnement déshumanisant, perd de son lustre. Et le fait de travailler dans un quartier agréable, accessible en transports en commun ou à vélo et où il est plaisant de déjeuner ou d'aller boire un verre le soir avec des collègues est un critère dont l'importance grimpe parmi les jeunes générations.

> De la même façon que les premiers instants déterminent notre appréciation de la personne que nous rencontrons, notre premier contact avec les espaces structure notre jugement sur une entreprise.

C'est en tout cas le pari, payant, que nous avons fait en choisissant un endroit à la fois central de Paris et aussi à proximité d'un nœud de communication en transports en commun. Cette accessibilité contribue par ailleurs grandement à dynamiser la culture d'entreprise. Les espaces d'OCTO accueillent au moment du déjeuner de nombreux BBL et, en soirée, des moments festifs et des événements communautaires de type *meetup* : ces initiatives jouent un rôle-clé dans la cohésion du corps social et dans la transmission des valeurs et des savoir-faire. Il s'agit cependant d'une alchimie délicate dont l'une des conditions d'émergence tient à la rapidité et à la simplicité d'accès des locaux d'OCTO. Sans cela, les problèmes de transport, de circulation et de stationnement auraient tôt fait de doucher les meilleures volontés.

Ce mouvement centripète des entreprises, dont OCTO est une illustration, ne va pas sans créer des problèmes sociétaux notables : le parc immobilier de la ville de Paris semble de plus en plus grignoté à la fois par les bureaux, les résidences secondaires d'étrangers fortunés et les appartements à vocation touristique, ce qui fait grimper d'autant le prix des loyers et chasse les gens « normaux » toujours plus loin du centre. En euros constants et depuis les débuts d'OCTO il y a une vingtaine d'années, les salaires que nous proposons aux jeunes embauchés ont progressé d'environ 40 %. Sur la même période, les prix de l'immobilier ont plus que triplé[33] ! À tel point qu'il est devenu difficile, même pour un jeune ingénieur diplômé, de se loger

33. L'augmentation est même de 248%. http://www.leparisien.fr/immobilier/10-000-euros-le-m2-a-paris-l-evolution-du-prix-de-l-immobilier-dans-la-capitale-5-graphiques-05-09-2019-8145984.php, consulté le 12 septembre 2019.

décemment dans la capitale - et ce ne sont évidemment pas les plus à plaindre ! Nous avons donc assisté depuis la création d'OCTO à l'explosion des temps de trajet moyens, avec des conséquences évidentes sur la qualité de vie. Avec la Covid-19, il est difficile d'anticiper les transformations à venir, mais dans tous les cas, qu'il s'agisse d'un dépeuplement des métropoles ou à l'inverse d'une relocalisation des personnes actives suite à un effondrement du tourisme, ces tendances vont avoir des conséquences majeures sur les formes de travail et sur la relation à l'espace physique des entreprises.

Juste derrière l'emplacement vient l'enjeu de l'aménagement des locaux. De la même façon que les premiers instants déterminent notre appréciation de la personne que nous rencontrons, notre premier contact avec les espaces structure notre jugement sur une entreprise et donc notre projection mentale de la nature des produits et services qu'elle propose. Chez OCTO, nous avons récemment investi un bâtiment complètement rénové pour lequel nous avons souscrit à la mode des espaces ouverts, modulables et typés en fonction des usages, aménagés selon les codes esthétiques du design suédois. Le résultat est à la fois relativement moderne, chaleureux, décontracté mais raffiné. Ce sont aussi des locaux qui affichent nos pratiques de travail : pas un mur qui ne soit constellé de *kanban boards* et de *post-its*.

C'est donc une véritable fiche d'identité que découvrent clients et candidats en venant chez nous. Quant aux consultantes et consultants, ils bénéficient d'un cadre de travail agréable et dont ils peuvent être fiers.

On assiste à la montée en puissance de ces préoccupations parmi les entreprises qui cherchent à faire bouger leurs codes culturels. S'il ne fallait qu'un seul exemple, la croissance rapide qu'a connue WeWork

En quelques mots

- **Les locaux ne sont pas à négliger.**
- **Leur emplacement et leur accessibilité déterminent la qualité des liens sociaux qui se tissent dans les équipes.**
- **Leur apparence est la carte de visite de l'entreprise à la fois pour les clients et les candidats.**
- **Leur aménagement peut fluidifier la collaboration.**

est assez explicite : si on met de côté les problèmes de gestion et la personnalité de son dirigeant, cette entreprise qui installe au cœur des centres urbains des espaces de *coworking* en reprenant les codes des entreprises *hype* de la Silicon Valley est le choix par défaut de toutes les entreprises qui souhaitent installer les équipes de leur « *Digital Factory* » ou de leur « *Innovation Hub* »

4.

LA CULTURE

"Culture is what happens when no one is watching" - anonyme.

4.1 Comment nous gérons les erreurs

Le rapport à l'erreur est devenu une composante essentielle de la culture des entreprises qui souhaitent devenir agiles.

Dans un monde VUCA[1], qui s'est rappelé brutalement à nous à l'occasion de la crise sanitaire de la Covid-19, l'adaptabilité et l'innovation sont des qualités essentielles de toute organisation durable. Or, la seule façon d'innover est de… prendre des risques. Et prendre des risques signifie, presque par définition, assumer le fait que l'on peut se tromper.

Les neurosciences nous apprennent par ailleurs que notre cerveau est bien mieux câblé pour tirer des apprentissages de nos erreurs que de nos succès[2]. La raison évolutionniste en est simple : dans la savane de nos origines, répéter la même erreur plusieurs fois pouvait vite s'avérer fatal et ceux qui prenaient trop de temps à en tirer les leçons voyaient rapidement décroître leur probabilité de transmettre leurs gènes !

Aussi évidents que les bénéfices de l'erreur puissent paraître, les organisations qui prennent acte de cette réalité ne sont pourtant pas si nombreuses. La nécessité de faire des erreurs est même un « *dirty little secret* » qu'il convient de taire tandis que de gros efforts sont à l'inverse consacrés à l'éradication de toutes formes d'aléas dans le fonctionnement de l'entreprise.

---

1. Pour *Volatility, Uncertainty, Complexity* et *Ambiguity*, qui sont les attributs de ce monde difficilement lisible et prédictible dans lequel nous évoluons.

2. « *Errors are fundamental! Indeed, if signals of error allow us to adjust our predictions again, learning will be triggered only if there is an error signal, otherwise, nothing changes.* » *in* Paris Innovation Review, http://parisinnovationreview.com/articles-en/did-neuroscience-find-the-secrets-of-learning, consulté le 3 juin 2019.

Les raisons en sont multiples. Sans doute peut-on lire dans cette posture une prévalence de la culture du standard et de l'industrialisation héritée du mouvement de *reengineering* dans le secteur manufacturier à la fin du XXe siècle. Parmi les principes couramment associés au *lean management*, on trouve ainsi la réduction maximale de la variabilité ou encore la notion de « *Right the First Time* » traduit en français par BPC, pour Bon du Premier Coup. Même s'il est tout à fait légitime de viser à réduire les erreurs dans un processus répétable, cette tournure d'esprit semble s'être propagée à d'autres domaines où sa pertinence est pourtant moindre en raison du besoin d'innovation.

Une autre cause est assurément une augmentation de l'aversion au risque dans le monde occidental moderne, sans doute accentuée par la judiciarisation de la société.

Enfin, une explication sans doute plus profonde et très hexagonale est à chercher dans une culture qui stigmatise l'erreur et qui est largement construite, dès l'enfance, par le système éducatif français - en espérant que la situation ait progressé ces dernières années[3].

S'il est assez facile de trouver des explications rationnelles à cette volonté d'éradication de l'échec, les conséquences n'en sont pas moins catastrophiques pour la posture d'innovation.

> **Quand, dans mes activités de consultant, j'entends des phrases du type « Sur ce projet, nous n'avons pas le droit à l'erreur », je ne peux m'empêcher de frémir.**

Quand, dans mes activités de consultant, j'entends des phrases du type « Sur ce projet, nous n'avons pas le droit à l'erreur », je ne peux m'empêcher de frémir. Car si ce projet introduit quelque chose de radicalement nouveau, il nécessitera de ceux et celles qui s'y impliqueront de s'aventurer sur des terrains inexplorés et de prendre des risques. Les acteurs du projet ne pourront avancer qu'en prenant des initiatives et en se trompant.

3. Ce qui ne semble malheureusement pas être tout à fait le cas si l'on se fie aux propos de Andreas Schleicher, directeur de l'éducation de l'OCDE : « *Il faut donner aux élèves l'opportunité de prendre des risques et d'accepter leurs erreurs. [...] Il faut savoir capter l'imagination des enfants, les encourager. En France, le système est très punitif.* » (https://www.lemonde.fr/education/article/2016/06/28/andreas-schleicher-faisons-davantage-confiance-aux-professeurs_4959758_1473685.html)

Or, si l'injonction du management ne le permet pas, deux conséquences sont à prévoir :

- soit le résultat sera médiocre, car il aura cristallisé l'accumulation de choix consensuels et sécuritaires,

- soit, au moindre problème, les différents intervenants n'auront de cesse de se dédouaner, quitte à esquiver le blâme en détournant la responsabilité sur leurs collègues, ce qui sonnera le glas de la collaboration.

Évidemment, il y a des situations où les erreurs ont des conséquences catastrophiques, notamment quand les coûts de remédiation sont extrêmement élevés ou quand des vies humaines dépendent de la solution mise en œuvre.

Pour autant, même dans ce type de contextes, cela ne signifie pas qu'il est impossible de se tromper, cela impose en revanche que l'occurrence des erreurs - où et quand - soit contrôlée et que les conséquences potentielles en soient maîtrisées.

Pour lever tout malentendu, permettre l'échec ne signifie pas pour autant autoriser la médiocrité. Les erreurs qui doivent être encouragées par l'entreprise sont celles qui ont une vertu d'apprentissage, et donc qui relèvent de l'innovation et non pas de l'exécution. Les collaborateurs et collaboratrices peuvent rater des initiatives, mais encore faut-il que celles-ci soient en dehors de leur zone de confort et qu'ils ou elles aient pris de véritables risques. Reproduire à l'envi les mêmes bourdes ne pose pas la question de l'innovation, mais bien celle du professionnalisme.

Quelques citations emblématiques permettent d'illustrer les vertus de l'erreur :

- « Je n'ai pas échoué. J'ai simplement trouvé 10 000 solutions qui ne fonctionnent pas. » - Thomas Edison.

- « Mes échecs ont coûté des milliards de dollars à Amazon [...] Si on fait des paris audacieux, on va avoir des expérimentations dont le résultat est incertain, mais qui sont par nature souvent vouées à l'échec » - Jeff Bezos[4].

4. https://www.businessinsider.fr/uk/jeff-bezos-on-big-bets-risks-fire-phone-2014-12, consulté le 3 juillet 2020.

▷ « Quiconque n'a jamais fait d'erreur, n'a jamais essayé quelque chose de nouveau » - Albert Einstein.

▷ Et un moto que l'on trouve au fronton de beaucoup d'acteurs du web « *Fail fast, Learn Fast* », parfois complété de « *Learn quickly* » ou encore « *Don't make the same mistake twice* ».

Il est intéressant de souligner le parallèle entre cette évolution nécessaire des mentalités vis-à-vis de l'échec et le changement de paradigme qui s'est opéré dans la gestion des infrastructures matérielles en informatique. Pour assurer un bon niveau de disponibilité des systèmes informatiques, les démarches traditionnelles héritées du monde industriel ont consisté à prévenir les pannes et donc à durcir au maximum le matériel tout en s'efforçant d'anticiper les défaillances pour réaliser les maintenances aux bons moments. Ce modèle, en informatique, a conduit à une impasse : les coûts de fiabilisation du matériel ont grimpé de façon exponentielle alors même que la fragilité des chaînes logicielles augmentait avec la croissance du nombre de maillons.

Dans les infrastructures digitales, la doctrine qui prévaut désormais est celle de « *Everything fails all the time* »[6] (tout tombe en panne tout le temps), selon la formule popularisée par Werner Vogels, CTO d'Amazon. Le principe consiste à prendre acte de la possibilité de défaillance du matériel et de s'assurer, par du code informatique, que le fonctionnement dans son ensemble sera résilient.

Le fait de miser sur des éléments physiques redondants et de faible coût en confiant à du logiciel la fiabilité générale est une tendance profonde du monde moderne que l'on pourra s'amuser à débusquer dans de multiples contextes. Frédéric Laloux, dans sa théorisation des nouvelles formes d'entreprises, fait le parallèle entre l'émergence d'organisations plus décentralisées et la (re)découverte que le corps humain dispose de trois cerveaux différents[7] ; et donc qu'il n'y a pas,

---

6. https://fr.slideshare.net/AmazonWebServices/high-availability-websites-part-one/12-Everything_fails_all_the_time, consulté le 7 mars 2019.

7. Dans « une vision hiérarchique du monde, il ne peut y avoir qu'un seul cerveau qui dirige le corps, comme il ne peut y avoir qu'un dirigeant à la tête d'une organisation ». L'idée que trois cerveaux autonomes travaillent de façon coordonnée, sans que l'un ne soit le boss des autres, n'est pas compatible avec la conviction que le monde a besoin de hiérarchies pour fonctionner. - https://www.lemonde.fr/emploi/article/2015/11/04/inventer-une-autre-facon-d-organiser-le-travail_4803224_1698637.html consulté le 26 mars 2020.

contrairement à ce que l'on a longtemps pensé, un grand orchestrateur aux commandes de tout ce qui se passe à l'intérieur du corps. Ce décalage de paradigme conduit à remplacer, dans beaucoup de domaines, le concept d'infaillibilité par celui de résilience et constitue une véritable révolution conceptuelle de notre époque.

Si nous revenons sur les pratiques concrètes, mettre en œuvre une culture propice à l'innovation et donc autorisant l'erreur d'apprentissage, est une alchimie délicate. Chez OCTO, la première clé que nous mettons en œuvre est évidemment d'avoir collectivement conscience de ces enjeux, ce qui permet de dédramatiser la plupart des situations et surtout d'être attentif aux petits gestes qui prouvent l'importance accordée au sujet. En tant que consultant, j'ai été témoin d'innombrables postures paradoxales de la part de dirigeants : ceux-ci s'affichaient comme des avocats inoxydables du droit à l'erreur, mais étaient capables en situation réelle d'agonir publiquement les responsables d'initiatives en échec.

Mes routines personnelles consistent d'une part à montrer que je peux me tromper et l'afficher publiquement ; c'est le minimum que l'on puisse faire en tant que dirigeant. D'autre part, quand je suis face à quelqu'un qui a fait une erreur, je m'efforce de placer cette personne dans une posture réflexive avec des phrases du type « Qu'est-ce que tu as appris ? », « Est-ce que tu as fait de ton mieux ? », « Que ferais-tu différemment la prochaine fois ? ». Et il s'agit bien d'un effort, car mon éducation ne me conduit pas naturellement à ce type d'ouverture.

> *L'agile est une méthode particulièrement adaptée à l'ancrage d'une culture de l'erreur.*

Je remets également la situation en perspective en essayant de dédramatiser : est-ce que cet échec a vraiment eu des conséquences majeures ? Nous avons cette chance, dans notre entreprise, que les erreurs soient rarement catastrophiques : comme déjà souligné, nous ne risquons pas la vie d'individus, et nous manipulons peu d'informations de nature critique. Mais c'est une chance qui, malgré tout, se prépare et se cultive. L'agile est à cet égard une méthode particulièrement adaptée à l'ancrage d'une culture de l'erreur : le principe des itérations courtes permet de détecter les problèmes le plus tôt possible et de limiter au maximum leurs conséquences. Quand vous vous engagez sur un projet de plusieurs millions d'euros, il est clair qu'annoncer à quelques semaines de la fin que vous êtes dans le mur est quasi-impossible. En revanche, si vous êtes capables de vous rendre compte d'une sortie de route assurée et d'ajuster la direction dès le début du projet, la palette d'actions est infiniment plus vaste et le coût d'un éventuel échec beaucoup plus maîtrisé.

De façon plus collective, les tribus sont pour nous une façon de matérialiser les principes de droit à l'erreur. Nous avons tout mis en œuvre pour que le fait de créer une équipe et de ne pas réussir soit vu comme une expérience positive. Quand une tribu échoue, notre Directrice Technique a pris l'habitude d'envoyer un mail qui salue l'initiative, remercie les acteurs et qui rappelle que lancer une tribu est un acte courageux.

En revanche, nous avons encore des progrès à accomplir sur l'autre volet du droit à l'erreur qui consiste à savoir tuer les initiatives qui ne vont nulle part en étant capables d'acter l'échec. Cela illustre que la culture du « *Fail Fast* » se construit en permanence et jamais rien n'est acquis : on ne s'affranchit pas aussi facilement de 2 000 ans d'Histoire judéo-chrétienne marquée par la faute originelle…

La culture anglo-saxonne semble un peu plus décomplexée vis-à-vis de l'erreur. Et il y a sans doute à s'inspirer des pratiques mises en œuvre de l'autre côté de l'Atlantique. Ainsi dans beaucoup d'entreprises, les échecs sont célébrés formellement, que ce soit par une coupe de champagne ou même par une soirée. Certaines mettent en place des *Wall of Fails* où les gamelles les plus emblématiques sont affichées. La division X de Alphabet (auparavant dénommé Google X) a pour habitude de verser de généreux bonus aux porteurs d'initiatives initialement prometteuses, mais en échec[8]. Sheryl Sandberg, COO de Facebook, a partagé une anecdote semble-t-il assez fondatrice[9] : un jour, un stagiaire a planté

8. https://www.ted.com/talks/astro_teller_the_unexpected_benefit_of_celebrating_failure, consulté le 30 juillet 2020.
9. https://www.linkedin.com/pulse/testing-companies-innovation-ian-smith/, consulté le 30 juillet 2020.

Facebook pendant 30 minutes car il cherchait une façon de garantir la résilience du site. Cet événement très grave, conséquence d'une très bonne idée mal exécutée, lui a valu une offre d'emploi immédiate ! Quelles entreprises auraient eu ce discernement ?

Et pour conclure cette liste d'exemples, reprenons les propos très inspirants de Jonathan Dower, *Game Lead* chez Supercell (si vous ne connaissez pas, demandez à vos enfants ! Il s'agit de l'éditeur finlandais du jeu mondialement connu *Clash of Clans*) :

"Failing definitely sucks, but the learnings we get from that are the sort of thing that we're trying to celebrate. We do it for many things; even the admin team might have champagne to celebrate some failing they've done. It's not like we're just chugging champagne, I don't want to give that impression. Failing sucks, and we take it super seriously, but celebrating the learnings is the point of it."[10]

On ne saurait trop insister sur ce sujet. Le rapport à l'erreur est au centre du processus d'apprentissage. C'est un incontournable de tout voyage sur le chemin de l'agilité.

En quelques mots

- **Toute entreprise qui innove se doit d'entretenir un rapport sain à l'erreur, et c'est un défi dans le contexte culturel français.**
- **Les managers et dirigeants ont la responsabilité de dédramatiser l'erreur en mettant l'accent sur l'apprentissage et en saluant les prises de risques.**
- **L'agilité nécessite et renforce le droit à l'erreur. Les échecs sur des petites itérations ayant moins de conséquences, il est plus facile de lever le tabou.**

10. « L'échec craint, mais les enseignements que nous en tirons sont le genre de chose que nous essayons de célébrer.[…] » - https://www.gamesindustry.biz/articles/2019-01-09-supercells-killed-games-celebrating-lessons-not-failures, consulté le 30 juillet 2020.

4.2 Comment nous faisons le pari de la confiance - ne pas manager pour les 3 %

Le « pari de la confiance » a été un principe central qui a prévalu dès le démarrage d'OCTO et que nous avons réussi à entretenir jusqu'à aujourd'hui. Nous n'avons cependant pas emprunté ce chemin avec une idée claire de la destination et, comme nous allons le voir, nous nous en sommes parfois même écartés.

Et pourtant, si on en croit les travaux de Paul J. Zak[11], la confiance pourrait bien être la potion magique dont rêvent toutes les entreprises. Ses recherches[12] indiquent que dans les 25 % des entreprises avec le plus fort niveau de confiance, les employés sont 76 % plus engagés et 50 % plus productifs que dans le dernier quartile. Ils sont également 40 % moins susceptibles de faire un *burnout*, ont 50 % de probabilité en moins de quitter l'entreprise dans l'année, tout en ayant un plus grand sentiment d'accomplissement, à 41 %.

Au début de l'aventure OCTO, le pari de la confiance n'était pas bien difficile à relever : jusqu'à une cinquantaine de personnes, chacun et chacune connaissait ses collègues de façon proche et avait l'occasion de travailler sur les mêmes sujets. Avec la croissance, le challenge a pris de l'ampleur : de façon très progressive, les liens ont commencé à se distendre, les premiers comportements de parasitisme ont fait leur apparition, les règles du « vivre ensemble » n'ont plus été une évidence.

Pour répondre à ce type de dérives, la tendance naturelle du corps managérial est généralement de se crisper. Les travaillomanes[13] sont en effet sur-représentés parmi les managers, qui sont donc prédisposés

11. Fondateur du « Center for Neuroeconomics Studies » et professeur en économie, psychologie et management à l'Université de Claremont.
12. https://hbr.org/2017/01/the-neuroscience-of-trust, consulté le 12 août 2020.
13. En Process Communication, le travaillomane est l'un des schémas comportementaux qui présente la particularité d'être exigeant et rationnel et qui sous la pression tend à accroître son niveau d'exigence vis-à-vis de son entourage. https://fr.wikipedia.org/wiki/Process_communication, consulté le 3 juillet 2019.

à se durcir sous la pression. Et nous n'avons pas échappé à cette règle, au moins au début.

J'ai moi-même été complice de cette dérive. Ayant tendance à me formaliser de tout comportement indiquant de la désinvolture ou une volonté d'abuser du système, j'ai été, au moment de mon intronisation en tant que directeur général, très enclin à mettre en place des règles et des principes de fonctionnement censés prévenir tout dérapage. Avec un succès plus que relatif, car plus je me crispais, moins j'étais inspirant pour les collaborateurs de l'entreprise. J'aurais sans doute gagné à méditer cette belle et profonde phrase de Max Frisch : « Ils voulaient des bras et ils eurent des hommes ».

Au moment où la tentation du sur-contrôle se faisait plus pressante au sein de l'entreprise, un membre de notre comité de direction tombe sur l'ouvrage de Isaac Getz, Liberté et Cie[14], et décide de nous le faire découvrir. Sa critique du principe de « management pour les 3 % » a été l'occasion d'un déclic collectif salutaire en nous permettant de décrypter ce qui commençait à s'installer chez OCTO et de remettre en cage le monstre que nous étions en train de libérer. Dans son livre, Isaac Getz introduit l'idée que, dans une entreprise, la très grande majorité des employés a spontanément à cœur de contribuer positivement à la performance de l'organisation. Et il estime que 3 % des personnes essaient de profiter de façon délibérée du système par des comportements malveillants voire malhonnêtes. Or, le système de management tend naturellement à définir des procédures qui visent à prévenir les comportements déviants de ces 3 %.

Isaac Getz cite ainsi une anecdote à propos de Favi, entreprise industrielle picarde qui fabrique des pièces pour l'industrie automobile. Historiquement, les gants de protection utilisés par les ouvriers étaient stockés sous clé et seules certaines personnes y avaient accès. Entre la demande d'autorisation, les déplacements dans l'usine et la surveillance du stock, le coût engendré par la fourniture d'une paire de gants à un ouvrier s'avérait bien supérieur au coût de la paire de gants elle-même. L'une des mesures emblématiques du dirigeant qui

14. Isaac Getz et Brian Carney, Liberté & cie : Quand la liberté des salariés fait le succès des entreprises, Flammarion 2016, 483p.

a transformé Favi en entreprise libérée a donc consisté à rendre les gants accessibles à tout le monde sans contrôle. Et, bien sûr, aucune catastrophe ne s'est produite.

> *Combien de personnes employées à plein temps faut-il pour autoriser, contrôler, valider, dépouiller les notes de frais des collaborateurs de l'entreprise ?*

La mise en place de cadres préventifs, et bien souvent coercitifs, apporte en effet son lot de problèmes qui les rendent non seulement inopérants, mais bien souvent destructeurs. Ainsi, le premier effet visible par tous est l'alourdissement considérable des contrôles et de la bureaucratie associée : pour prendre un exemple commun, combien de personnes employées à plein temps faut-il pour autoriser, contrôler, valider, dépouiller les notes de frais des collaborateurs ? Ce qui ne prend fondamentalement que quelques minutes - saisir des dépenses - se transforme en processus complexe à l'échelle de l'entreprise, susceptible d'engloutir des sommes considérables[15]. Rappelons que ces activités ne produisent aucune valeur pour le client, et qu'il s'agit donc d'un « gaspillage ».

Mais ce n'est sans doute pas la conséquence la plus néfaste ! Car l'existence même de ces contrôles détériore la relation de confiance des salariés vis-à-vis de leur employeur. Le message implicite envoyé est « nous savons qu'il y a de fortes probabilités pour que vous grugiez, et nous allons donc tout mettre en œuvre pour vous empêcher de le faire. Cela va vous prendre du temps, à nous aussi, mais c'est le prix à payer pour prévenir vos penchants malhonnêtes ». Cette défiance affichée à toutes et à tous devient un message subliminal qui contamine subtilement mais sûrement toutes les relations de travail. Le plus ironique est que des expériences en psychologie comportementale ont montré que le simple fait d'interdire des actions en justifiant de leur nuisance pour la communauté produit l'effet contraire. En effet, les individus ont alors tendance à considérer qu'en ne profitant pas, eux

---

15. Dans un rapport publié en 2016, la *Global Business Travel Association* estime qu'au coût de remboursement des notes de frais s'ajoute le coût de leur gestion qui est en moyenne de 100$ par note (entre la saisie, le traitement et les erreurs, nombreuses, à corriger). https://hub.gbta.org/groups/reviews/item/20/11/2444, consulté le 11 août 2020.

aussi, d'une situation dont beaucoup abusent, ils prennent le risque d'être les benêts de l'histoire[16]. Loin d'empêcher les comportements déviants, il est probable que la bureaucratie autour des notes de frais suscite des « vocations », les salariés les plus vertueux tentant de gratter à la moindre occasion, ne fût-ce que pour se rembourser des feutres achetés en urgence pour l'animation d'un brainstorm et que le service achats n'a pas daigné valider à posteriori. Quant à l'effet sur les 3 % de profiteurs, l'espoir est faible de les détourner de leurs penchants : gageons qu'ils sauront mettre à profit leur créativité déviante pour déceler toutes les failles du système de contrôle et continuer à sévir dans l'ombre !

Chez OCTO, il nous arrive encore parfois de tomber dans le piège du sur-processus contrôlant et castrateur. Un exemple très illustratif de cette dérive a été le processus de validation des formations. Nous sommes fondamentalement assez libéraux dans le type, la durée et le prix des formations accessibles aux employés. Malgré tout, il y a quelques années, nous constatons qu'un indélicat s'inscrit à une formation coûteuse et, juste après l'avoir suivie, envoie sa lettre de démission, nourrissant la présomption que cela ne relevait pas du pur hasard de calendrier. Ni une, ni deux, nous décidons qu'on ne nous y reprendra plus et nous mettons en place une clause de « dédit formation » : pour chaque formation coûteuse, l'employé s'engage à rembourser tout ou partie du coût de la formation s'il décidait de démissionner pendant une certaine période. Il nous a vite fallu définir ce que signifiait « coûteuse ». S'agissait-il du montant total, du prix à la journée, avec ou sans prise en compte des montants reversés par les organismes paritaires qui contribuent parfois au financement de la formation professionnelle ? Que devait-il se passer pour des personnes qui suivaient plusieurs formations peu coûteuses versus une seule formation coûteuse ? Et quid de la durée ? Pour des formations étalées dans le temps, fallait-il prendre la date de début, la date de fin, la date pondérée ? Questions très stimulantes pour la créativité

16. https://www.fs.fed.us/psw/publications/winter/psw_2006_winter001.cialdini.pdf, consulté le 11 août 2020. Dans cet article, les chercheurs montrent comment les messages pour la prévention d'un parc national sont plus efficaces quand ils sont positifs que négatifs. Exemple également mentionné dans l'excellent *Influence: The Psychology of Persuasion* - Robert B Cialdini - HarperCollins e-books 2009 – 334p.

bureaucratique, et auxquelles nous finissions toujours par apporter une réponse, parfois au prix de débats chronophages.

Puis surgit une nouvelle situation : nous avions besoin de formateurs certifiés dans une technologie prometteuse. Nous nous adressons alors à une personne - appelons-là Sarah - pour l'inciter à suivre cette formation. Sarah accepte, pour rendre service à OCTO. Nous lui proposons alors, puisqu'il s'agissait d'une formation onéreuse, de signer notre clause de dédit formation dernière mouture. Elle refuse, arguant qu'il n'était pas question pour elle de supporter cette contrainte alors qu'elle n'avait elle-même rien demandé et qu'elle ne cherchait qu'à contribuer au bien commun. Nous ajoutons alors une clause stipulant que le dédit formation ne s'appliquait pas si la formation était à la demande de l'employeur…

Peu après, la personne des RH en charge de la formation – appelons-là Amandine - interpelle le comité de direction, car elle n'arrive pas à être au clair sur les règles. Nous l'invitons à notre point hebdomadaire afin que nous puissions nous mettre tous d'accord. Quand la pauvre Amandine a commencé à nous distribuer le document sur lequel elle avait tenté de formaliser ce « processus », nous avons vu en pleine lumière le monstre que nous avions créé dans le seul but de nous prémunir d'éventuelles déviances dont nous n'avions suspecté qu'une seule occurrence.

Ce contact un peu brutal avec la réalité a été salvateur car au bout d'une dizaine de minutes nous avons décidé de supprimer complètement ce processus absurde et de refaire le pari de la confiance. Nous prenions certes le risque de nous faire abuser parfois, mais nous supprimions aussi beaucoup de discussions stériles à essayer de converger sur des règles byzantines pour tenter de les justifier ensuite auprès de toute l'entreprise. Depuis cette décision, nous pourrions compter sur les doigts d'une main le nombre de cas pour lesquels nous avons eu un soupçon d'abus, et à l'aune de la presque centaine de personnes qui nous quittent chaque année, cela relève de l'anecdotique.

Nous avons ainsi expérimenté très directement la leçon brillante et croustillante de l'illustration suivante : sans confiance, tout devient infiniment plus compliqué !

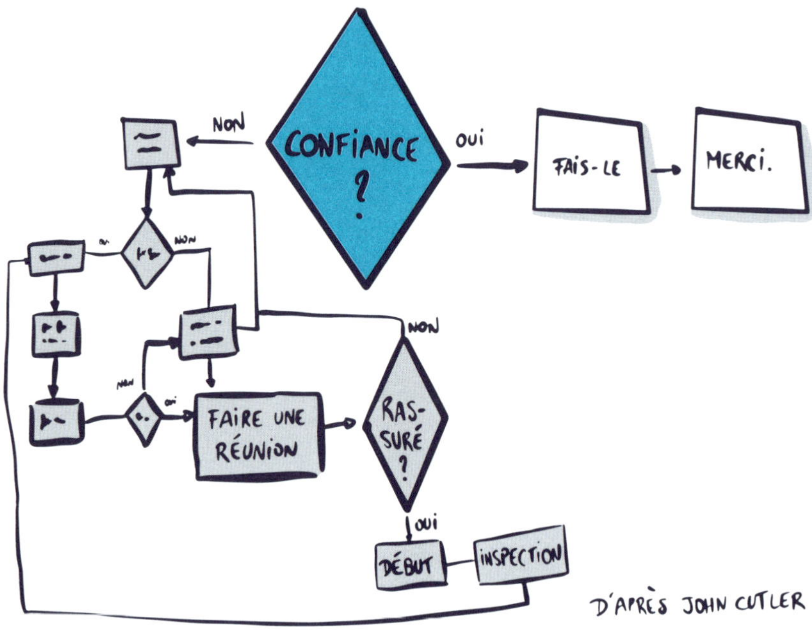

D'après John Cutler - @johncutlefish, avec l'accord de l'auteur.

Il est curieux de souligner que ce principe de confiance par défaut vient en contradiction plus ou moins explicite d'une maxime ressassée du management : « La confiance n'exclut pas le contrôle », et notons-le, utilisée quasi-exclusivement quand il s'agit de justifier un contrôle trop présent… Or, par définition, la confiance réside dans l'acceptation des défaillances, comme le montre son étymologie, « avec la foi ». Bien sûr, il serait expéditif d'en déduire que le manager n'a pas un devoir de *feedback* dans le résultat attendu d'un collaborateur, mais faut-il parler ici de contrôle ?

Évidemment dans l'installation de ce principe de confiance par défaut, la posture du manager est clé. Plutôt que l'image classique de « celui qui met des choses en place », ne vaudrait-il pas mieux défendre celle d'un leader qui s'oppose à la surenchère procédurale en accordant a priori sa confiance ? Et s'il advenait que certains en abusent, est-ce que le problème ne serait pas à résoudre par de bonnes conversations en tête-à-tête pour rappeler les comportements admissibles et ceux qui ne le sont pas ? Il faut pourtant concéder que le manager n'a pas la tâche facile et les circonstances atténuantes à ses penchants contrôlants ne manquent pas. Son rôle même porte les gènes de cette tentation. Quoi que prétendent souvent les entreprises qui réclament plus de leadership ou d'esprit entrepreneurial à leurs managers, leur attente principale vis-à-vis de cette population, fût-elle implicite, reste au fond d'assurer la stabilité et la prévisibilité de l'entreprise. Les budgets, le *reporting*, le déploiement des processus, l'alignement stratégique, le suivi de la performance sont autant de responsabilités qui leur incombent et qui n'encouragent pas, avouons-le, le lâcher-prise. Rien de surprenant, dès lors que leur réflexe naturel à toute dérive soit de mettre en place des procédures. Les managers sont aussi aux premières loges lorsqu'il s'agit de faire appliquer les nouvelles réglementations : or, les lois récentes telles que GDPR ou Sapin 2, aux intentions certes louables, peuvent conduire les entreprises à générer des activités vides de sens tout en demandant le relais des managers pour leur mise en place et leur suivi. Il y a fort à parier également que la coronacrise et ses conséquences sanitaires sur les conditions de travail contribuent activement et durablement à cet alourdissement réglementaire.

En définitive, la confiance n'est pas le sujet des seuls managers, mais un devoir de toute l'entreprise, à tous les niveaux, et la tête de l'organisation a comme responsabilité de montrer l'exemple en permettant à son management intermédiaire de faire de même.

Néanmoins, comment relever concrètement ce challenge et tirer les bénéfices de ce « pari de la confiance » ?

Paul Zak, dans son article cité en début de chapitre, propose huit comportements managériaux qui permettent d'ancrer la confiance :

- Donner de la reconnaissance
- Maintenir une pression de challenge
- Laisser de l'autonomie

- Laisser aux individus de la liberté dans les attributions de leur poste
- Partager largement l'information
- Favoriser la création de liens
- Favoriser le développement personnel
- Montrer sa vulnérabilité

Cette liste permet de toucher du doigt à quel point les éléments de culture sont systémiques. On y trouve des principes très similaires à ceux nécessaires pour développer la motivation, pour favoriser l'alignement ou encore pour augmenter la satisfaction professionnelle.

Chez OCTO, notre culture de la confiance ne s'est pas construite sur ce cadre théorique formel, mais nous avons spontanément et délibérément accordé de l'importance à quasiment tous les comportements de cette liste : si nous avons des progrès à faire sur la reconnaissance et si nous n'avons jamais cherché à maintenir délibérément une pression de challenge, tous les autres axes font partie de notre ADN.

Aux recettes de Paul Zak, j'ajouterai 2 autres comportements qui ont montré leur vertu chez nous dans la lutte contre l'inflation bureaucratique, qui est, comme nous venons de le voir, une condition-clé de la confiance :

- Tout d'abord, partager avec les managers la volonté de « ne pas manager pour les 3 % ». La formulation a l'avantage de marquer les esprits et cet affichage collectif est un bon garde-fou car on peut dès lors compter sur les membres du groupe pour signaler les faux-pas.
- Ensuite, ancrer l'habitude de revenir au « pourquoi » des décisions et estimer les résultats attendus. Ce type de questionnements contribue à évaporer beaucoup de fausses bonnes idées en termes d'innovation procédurale. Cette hygiène peut être utilement couplée avec un test de robustesse assez simple : anticipe-t-on plus de bénéfices à faire qu'à ne pas faire ? On peut imaginer que la réponse est systématiquement « oui », mais faites le test, vous pourriez avoir des surprises !

En dépit de tout ce que nous venons de voir, « ne pas manager pour les 3 % » est l'un des principes d'OCTO les plus délicats à défendre aujourd'hui, notamment parce qu'il n'est pas toujours compatible avec toutes les réglementations des entreprises cotées sur les marchés financiers américains. Pour ne prendre que cet exemple, le principe de *segregation of duties* présent dans la loi Sarbanes Oxley impose que la personne qui réalise soit différente de la personne qui contrôle. Ce qui peut paraître anecdotique de prime abord rend plus difficile (mais pas impossible) la mise en application de ce principe de confiance.

En quelques mots

- **La confiance est le moteur de tout relation de travail performante.**
- **Les managers ayant comme responsabilité d'assurer la stabilité de l'entreprise, ils peuvent avoir une tendance naturelle à empiler les processus pour résoudre les problèmes.**
- **Pourtant seuls 3 % des employés chercheraient réellement à profiter du système.**
- **Or, l'excès de règles alimente une bureaucratie qui nuit à l'efficacité et à la motivation des 97 % de personnes qui ont le bien de l'entreprise à cœur.**
- **Pour limiter cette tendance, toujours se poser la question de la pertinence d'une nouvelle règle. La simplification du travail de tous vaut souvent bien le risque d'abus de quelques malandrins.**

4.3 Comment nous traitons le sujet des personnes toxiques

La façon dont une organisation s'attaque au sujet des personnalités toxiques est un indicateur puissant de sa culture. Et la cohérence entre pratiques et valeurs affichées sur ce sujet est une clé fondamentale de la congruence de l'entreprise.

La première question qui se pose est d'identifier une personnalité toxique.

Dans son ouvrage *The No Asshole Rule*: *Building a Civilised Workplace and Surviving One That Isn't*[17], l'auteur Robert Sutton définit deux tests pour les débusquer :

▷ Après avoir rencontré cette personne, est-ce que les gens se sentent oppressés, humiliés ou diminués d'une façon ou d'une autre ?

▷ Est-ce que la personne cible des gens qui sont moins puissants que lui ou elle[18] ?

On pense assez naturellement aux pervers narcissiques dans cette catégorie.

La prévalence de ce type de personnalités toxiques varie selon les études, mais elle serait entre 0,5 % et 3 % de la population[19]. Une rapide extrapolation conduit à la conclusion que pour une entreprise de notre taille, nous pourrions avoir une demi-douzaine d'individus présentant ces comportements nocifs.

Parmi les indices que j'ai collectés, il s'agit de personnes charismatiques, souvent séductrices, quasiment impossibles à prendre en défaut, qui savent s'afficher comme des sauveurs providentiels et qui ont une

17. Éditions Piatkus - 2 décembre 2010.
18. https://en.wikipedia.org/wiki/The_No_Asshole_Rule, consulté le 5 mars 2019.
19. https://www.msdmanuals.com/fr/professional/troubles-psychiatriques/troubles-de-la-personnalit%C3%A9/trouble-de-la-personnalit%C3%A9-narcissique

utilisation particulière du langage : leur forme d'expression paraît puissante, conceptuelle, raffinée ou encore intimidante, mais sans qu'il ne soit véritablement possible de synthétiser de façon claire et simple leurs propos. Et c'est bien sûr la répétition de ce type de comportements qui doit alerter, car nous avons tous nos moments de déviance…

Si le sujet mérite à mon sens un chapitre de cet ouvrage, c'est parce que les personnalités toxiques sont un véritable poison des organisations et peuvent, à elles seules, gripper leur fonctionnement. Après avoir été confronté à quelques situations, je suis retombé sur cette pépite qu'est le manifeste de la culture Netflix[20] où le sujet des « *brilliant jerks* » est abordé :

> On a dream team, there are no "brilliant jerks." The cost to teamwork is just too high. Our view is that brilliant people are also capable of decent human interactions, and we insist upon that.[21]

J'ai alors réussi à mettre des mots sur des événements qui s'étaient produits chez OCTO et qui ont constitué l'une des forces de l'entreprise. Nous avons en effet réussi à trouver une voie de sortie pour les individus brillants mais nuisibles.

Se séparer d'un collaborateur est toujours une décision difficile pour un manager ou un dirigeant. Mais quand en plus cette personne présente des qualités remarquables d'intelligence, de vision, de conviction et de charisme, tout en sachant très bien se rendre indispensable, cette option peut paraître suicidaire en première analyse. C'est pourtant un choix d'une importance capitale. Tout d'abord parce que, comme indiqué par Netflix, le coût sur le travail d'équipe est trop important. Deuxièmement, les souffrances humaines que ces personnes génèrent autour d'elles sont inacceptables et relèvent souvent du harcèlement

---

20. Ce document, déjà évoqué précédemment, est paru pour la première fois en 2001.
21. « Dans une dream team, il n'y a pas de « connard brillant ». Le coût sur l'esprit d'équipe est vraiment trop élevé. Nous considérons que les personnes vraiment brillantes sont aussi capables d'interactions humaines saines et nous insistons sur cela. » - https://jobs.netflix.com/culture, consulté le 5 mars 2019.

moral, ce qui engage par ailleurs la responsabilité juridique du manager et de l'employeur. Enfin, parce que ce type de situations fixe la norme de ce qui est toléré ou non dans l'entreprise. Vous pouvez afficher toutes les belles valeurs humanistes que vous voulez au fronton de votre siège social, si vous autorisez de façon tacite ce type de comportements, toute l'entreprise comprendra que vous n'êtes pas sérieux.

Je considère que l'une de mes principales responsabilités de dirigeant est de débusquer ce type de profils et de m'assurer qu'ils ne restent pas dans l'entreprise. À la taille que nous avons atteinte, je ne saurais garantir que j'y parviens parfaitement, d'autant plus qu'il s'agit généralement de personnes expertes dans l'art de donner le change aux niveaux hiérarchiques « supérieurs » au leur. Mais je m'efforce à minima d'être vigilant et de prendre mes responsabilités le moment venu…

En quelques mots

- **Les personnalités toxiques sont le poison d'une organisation, aussi compétentes soient-elles.**
- **Pour garantir une culture saine, il faut savoir s'en défaire et cette responsabilité incombe le plus souvent aux dirigeants.**

4.4 Comment nous prenons nos décisions

Dans tous les types d'organisations, le sujet de la prise de décision peut se résumer à la façon dont sont apportées les réponses aux questions suivantes :

- Qui a le droit de prendre des décisions et de quel type ?
- Qui a le devoir de prendre des décisions et de quel type ?
- Quels sont les protocoles pour prendre ces décisions ?

Les entreprises agiles ont pour trait commun de laisser une large place à l'autonomie et au collectif, ce qui a des conséquences assez structurantes sur la façon dont se prennent les décisions. Chez OCTO, nous avons progressivement appliqué trois grands principes.

Le premier principe est celui de la délégation de la décision au plus proche possible de la situation réelle vécue par les personnes les plus directement concernées. Cela présente deux vertus : d'une part, la pertinence de la décision est garantie par le fait que ceux qui la prennent sont ceux qui la mettront en œuvre ; d'autre part, sa mise en œuvre sera beaucoup plus rapide que s'il fallait attendre les délibérations de hautes instances, d'autant que la réactivité est bien souvent la première condition de l'efficacité.

Sans avoir réellement cherché à théoriser ce principe, nous nous sommes beaucoup inspirés du *lean management*. Après avoir eu l'occasion d'assister à une conférence d'Alexandre Gérard, fondateur et CEO de Chronoflex, j'ai trouvé son illustration du bateau très inspirante : elle me semblait mettre des mots sur ce que nous faisions, tout en allant un cran plus loin. Selon lui, la responsabilité du dirigeant est d'être capable de faire la part des choses entre les décisions qui, en cas d'erreur, peuvent menacer la survie de l'entreprise et celles qui n'auront pas de conséquences irrémédiables. Il utilise pour cela la métaphore de la coque d'un bateau. Si l'équipage fait un trou dans la coque au-dessus de la ligne de flottaison, l'événement est regrettable, contrariant, et peut coûter du temps et de l'argent, mais aucune catastrophe n'est à prévoir. À l'inverse, si le trou se fait en dessous de la ligne de flottaison, ce sont l'intégrité même du navire et la survie de l'équipage qui sont en jeu. Le dirigeant ne devrait intervenir que dans les décisions qui peuvent occasionner des trous en dessous de la ligne de flottaison. Or en faisant l'examen approfondi des conséquences possibles, on prend vite conscience que les occurrences ne sont pas si nombreuses…

Néanmoins, garantir que les décisions sont prises au bon niveau par les bonnes personnes est une discipline difficile à ancrer : en effet, quoi de plus flatteur pour un manager ou un dirigeant que de détenir LA bonne réponse et de la souffler à ses managés ! Et quel confort pour ces derniers, qui trouvent ici l'occasion de se décharger de leur responsabilité ! C'est d'autant plus satisfaisant pour le leader que les petites décisions du quotidien sont pour lui faciles à prendre, et sont un alibi commode pour éluder les décisions stratégiques qui sont autrement moins confortables. Mais évidemment, cette habitude inocule le lent poison de la déresponsabilisation dans toute l'organisation.

- **Le deuxième principe est celui de la consultation.** Là encore, nous n'avons pas vraiment formulé cette règle de façon explicite, mais nous appliquons ce que Frédéric Laloux[22] appelle le processus de conseil (« *advice process* ») : « N'importe qui peut prendre une décision après avoir pris conseil auprès 1) de tous ceux qui sont susceptibles d'être affectés de façon sensible par la décision et 2) de personnes qui ont une expertise sur le sujet »[23].

- **Le dernier principe que nous appliquons est celui de la concertation.** Par exemple, quand nous travaillons sur des définitions d'organisation ou des modèles de rémunération et donc des sujets qui concernent tout le monde dans l'entreprise, nous avons pris l'habitude de fonctionner de la façon suivante :

---

22. Dans *Reinventing Organisations* : *Vers des communautés de travail inspirées*, Diateino 2015, 484p.
23. https://reinventingorganizationswiki.com/theory/decision-making/, consulté le 20 juin 2019.

▷ Tout d'abord, nous définissons en comité de direction une intention générale en décrivant et en factualisant le mieux possible le problème à résoudre. Cette étape, qui peut paraître aussi évidente qu'anecdotique, est à la fois essentielle et délicate. Bien souvent, lorsqu'on creuse un sujet, on se rend vite compte de la propension très humaine aux généralisations douteuses sur la base d'informations parcellaires, voire tout à fait fausses. Ce travers tend même à s'accentuer avec le pouvoir hiérarchique et avec l'expérience (qui tous les deux poussent à se fier à l'intuition), ce qui nécessite d'autant plus de vigilance de la part des dirigeants.

> **N'importe qui peut prendre une décision après avoir pris conseil auprès 1) de tous ceux qui sont susceptibles d'être affectés de façon sensible par la décision et 2) de personnes qui ont une expertise sur le sujet.[23]**

▷ Ensuite, à l'occasion d'une journée de séminaire, nous travaillons par groupes entre membres du comité de direction pour explorer les solutions possibles. Cela se fait en plusieurs itérations, avec des restitutions devant le reste du groupe. L'objectif est de générer des idées en évitant autant que possible les phénomènes de pensée de groupe[24]. Après quelques itérations, nous convergeons vers une solution qui ne suscite pas d'objection bloquante. Un « *decider* » avec suffisamment d'adhésion et sans ventre mou doit matérialiser cet alignement.

▷ Nous procédons alors à la documentation de ce que nous appelons les tests de recettes (eh oui, nous restons des informaticiens !), c'est-à-dire les critères que nous pourrons mesurer après une période d'observation pour nous assurer que les effets constatés sont bien les effets attendus. Si ce n'est pas le cas (qu'il s'agisse d'une déception ou d'une bonne surprise), l'enjeu est de profiter de cette occasion unique d'approfondir la connaissance que nous avons de notre système.

---

24. « Un mode de pensée dont les gens usent lorsqu'ils sont profondément impliqués dans un groupe uni, quand le désir d'unanimité des membres outrepasse leur motivation à concevoir d'autres solutions de façon réaliste. » - Irving Janis - https://fr.wikipedia.org/wiki/Pens%C3%A9e_de_groupe#cite_note-1, consulté le 20 juin 2019.

▷ L'étape suivante consiste à présenter l'intention et les grands principes à quelques personnes représentatives des différentes équipes d'OCTO dans l'objectif premier d'obtenir des *feedbacks*. Mais cette formalisation présente aussi le double avantage de permettre à l'idée de faire son chemin dans les esprits et d'obliger le comité de direction à travailler sa communication.

▷ Nous recrutons à l'occasion de cette présentation quelques volontaires, prêts à s'investir dans des groupes de travail ayant pour mission d'affiner les détails concrets de la mise en œuvre de la solution.

▷ Une fois que les groupes ont intégré leurs travaux dans une solution détaillée qui paraît satisfaisante, nous procédons à la communication et au lancement officiel de l'initiative.

▷ Quand nous sommes vraiment rigoureux, nous planifions à 9 mois une instance de suivi pour vérifier l'atteinte de nos tests de recette. C'est souvent le cas, mais malheureusement non systématique.

Ce mode de fonctionnement, très inclusif et qui repose sur la concertation, n'est peut-être applicable qu'à des organisations de taille modérée. Je peux témoigner qu'il fonctionne un peu au-delà de 500 personnes, mais serait-ce encore le cas à plusieurs milliers de collaborateurs et collaboratrices ? Peut-être cependant faudrait-il inverser la question : la bonne taille de découpage d'une organisation pourrait-elle être celle qui permet à des sous-entités de fonctionner de cette façon ?

COMMENT NOUS PRENONS NOS
DÉCISIONS
@AChampsavin
DÉLÉGUER LA DÉCISION
AUX PERSONNES CONCERNÉES
CEUX QUI DÉCIDENT
CEUX QUI METTENT EN OEUVRE
ASSUMER LE RISQUE
CONSULTER
LES EXPERTS ET CEUX QUI SERONT AFFECTÉS
CONCERTER
ET TRAITER UN SUJET COLLÉGIALEMENT
LE CODIR
FORMULE LE PROBLÈME
EXPLORE DES SOLUTIONS
DES RÉPRESENTANTS
VALIDENT LES ORIENTATIONS DU CODIR
DES VOLONTAIRES
DÉFINISSENT LA MISE EN OEUVRE OPÉRATIONNELLE
VALIDATION
MESURE DES RÉSULTATS SUR 9 MOIS

Si vous êtes familiers de la sociocratie 3.0 et des avatars apparentés, vous trouverez sans doute des résonances avec les pratiques suivantes (que nous ne détaillerons pas ici) :

- Décider par consentement
- Évaluer et développer les ententes
- Les personnes concernées décident
- Co-créer des propositions
- Clarifier le résultat attendu
- Définir les critères d'évaluation

Notre cheminement vers la sociocratie devrait d'ailleurs nous permettre d'aller un cran plus loin dans certains fonctionnements, et en particulier dans nos protocoles de prise de décisions.

Maintenant que nous avons vu la mécanique de décision à l'œuvre chez OCTO, abordons quelques considérations plus « philosophiques ».

En premier lieu, nous avons vu qu'il était souhaitable de permettre la décision au plus proche du terrain. Mais faut-il pour autant la forcer ?

Nous avons parfois quelques retours de bâton d'une partie des équipes lorsque nous ouvrons largement la concertation sur certains sujets. À titre d'exemple, la mise en place du mécanisme de promotions très participatif décrit précédemment (cf « Comment nous promouvons les personnes ») a rencontré une réaction véhémente de certaines personnes. Au lieu d'y voir un acte hautement symbolique de responsabilisation collective, ces opposants y ont projeté, à l'inverse, un signe de désengagement de la direction : selon eux, les promotions constituaient un acte de management fort et cette décision ne pouvait absolument pas être laissée à l'appréciation de la communauté. Cette divergence a dépassé le débat théorique puisqu'elle a contribué à certaines démissions.

Les multiples consultations collectives que nous réalisons sur des sujets divers peuvent aussi conduire une partie des équipes à une forme de retrait, sur le mode : « Que ceux qui sont payés à prendre des décisions fassent leur boulot et nous fichent la paix ». Bref, bien placer le curseur à l'échelle collective, sachant que les positions individuelles sont très variables, constitue un véritable challenge.

Il y a certaines décisions qui incombent à mon sens à la direction. Parmi celles-ci, on pense spontanément aux choix relatifs à la stratégie de l'entreprise. Mais là encore, doit-il s'agir du fruit d'un consensus parmi l'instance dirigeante ou cela relève-t-il de la responsabilité du patron de l'entreprise ? Faut-il impliquer un grand nombre de personnes dans le processus pour favoriser l'alignement et l'adhésion, ou au contraire réduire au maximum le quorum pour accélérer la prise de décision et éviter les orientations un peu molles ? De quelle façon prendre en compte également le fait que les situations individuelles dans l'entreprise ne sont pas symétriques ? Si une décision a des conséquences désastreuses sur l'entreprise, pour beaucoup, changer d'employeur peut s'avérer un plan B acceptable. Bien souvent, le dirigeant, à fortiori s'il gère une PME dont il est l'actionnaire majoritaire et le mandataire social, devra quant à lui vivre durablement avec toutes les conséquences de cette décision. Bref, pour garantir la pertinence d'une décision structurante, comment s'assurer que les décideurs soient autant que possible tous « payeurs », certes à la hauteur de leurs moyens mais aussi sur le long terme ?

Sur le sujet de la définition de la stratégie, certains considèrent qu'il s'agit de la prérogative intangible du chef suprême tandis que d'autres estiment que la responsabilité du dirigeant est, de façon presque mystique, de se mettre à l'écoute de la petite musique qui émerge de l'entreprise. Dans les positions les plus radicales, on trouve encore une fois Frédéric Laloux : selon lui, les organisations « opales » ont en commun la notion de « raison d'être évolutionnaire »[25], qui reflète la raison profonde pour laquelle elles existent et qui dépasse les enjeux purement économiques. Au cours d'une conférence, Frédéric Laloux explique dans un passage un peu long mais dont la retranscription est éclairante :

Aujourd'hui, dans notre conception du management, on imagine que le rôle du leadership d'une organisation est de définir une vision, puis de définir une stratégie, puis de définir […] des plans d'exécution,

---

25. « *Evolutionary purpose* » dans le texte original.

pour amener une organisation à avancer et mettre les voiles sur un certain cap.

Et la plupart des boss, si on peut les appeler comme ça, vont dire « non, ce n'est pas du tout comme ça qu'on conçoit les choses ». En fait, nous concevons la boîte non pas comme un voilier qu'il faut amener quelque part ou une machine qu'il faut programmer. Nous considérons que la boîte est un organisme vivant, qui a sa propre âme, son propre sens de direction, sa propre énergie créative, son propre potentiel, et si on veut même le voir d'un point de vue spirituel, a sa propre chose à manifester dans l'évolution du monde et de l'humanité. Et donc notre rôle n'est plus de dire, c'est dans cette direction-là qu'on va aller, mais notre rôle, c'est simplement d'aller écouter où est-ce que cette organisation veut aller.[26]

Chacun, en fonction de son style de leadership, trouvera sans doute ses propres réponses, et même après plusieurs années à mon poste, je dois avouer que c'est un sujet sur lequel je peine à me forger une conviction.

De mon expérience, il y a malgré tout quelques décisions pour lesquelles il est plus délicat pour le dirigeant de compter sur l'intelligence collective de l'entreprise. Parmi celles-ci et sans prétendre à l'exhaustivité, il y a les changements de modèles opérationnels, les licenciements des personnalités toxiques et les plans sociaux : dans ces situations, le fait d'avoir un arbitre qui tranche peut s'avérer très libérateur pour les équipes.

En quelques mots

- **Ce sont les personnes en contact avec une situation qui sont incitées à prendre les décisions, peu importe leur grade.**
- **La plupart des décisions n'ont pas de conséquence catastrophique et, au pire, une réelle valeur d'apprentissage.**
- **Pour les sujets complexes comme les réorganisations, nous nous efforçons de réaliser des recherches d'inspirations, des consultations des équipes, des expérimentations et des ajustements avant de généraliser.**
- **La prise de décision peut utiliser des principes agiles.**

26. https://www.youtube.com/watch?v=NZKqPoQiaDE&t=4328s&ab_channel=ReinventingOrganizations, consulté le 16 septembre 2020. Le texte a été remanié à la marge pour faciliter la lecture.

4.5 Comment nous définissons nos processus

Le simple terme de processus apparaît parfois comme un « gros mot » chez OCTO : la vision industrialisatrice dont il est porteur est souvent perçue comme un risque à notre adaptabilité et à l'autonomie des individus.

▷ Une première explication est liée au principe détaillé précédemment : la ligne de conduite « on ne manage pas pour les 3 % » porte en elle un certain scepticisme vis-à-vis de la multiplication des procédures.

▷ Cette défiance trouve aussi sa source dans nos origines : en tant qu'acteur spécialisé dans le conseil sur mesure, et recrutant des profils gourmands d'expériences nouvelles, notre capacité à répliquer *ad nauseam* des missions n'est pas notre atout premier, à part pour quelques best-sellers comme les audits ou les cadrages. Nous préférons explorer des terrains nouveaux. Or, sans répétabilité, pas de processus !

▷ Enfin, OCTO se positionne comme un fervent défenseur et praticien des méthodes agiles, lesquelles mettent l'accent sur l'adaptabilité et proposent de privilégier les « **Individus et interactions plutôt que les processus et les outils** »[27].

Cette réputation douteuse que nous attribuons aux processus est pourtant riche de contradictions, car nos modes de fonctionnement restent très « processés ». C'est d'ailleurs l'un des retours récurrents des personnes fraîchement recrutées qui soulignent la prégnance de la méthode, de la règle et de la check-list dans nos pratiques de travail.

Le paradoxe n'est pourtant qu'apparent : la règle qui prévaut chez OCTO est qu'un processus doit avant tout être une aide pour plus d'efficacité ou plus de fiabilité. Si c'est le cas, il doit être respecté. S'il

27. Le Manifeste Agile de 2001, généralement considéré comme l'acte fondateur des méthodes agiles, mentionne 4 « valeurs », dont l'une est précisément celle citée ici. https://agilemanifesto.org/, consultée le 18 mars 2019.

Un processus doit avant tout être une aide pour plus d'efficacité ou plus de fiabilité. Si c'est le cas, il doit être respecté. S'il est un frein à l'activité, tout le monde peut en proposer une amélioration.

est un frein à l'activité, tout le monde peut en proposer une amélioration.

Pour appuyer ces principes de fonctionnement, nous avons une *punchline*, « *You see it, you own it* » : « Si tu as constaté le problème, tu es responsable de sa résolution ». Cette injonction a des vertus remarquables, puisqu'elle responsabilise. Plutôt que de me plaindre de ce qui ne fonctionne pas, je peux (et je dois !) être un acteur de la résolution ou de l'amélioration. Cela suppose évidemment que l'espace de liberté soit suffisant pour la prise d'initiatives, et l'on reboucle ici avec le côté systémique des pratiques qui rendent possible l'entreprise agile.

Je ne saurais dire comment ce principe a émergé chez nous et à quelle source d'inspiration nous avons puisé, mais il est vite devenu un mot d'ordre et un mème culturel qui se transmet très spontanément.

Les rituels de l'agile sont par ailleurs une injonction permanente à l'adaptation des processus, et en particulier celui de la rétrospective : cette réunion d'une à deux heures à la fin de chaque itération du projet a précisément comme objectif de projeter l'équipe dans une démarche d'amélioration réflexive. Au dire des gourous de l'agile, les rétrospectives constituent la réunion d'équipe la plus importante, car c'est celle qui permet de structurer le processus d'amélioration et d'apprentissage. L'agile conduit ainsi à laisser la main à l'équipe sur la définition de ses modes de fonctionnement et donc de ses processus de travail. Quand vous embrassez ce type d'approches, il devient difficile de considérer que les processus sont intangibles… Cette vision organique et vitaliste qui irrigue nos processus s'apparente beaucoup à la notion de standard telle que définie dans le *lean management*, à savoir « un document qui décrit la meilleure façon connue aujourd'hui par une équipe donnée pour réaliser une opération »[28]. Si l'on découvre

28. https://blog.operaepartners.fr/2017/04/10/qu-est-ce-qu-un-standard-de-travail/, consulté le 23 septembre 2019.

un mode de fonctionnement plus efficace, on change le standard. Cela suppose qu'il est possible de s'en écarter, mais en conscience, avec un objectif d'amélioration et non pas par désinvolture ou négligence.

Notre processus de promotion des managers, décrit dans le chapitre « Comment nous décidons des augmentations de salaire et des promotions » illustre bien cette dynamique : nous modifions le mode de fonctionnement quasiment chaque année, à chaque fois pour introduire des améliorations ou des simplifications, ou pour corriger des effets pervers constatés.

> *« Si le rythme du changement à l'extérieur est plus rapide que le rythme du changement à l'intérieur, la fin est proche ».*
> *- Jack Welch*

Si l'on fait un pas de recul, la possibilité constante de remettre en question les processus semble une évidence dans une entreprise comme OCTO. Avec une croissance moyenne de 20 % par an sur 20 ans et qui approche 40 % sur les deux dernières années, « on ne se baigne jamais deux fois dans le même fleuve ». Les recettes qui fonctionnent à 20 ne sont pas toutes applicables à 100 personnes, et celles qui fonctionnent à 100 sont inopérantes à 500 ; de même, ce qui garantit le succès de missions de conseil de 50 jours n'est pas ce qui permet de fabriquer des produits digitaux de plusieurs milliers de jours.hommes en environnement distribué géographiquement. Sans compter que la vitesse de transformation d'une entreprise est en partie dictée par celle du monde extérieur, particulièrement décoiffante dans le domaine du numérique. Pour reprendre les propos, certes un peu anxiogènes, de Jack Welch : « Si le rythme du changement à l'extérieur est plus rapide que le rythme du changement à l'intérieur, la fin est proche »[29].

Un autre enjeu de notre secteur est évidemment celui de l'innovation, qui est, par définition, une déviation à la norme qui apparaît dans les zones de flou de l'entreprise.

---

29. *"If the rate of change on the outside exceeds the rate of change on the inside, the end is near."* – Jack Welch, président de General Electric de 1981 à 2001.

Bien sûr, tout n'est pas rose pour autant, et il serait fallacieux de donner l'impression que nos processus s'adaptent en permanence, de façon fluide, grâce à la bonne volonté de tout le monde, en favorisant à chaque instant une efficacité optimale. La croissance des équipes rend les adaptations plus complexes : les processus sont plus difficiles à appréhender, se spécialisent, concernent un plus grand nombre de personnes et de situations, et il devient plus difficile à la fois de les saisir et d'en comprendre les effets de bord. À titre d'exemple, on peut difficilement attendre aujourd'hui d'une jeune recrue qu'elle monte au créneau pour proposer la refonte complète du processus de promotion, et si tel était le cas, nous la considérerions sans doute comme un étranger qui ne maîtrise pas les codes de la politesse locale.

Cette perte d'agilité est renforcée par le mécanisme de paresse sociale suivant lequel « les individus tendent à diminuer les efforts qu'ils fournissent en groupe, et ce de façon proportionnelle à la taille du groupe »[30] : s'il fallait désormais compter sur le « *You see it, you own it* » pour que les lave-vaisselle soient vidés tous les matins, on ne prendrait pas souvent un café dans une tasse propre !

D'autre part, l'incitation et la liberté de tout à chacun d'améliorer les processus n'empêche pas les critiques, ni les râleries. Et si cette doctrine permet de contenir les attitudes passives agressives vis-à-vis du fonctionnement de l'entreprise, elle ne doit pas pour autant être utilisée comme une façon d'esquiver les rôles et responsabilités de chacun, notamment de la part des dirigeants.

En quelques mots

- **Dans une culture d'innovation, la notion de processus peut effrayer.**
- **Pourtant, les processus conditionnent l'efficacité face aux situations récurrentes.**
- **Mais il convient de s'assurer que le processus continue d'être utile et qu'il ne se transforme pas en ogre à nourrir. Il doit donc pouvoir être amendé et remis en cause.**
- **On se rapproche de la notion du standard dans le *lean* : la meilleure façon connue aujourd'hui pour réaliser une opération.**

30. https://fr.wikipedia.org/wiki/Paresse_sociale

Enfin, à partir du moment où l'on cherche à les industrialiser et à les piloter pour plus d'efficacité, les processus se retrouvent graduellement dans les outils informatiques et leur évolution devient alors plus difficile.

En dépit de tous ces obstacles pratiques, afficher à tous et à toutes qu'une règle, si elle n'est plus fonctionnelle, peut être amendée, ancre dans les esprits un message essentiel : à savoir qu'un processus n'est pas sacré, qu'il doit être utile et qu'il doit travailler pour nous et pas le contraire.

4.6 Pourquoi nous pensons que le geste et la technique sont importants

Au centre de la vision et de la réussite d'OCTO, il y a eu un pari un peu fou au moment de notre création qui a été de revendiquer la noblesse du geste.

Cette vision très anglo-saxonne et que nous avons empruntée aux entreprises technologiques de la Silicon Valley détonne fortement avec le cartésianisme à la française qui tend à distinguer nettement ceux et celles qui pensent de ceux et celles qui font ; la tête et les jambes en quelque sorte, qui ont certes besoin de travailler ensemble, mais dont il ne faudrait pas oublier qu'il s'agit de parties du corps séparées avec des degrés de dignité bien distincts.

En informatique, ce tropisme hexagonal conduit à dissocier la conception de la réalisation avec la rupture que l'on connaît entre les activités de maîtrise d'ouvrage et de maîtrise d'œuvre. C'est aussi ce qui conduit beaucoup d'entreprises à internaliser les fonctions « nobles » de l'informatique que sont le design, la gestion de produit (*product management*), la maîtrise d'ouvrage, le management de projet, l'architecture applicative et technique, mais à externaliser le développement, le test et plus globalement l'expertise technique.

Néanmoins, on assiste à un revirement profond de la norme dans ce domaine. La première raison est assurément la suprématie culturelle américaine.

> Ceux qui méprisent la dimension opératoire de la technologie restent sur la berge de la révolution numérique.

Par ailleurs, dans une économie de services où se multiplient les « *bullshit jobs* »[31], c'est-à-dire les emplois de bureaux sans utilité ni finalité claires,

---

31. David Graeber, *Bullshit Jobs: A Theory*, Simon & Schuster 2018, 368p.

le contact direct avec la matière, fût-elle digitale, fait office de remède. Or, écrire du code informatique - ceux qui s'y sont livrés le confirmeront - est une activité des plus satisfaisantes pour l'esprit : les états de « flow » y sont fréquents et on mesure son avancement à l'aune des fonctionnalités qui marchent.

Enfin, l'environnement économique tend à imposer sa loi : le monde dans lequel évoluent les entreprises, avec toute sa complexité et son impermanence, s'appréhende aujourd'hui rarement dans la solitude d'un bureau fermé. Les challenges actuels se relèvent le plus souvent en combinant les intelligences et en se salissant les mains, parfois avec des feutres, mais aussi avec du code. Ceux qui méprisent la dimension opératoire de la technologie restent sur la berge de la révolution numérique, incapables qu'ils sont de plonger dans ses flots bouillonnants.

> *On n'apprend pas à faire du vélo en lisant des livres ou en écoutant les conseils de son grand-père ; on apprend à faire du vélo en montant sur une selle et en se prenant des gamelles !*

La transformation digitale est comme le vélo, le tennis ou le kite surf : aussi intelligent que vous soyez, quels que soient les livres que vous ayez pu dévorer, les explications détaillées que les experts de la discipline aient pu vous partager, vos premières tentatives seront des échecs, ces mêmes échecs étant au cœur de la démarche d'apprentissage. On n'apprend pas à faire du vélo en lisant des livres ou en écoutant les conseils de son grand-père ; on apprend à faire du vélo en montant sur une selle et en se prenant des gamelles !

Ce n'est donc pas un hasard si les grandes entreprises reviennent sur plusieurs décennies d'externalisation des activités de développement logiciel et déploient à nouveau des efforts considérables pour attirer de jeunes diplômés souhaitant se consacrer au code, quitte d'ailleurs à les former elles-mêmes[32]. Reste à savoir quelles conséquences la

32. Parmi les nombreux exemples, citons Total (https://www.usinenouvelle.com/article/ce-que-total-n-a-pas-dit-sur-sa-digital-factory.N895924) et Société Générale (https://business.lesechos.fr/directions-numeriques/digital/transformation-digitale/0601250142710-societe-generale-forme-ses-developpeurs-dans-sa-propre-ecole-329722.php) – articles consultés le 14 août 2020.

coronacrise aura sur cette stratégie, mais les premiers signaux vont plutôt dans le sens d'une confirmation de tendance.

« Mettre les mains dedans » a toujours fait partie du code génétique d'OCTO. Il s'agissait au début d'une inclinaison honteuse que nous nous efforcions de dissimuler sur le mode « non, non, nous, nous ne faisons que du conseil ». Puis la montée en puissance de l'agile, qui floute les frontières entre les spécialités au sein d'une même équipe, nous a donné la confiance nécessaire à notre coming out, jusqu'à afficher clairement et fièrement le développement de produits logiciels comme l'une de nos offres de services principales à partir de 2009.

Au-delà de ses vertus antidépressives et pédagogiques, le geste est également capable de façonner nos systèmes de croyance, et c'est sans doute là que réside sa plus grande puissance. La conviction souvent solidement ancrée chez chacun de nous que toutes nos décisions sont raisonnées et que nos actions sont dictées par des valeurs et des certitudes stables dans le temps, est, si l'on en croit la science, une fable que se raconte notre propre cerveau pour se donner l'impression d'être maître chez lui.

Selon le concept de « dissonance cognitive » introduit par le psychosociologue américain Leon Festinger en 1957[33], le phénomène inverse est très souvent à l'œuvre : nos gestes contribuent largement à définir ce que nous sommes, notre cerveau cherchant à diminuer l'inconfort par l'alignement de nos croyances avec nos actes.

Les expériences en neuroscience et en psychologie sociale qui illustrent ces mécanismes ne manquent pas ; en voici un exemple à la fois perturbant et amusant. Un expérimentateur demande à quelqu'un de choisir, sur deux photos, la personne qu'il ou elle trouve la plus attirante. Ce choix étant fait, l'expérimentateur tend à ce cobaye la photo choisie et lui demande de justifier son choix. Celui-ci se retrouve alors à expliquer les critères objectifs qui l'ont conduit à retenir cette personne. Mais il se trouve que l'expérimentateur a des talents d'illusionniste et a en réalité tendu la photo que le sujet n'a pas choisie ! Pourtant 80 % des cobayes ne se rendent compte de rien et

33. Festinger, L. (1957) *A Theory of Cognitive Dissonance.* California: Stanford University Press.

défendent avec beaucoup d'aplomb la pertinence de leur « choix ». La BBC a publié une vidéo courte et troublante de la reproduction de cette expérience qui mérite le visionnage[34].

Le modèle ci-dessous résume parfaitement ce cycle : nos modèles mentaux orientent nos actions et nos actions structurent à leur tour nos systèmes de croyance dans une boucle permanente :

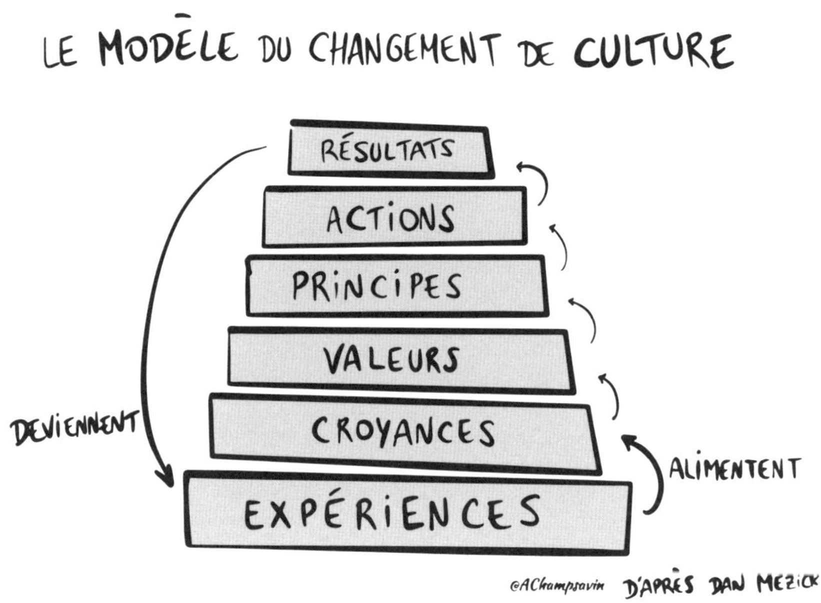

D'après Dan Mezick, *The Culture Game: Tools for the Agile Manager*, FreeStanding Press, 2012. © 2013 Scrum WithStyle.

Même si ces concepts sont un peu loin de notre métier originel d'informaticiens, nous avons eu très vite l'intuition de la prééminence du geste.

Cela se manifeste notamment dans notre mise en œuvre des méthodes agiles. Au fil des ans, nous sommes passés d'une posture très prosélyte avec la volonté de gagner nos interlocuteurs par notre force de conviction, à une attitude plus centrée sur une démarche de

34. https://www.youtube.com/watch?v=wRqyw-EwgTk&list=FLp2iI0xcJ29jET9vwKIlqHQ, consultée le 5 février 2020.

collaboration sans nécessairement citer le nom des méthodes que nous mettions en œuvre, sauf demande explicite de nos clients. Nous avons constaté que bien souvent le plaisir de « faire ensemble » de façon efficace et humaine dissout rapidement tout besoin d'argumentation. Les personnes qui restent les plus résistantes à l'agile sont bien souvent celles qui refusent de tester des façons de faire autres que celles avec lesquelles elles se sont construites professionnellement.

En synthèse, c'est par le geste que l'on apprend, que l'on s'accomplit, que l'on transmet et que l'on change, et l'enjeu est fort pour les entreprises de prendre acte de cette dimension opératoire.

En quelques mots

- **Le geste est à la fois un vecteur d'accomplissement, un antidépresseur et un puissant outil de changement.**
- **En modifiant les gestes, on influe sur une culture plus sûrement que par l'argumentation.**
- **L'activité de développement s'ancre dans cette dimension du « faire » et nombreuses sont les entreprises qui le redécouvrent.**

4.7 Comment nous choisissons nos outils

Dans notre métier de conseil et de production de logiciel, le choix des outils est un sujet clé.

Nous utilisons de fait trois principaux types d'outils :

▷ Du *hardware* : il s'agit principalement de nos ordinateurs de travail, nos smartphones et l'on pourrait également classer dans cette catégorie les infrastructures cloud, c'est-à-dire les centres de traitements comme ceux d'Amazon ou de Microsoft, auxquels nous avons recours.

▷ Du *software* : soit tous les logiciels que nous utilisons pour travailler et être efficaces au quotidien et en particulier pour collaborer et pour produire du code.

▷ Des outils conceptuels : dans cette catégorie se trouvent les modèles, les grilles, les démarches, qui relèvent pour leur part plutôt de notre activité de conseil.

Notre parti pris historique chez OCTO a presque toujours été une grande libéralité quant au choix de tous ces outils par les collaborateurs et collaboratrices de l'entreprise.

Deux grands principes ont présidé à cette approche.

▷ **Le premier est d'offrir des conditions matérielles aussi irréprochables que possible**, avec en particulier des ordinateurs au top de la puissance : c'est le principal outil de travail dans nos métiers, et si vous gagnez quelques secondes chaque fois que vous exécutez vos tests unitaires sur votre code, les bénéfices en fin de journée en termes de temps d'attente et surtout de focalisation de l'attention sont immédiats. Il y a évidemment derrière tout cela des contraintes économiques, et même désormais environnementales (le renouvellement de matériel étant une source majeure de pollution et d'émission de gaz à effet de serre) : nous serions ravis que tout le monde ait en permanence des machines dernier cri, mais cela est difficilement envisageable. Ce principe n'a pas toujours été en vigueur chez OCTO : pendant plusieurs années, en termes d'ordinateurs portables, un seul choix était possible, un PC Dell sous Windows de puissance moyenne. Mais les temps ont progressivement changé. Les Mac sont devenus tendance et nous avons eu de plus en plus de revendications pour ajouter ce matériel à notre catalogue. Avec la montée en puissance de l'Open Source et des systèmes Linux/Unix, MacOS est également devenu un OS plus adapté que Windows pour le développement professionnel dans les environnements ouverts. Nous avons donc officiellement ouvert la porte aux Mac et cela a été un raz-de-marée jusqu'à devenir la machine majoritaire dans notre parc. Pour des raisons de support et de capacité à fournir rapidement une machine de remplacement, nous limitons certes les possibilités de choix à quelques configurations-types sous MacOS ou Windows, mais il n'y a probablement pas grand-chose à redire à la palette d'options proposées.

Le second principe qui nous tient à cœur consiste à prendre acte du fait que, pour les outils logiciels, l'usage précède la norme. Notre histoire est parsemée de superbes initiatives de généralisation d'outils qui se sont brisées sur un écueil tout bête : ce que les personnes font réellement au quotidien. Finalement, ce principe est très proche de notre vision du standard que nous avons évoquée plus haut, comme étant « la meilleure façon connue à date pour réaliser une action ».

> *Pour les outils logiciels, l'usage précède la norme.*

Notre passage d'Exchange à Google Apps vers 2006 est à cet égard éloquent : il a eu lieu suite à l'initiative de quelques personnes qui ont voulu tester cette plateforme pendant plusieurs mois et qui ont fini par convaincre l'entreprise de basculer complètement vers les outils de Google. Comme tout changement, celui-ci a eu ses détracteurs au début et même quelques irréductibles, mais la généralisation précoce de la suite de Google a véritablement révolutionné nos façons de travailler. Nous avons aujourd'hui des pratiques de collaboration nées des possibilités de l'outil et notamment la capacité à interagir à plusieurs et de façon performante, stable et fluide sur le même document.

Laisser le choix des outils au gens du terrain est un marqueur fort de la culture agile / digitale. Il participe parfaitement du mouvement dit

« *software craftsmanship* » qui prône le côté artisanal du développement logiciel. En effet, par nature, le développement s'apparente plus à une activité créative telle que l'artisanat ou même l'art qu'à un processus industriel auquel il est pourtant souvent comparé : on n'écrit jamais deux fois le même code. Or, le propre des artisans est précisément de façonner ou à défaut de choisir leurs propres outils. Et ce n'est sans doute pas un hasard si on retrouve cette orientation chez la plupart des Géants du Web, comme Netflix[35], ou encore Amazon[36].

Bien que nous soyons des technologues, consommateurs et prescripteurs d'outils, nous avons la conscience aiguë que l'outil seul est rarement la bonne solution et nous pouvons le constater tous les jours chez nos clients. Culture et outillage co-évoluent constamment et, avec les bonnes orientations, cela peut se faire pour plus d'efficacité. Mais si l'écart entre les deux est trop important, l'échec est assuré : un ordinateur portable ne permet pas plus de chasser le mammouth qu'un biface n'aide à coder.

Chez OCTO, cette approche est confrontée aujourd'hui à deux défis :

- Le premier est celui qui se pose à toute entreprise. Laisser une liberté totale de choix d'outils à tous les collaborateurs pose la question de la sécurité : dans un monde où le niveau de cyber-menace ne cesse d'augmenter, comment garantir que les pratiques individuelles n'ouvrent pas la porte en grand à des actions malveillantes ? Zoom, dont le succès a été consacré par les confinements liés à la Covid-19, l'a parfaitement illustré : son ergonomie et ses fonctionnalités lui ont assuré un succès rapide, y compris dans les marges de l'entreprise, jusqu'à ce que certains remettent en doute sa sécurité et son respect de la vie privée, deux défauts semble-t-il rapidement corrigés.

---

35. Adrian Cockroft, à l'époque *Cloud Architect* de Netflix écrit ainsi sur son blog un billet « *How Netflix gets out of the way of innovation* » avec ce passage lumineux : « *Who has a single standard for development tools? We don't. We assume developers already know how to make themselves productive. We provide some common patterns to get new hires started, like Eclipse, IntelliJ, on Mac, Windows. Some people use Emacs on Linux. Hire experienced engineers who care, and they will take care of code quality and standards without being told how to.* » – http://perfcap.blogspot.com/2011/12/how-netflix-gets-out-of-way-of.html consulté le 30 avril 2019.

36. Werner Vogel déclare dans une interview à ACM queue : « *Developers of our services can use any tools they see fit to build their services. Developers themselves know best which tools make them most productive and which tools are right for the job. If that means using C++, then so be it. Whatever tools are necessary, we provide them, and then get the hell out of the way of the developers so that they can do their jobs.* » - https://queue.acm.org/detail.cfm?id=1142065, consulté le 30 avril 2019.

▷ Le deuxième défi consiste à faire exister cette culture *craftsmanship* au sein d'un groupe qui a une vision plus industrielle du développement, qui est très sensible au risque et qui a une politique de normalisation des outils à l'échelle mondiale, à la fois pour des questions de sécurité, mais aussi pour des raisons économiques.

Le curseur sur ces sujets devient donc difficile à positionner, mais je garde la conviction profonde qu'attirer des professionnels de haut niveau en leur permettant d'être performants, nécessite de leur laisser une grande part de liberté dans le choix de leur outillage.

En quelques mots

- **Les vrais professionnels savent avec quels outils ils sont performants.**
- **L'usage précède la norme : attention à laisser de la liberté pour que de nouveaux outils et usages innovants puissent émerger.**
- **L'outil façonne l'usage et réciproquement ; les outils sont adaptés à une culture et réciproquement.**
- **Les enjeux de sécurité et de standardisation sont à prendre en compte, mais sans perdre de vue les usages.**

4.8 Comment (nous essayons) d'encourager les initiatives et l'innovation

Utiliser la créativité et l'intelligence des collaborateurs pour favoriser l'innovation est probablement le Graal de l'entreprise moderne. Dans l'économie de la connaissance, les salariés sont bien formés, connectés au reste du monde tout en étant en première ligne sur le terrain. Il serait donc regrettable de ne pas profiter de ces atouts. Et il est à noter que les entreprises ne recrutent plus des talents pour leurs qualités physiques comme il y a un siècle, mais majoritairement pour leurs compétences intellectuelles : on recherche moins de bras et plus de cerveaux. Or, la meilleure façon de frustrer et de démotiver quelqu'un qui a été recruté pour ses capacités cognitives, est précisément de ne pas prendre en considération ses idées et sa créativité.

Les recettes pour capter cette richesse potentielle reprennent très largement certains principes évoqués précédemment. Parmi ceux-ci :

- **Un sens bien affirmé.** L'innovation est source de désordre. Pour assurer autant que possible que le mouvement brownien aille dans la bonne direction, il est utile que tout le monde ait cette direction en tête.
- **Le droit à l'erreur.** S'il ne fallait conserver qu'une seule recette pour l'entreprise agile, ce serait sans doute celle-là car, avec l'amélioration continue, elle est le moteur de tout changement et donc de toute innovation dans l'entreprise.
- **Des processus sans lourdeur excessive** et qui prévoient les conditions de leur propre amendement. L'innovation étant par définition ce qui ne rentre pas dans le cadre et ne colle pas avec les habitudes, plus il y a de processus inutiles, moins le terreau est fertile à l'apparition de l'inattendu.

À cette liste, ajoutons un principe non encore évoqué : **l'innovation vient de la marge.** Son épanouissement se nourrit beaucoup de la

> *Les entreprises ne recrutent plus des talents pour leurs qualités physiques comme il y a un siècle, mais majoritairement pour leurs compétences intellectuelles : on recherche moins de bras et plus de cerveaux.*

diversité (de genre, de culture, de milieux sociaux, de parcours de formation), des courants alternatifs, des expérimentations, des tentatives mal cadrées et des discussions de café. Il est donc nécessaire qu'il y ait du jeu dans le système, a tous les sens du terme, c'est-à-dire des espaces non remplis (le « slack »), mais aussi un rejet de l'esprit de sérieux. Évidemment, il ne faut pas confondre zone grise et ligne jaune et il convient que les initiatives s'inscrivent à la fois dans le cadre légal et le cadre éthique de l'entreprise, mais comme précisé par ailleurs, le réflexe naturel des organisations est souvent de trop tirer sur la laisse plutôt que de la laisser filer.

Pour permettre l'existence de cette zone grise et encourager ainsi l'initiative, nous avons, chez OCTO, ancré quelques habitudes. La plus notable est sans doute la règle des 10 jours.hommes : c'est globalement le temps sur l'année que quelqu'un peut consacrer à un sujet de façon discrétionnaire et donc sans devoir le justifier. Il ne s'agit pas pour autant d'un chèque en blanc : le sujet doit être lié d'une façon ou d'une autre aux activités de l'entreprise et il est préférable qu'il donne lieu à une réalisation concrète – fût-ce une présentation le midi en BBL – qui matérialise le temps passé. Mais en tout cas, aucune validation formelle n'est nécessaire.

Malgré l'importance de l'innovation pour la plupart des entreprises aujourd'hui, il s'agit d'un exercice difficile et les parenthèses dans le titre sont là pour le rappeler ! Notre succès sur cette thématique est d'ailleurs contrasté, le chapitre « Comment nous sommes capables de tuer l'innovation » est là pour en témoigner.

En quelques mots

- **Mobiliser les qualités des employés pour innover est un facteur de succès.**
- **Le sens et le droit à l'erreur sont des ingrédients, la diversité est un catalyseur.**
- **Pour que l'innovation émerge, il faut en plus ménager des espaces de liberté.**

4.9 Comment nous partageons l'information en interne

Chez OCTO, nous avons fait le pari d'une grande transparence de l'information : à partir du moment où les membres de l'entreprise jouissent d'une large marge de manœuvre, la transparence est, avec le sens, un outil indispensable pour guider les contributions de chacun.

La meilleure illustration de ce principe est sans doute Octopod, notre logiciel de gestion, que nous avons développé nous-mêmes. Il permet la saisie des temps passés sur les activités et les missions, le suivi des projets et la facturation, ce qui en fait un outil central pour la gestion et le pilotage de notre activité. Or, Octopod ne comporte aucun contrôle d'habilitation : il est sécurisé en ce sens où il faut être salarié OCTO pour l'utiliser, mais une fois cette condition remplie, tout le monde a accès à toutes les informations stockées. Loin d'être anecdotique, cela recouvre toutes les informations économiques sur toutes les missions et projets, avec les personnes qui travaillent sur chaque dossier, les prix de vente de ces affaires, les taux journaliers profil par profil, les dépassements éventuels et les notes de satisfaction des consultants et consultantes sur les missions ; oui, oui, tout le monde dans l'entreprise peut avoir accès à l'information que votre projet se passe bien… ou mal ! #droitàlerreur. On y retrouve également les saisies de notes de frais de tous les Octos.

Nous allons même un cran plus loin en rendant toutes ces données disponibles par APIs[37], ce qui permet à tout un chacun de les exploiter pour les usages qu'il souhaite. Certains les ont utilisés pour construire des outils de pilotage de projets agiles en s'appuyant sur la saisie des temps passés, d'autres des algorithmes de prédiction de risque de dépassement des missions en fonction du client. Des tests ont été

37. Pour *Application Programming Interface*. Il s'agit d'un ensemble de technologies et de pratiques qui permettent d'exposer au monde extérieur les services rendus par un logiciel.

faits pour anticiper les démissions des consultants, mais nous insistons désormais sur le fait que ces expérimentations soient en accord avec la réglementation RGPD.

Il y a quelques risques et effets pervers à cette ouverture, mais les effets bénéfiques nous semblent largement prévaloir sur les conséquences négatives.

Notre politique de transparence et d'ouverture des informations ne se limite évidemment pas à Octopod. Parmi les autres exemples notables, chaque fois que nous organisons un sondage de type *Great Place To Work* ou *True Place To Work*[38], tous les résultats - certes anonymisés - sont rendus disponibles à l'ensemble de la communauté. Quand il s'agit par exemple de rendre public le résultat que 50 % des salariés de l'entreprise ont imaginé démissionner dans 6 derniers mois, cela impose de prendre une grande respiration et de faire preuve de beaucoup de lâcher-prise.

Mais cette culture tend à percoler également dans les pratiques quotidiennes des individus. Il y a ainsi chez OCTO une grande proportion de personnes qui ouvrent leur calendrier, partageant ainsi en toute transparence et à toute la communauté leur emploi du temps heure par heure. J'ai, pour ma part, opté pour un choix moins radical : seules les personnes que je manage en direct ont accès aux détails de mon agenda. Cela me contraindrait sinon à jongler avec les intitulés de mes rendez-vous pour respecter un devoir de confidentialité sur certains sujets, notamment des dossiers RH un peu délicats. Mais peut-être s'agit-il là encore d'une de mes limites. En tout cas, j'ai le sentiment que nous évitons aussi l'écueil de la dictature de la transparence, car sur ce type de comportements, tout le monde a la liberté de fixer la jauge qui lui convient.

Le Principe de Transparence qui figure parmi les 7 principes de la sociocratie 3.0 : « Make all information accessible to everyone in an organization, unless there is a reason for confidentiality. ».

38. Évoqué dans le chapitre « Comment nous sommes organisés ».

Dans notre relation à la diffusion de l'information, j'ai pris conscience récemment que nous ne faisions, en somme, qu'appliquer de façon plus ou moins formelle le **Principe de Transparence** qui figure parmi les 7 principes de la sociocratie 3.0 : « *Make all information accessible to everyone in an organization, unless there is a reason for confidentiality* ».

Malgré tout, nous fixons certaines limites, au moins sur trois thèmes, qu'il est intéressant de détailler ici.

- **Le premier thème porte évidemment sur les contraintes imposées par la loi.** Dans une société cotée, comme l'était OCTO avant de rejoindre Accenture et comme l'est Accenture aujourd'hui, il est interdit de fournir aux salariés des informations sur les résultats financiers ou sur la stratégie de l'entreprise qui pourraient leur donner une primeur par rapport aux investisseurs sur les marchés. On peut le déplorer, mais c'est la loi… L'obligation de confidentialité autour des informations financières n'est pas la seule contrainte légale : la réglementation européenne RGPD, qui protège les données personnelles, notamment celles des salariés, et dont le cadre d'interprétation reste aujourd'hui très large, risque de limiter fortement le champ d'application du principe de transparence des entreprises agiles.
- **Le second thème porte sur la transparence des instances de direction** et notamment des discussions qui s'y tiennent. Nous avons essayé plusieurs formules pour ouvrir et démystifier ces rituels, sans jamais réussir à trouver quelque chose de véritablement satisfaisant. Une première tentative a consisté à accueillir à chaque comité de direction une « *guest star* », ayant candidaté sur une liste ouverte. En contrepartie de sa participation, celle-ci avait la responsabilité de rédiger le compte-rendu de la réunion. Au bout d'environ un an, cette formule a été abandonnée car elle nécessitait un peu trop de logistique, et certaines « *guest stars* » avaient le sentiment, légitime ou non, d'être renvoyées à une position subalterne en écopant de la responsabilité du compte-rendu sans pouvoir prendre part aux débats. Nous avons ensuite tenté de publier systématiquement par mail tous les comptes-rendus de ces instances. Mais comme des situations individuelles étaient parfois évoquées, il nous semblait

important d'expurger le compte-rendu de ces mentions, d'où une charge supplémentaire liée à ce « double suivi ». Par ailleurs, certaines formulations un peu laconiques pouvaient donner corps aux rumeurs les plus folles lorsqu'elles se retrouvaient dans un mail dénué de tout le contexte de la discussion. Cela nous imposait de retravailler ces comptes-rendus dans l'optique d'éviter toute polémique… jusqu'à les rendre tellement politiquement corrects qu'ils en venaient à alimenter les ragots récurrents sur la vacuité des instances dirigeantes ou sur le manque de transparence. Ces différents déboires nous ont conduits à arrêter l'expérience. Consacrer plus d'efforts pour recevoir en contrepartie plus de coups et pas plus d'encouragements ne nous a pas semblé la meilleure utilisation de notre énergie.

Twitter, à un moment donné, se targuait de consigner les comptes-rendus de toutes les réunions tenues entre ses murs et de les mettre à disposition de tous les membres de l'entreprise. Est-ce que ce principe a perduré, et si oui comment a-t-il été concilié avec les règles de confidentialité imposées aux entreprises cotées ? Je l'ignore. En ce qui nous concerne, je ne sais pas si nous irons aussi loin, mais je suis convaincu que nous finirons par trouver un moyen d'ouvrir plus largement la gouvernance d'OCTO, sans doute en nous inspirant de la notion de « *rep link* »[39] que l'on trouve dans la sociocratie.

Le troisième sujet sur lequel nous n'avons pas fait le grand saut de la transparence est celui des rémunérations. À un moment donné, nous avons pourtant très sérieusement envisagé cette idée, en allant jusqu'à consulter l'ensemble des Octos. Avec environ les deux tiers de l'effectif en faveur des « salaires ouverts », nous n'étions pas loin du plébiscite, même si les positions étaient, à y regarder de près, assez tranchées. Au dernier moment, nous avons cependant refusé l'obstacle. Tout d'abord parce que notre filiale suisse d'une dizaine de personnes avait sauté le pas auparavant avec un bilan

> *La transparence des rémunérations est une sorte de totem symbolique d'un stade supérieur de maturité des organisations.*

39. Ou second lien, en français. Il s'agit d'un rôle électif qui permet à un sous-cercle d'avoir ses intérêts représentés au sein d'un cercle.

finalement positif, mais après une forte période de perturbations. L'autre raison était ce fameux biais de supériorité illusoire, bien connu des psychologues[40]. Nous avons craint qu'une dynamique de ce type s'installe avec le risque d'obliger les managers à passer des heures en explications et justifications. Je garde malgré tout le sentiment que la transparence des rémunérations est une sorte de totem symbolique d'un stade supérieur de maturité des organisations. Un stade atteint par exemple par la société Buffer[41]qui publie d'ailleurs sur son site web la formule mathématique qui permet de calculer le salaire auquel chacun est éligible. Ce type de principe a même été mis en place à l'échelle de tout un pays, puisqu'en Finlande tout le monde peut consulter l'avis fiscal (et donc la rémunération !) de n'importe qui, mais le simple fait de demander cette information est lui aussi public. Ce mécanisme de transparence qui engage à la responsabilité constitue aussi une belle inspiration de ce qui pourrait être fait en entreprise.

En dépit des 3 limites que nous venons d'évoquer, la transparence demeure une vertu cardinale d'OCTO. On pourrait imaginer que dans un tel système, où l'information est très largement ouverte et accessible, les rumeurs sur l'entreprise n'ont plus de fondements. Mais il n'en n'est rien ! Il suffit qu'une information ne soit pas spontanément accessible pour alimenter les interprétations les plus complotistes. Le management a sa part de responsabilité : le fait que tout soit ouvert pousse à un certain relâchement sur le volet de la communication active. Il s'agit pourtant d'un mauvais calcul : selon un adage du management, « chaque personne a tendance à remplir tout déficit de communication par du négatif ». Et mon expérience personnelle valide parfaitement ce précepte. Selon Yuval Noah Harari, l'auteur de Sapiens[42], le « *gossip* » a été un moteur de la révolution cognitive qui a assuré à Homo Sapiens son succès évolutionniste : en permettant de construire des liens et d'en tester en permanence la solidité, les commérages auraient permis

40. Par exemple, dans une expérience réalisée en 2000, les étudiants en MBA de l'Université de Stanford étaient 87 % à évaluer leurs performances académiques au-dessus de la médiane du groupe : la majorité des individus se considèrent ainsi supérieurs à la moyenne, ce qui est évidemment aporétique ! https://fr.wikipedia.org/wiki/Sup%C3%A9riorit%C3%A9_illusoire

41. https://buffer.com/salary/product-designer/average/ - consulté le 19 février 2019. Vous pouvez même connaître le salaire du CEO, même si on touche ici les limites de la transparence, car pour un créateur de start-up, le gain en salaire peut être anecdotique en regard de ce que représente le capital.

42. *Sapiens: A Brief History of Humankind.* Vintage 2013 - 512p.

à un grand nombre d'individus de créer des coopérations souples. Harari y voit d'ailleurs les racines du *storytelling* dont l'importance est reconnue dans la création de sens. Rien de plus humain donc que la rumeur, et tous les efforts qui peuvent être mis sur la transparence ne suffiront sans doute pas à arrêter sa course !

En quelques mots

- **La transparence est un trait culturel fort d'OCTO.**
- **Nous appliquons le principe sociocratique : « *Make all information accessible to everyone in an organization, unless there is a reason for confidentiality* ».**
- **L'ouverture de l'information, couplée au sens, donne à chacun la possibilité de contribuer du mieux possible à l'entreprise.**

4.10 Comment nous partageons nos savoirs au sein de l'entreprise

Cette section est l'occasion d'évoquer l'une des caractéristiques les plus étonnantes d'une entreprise agile comme OCTO : la fluidité remarquable avec laquelle tout le monde partage spontanément ses connaissances et ses savoir-faire avec le reste de la communauté.

> L'information est horizontale, appartient à tout le monde, les canaux de communication sont ouverts et visibles et permettent à qui le souhaite de prendre la parole.

Nous avons réussi à installer une culture dans laquelle la connaissance n'est aucunement un enjeu de pouvoir et où ceux qui contribuent à sa circulation en partageant leurs trucs et astuces, leurs découvertes ou leurs plus belles réalisations, bénéficient de la reconnaissance de leurs pairs. En somme, l'information est horizontale, appartient à tout le monde, les canaux de communication sont ouverts et visibles et permettent à qui le souhaite de prendre la parole.

Parmi les totems d'OCTO, on trouve ainsi les BBL, pour *Brown Bag Lunch*. Ce sigle venu des États-Unis décrit des rencontres qui se tiennent le midi et où chacun apporte son « sac brun » pour déjeuner pendant la réunion. Il s'agit d'une pratique extrêmement répandue chez OCTO. En période pré-Covid, presque toutes les salles de réunion de notre siège étaient consacrées à ce rituel. N'importe qui dans l'entreprise peut ainsi librement réserver une salle et proposer un thème d'échange à l'ensemble de la communauté. Il peut s'agir d'un rendez-vous ponctuel ou récurrent, le plus souvent ouvert à toutes et à tous et rendu visible par une communication sur listes de diffusion et par l'inscription du créneau dans l'agenda public des événements d'OCTO. « Les gens votent avec leurs pieds », selon une expression consacrée chez nous, c'est-à-dire que si le BBL suscite suffisamment d'intérêt il aura lieu, et disparaîtra dans le cas contraire. La concurrence sur un même créneau de déjeuner peut être rude avec parfois quatre salles en parallèle ! Les sujets sont majoritairement professionnels et portent sur des partages de découvertes, de réalisations, de bonnes pratiques, des lectures guidées de livres emblématiques de notre secteur… Il peut aussi s'agir de sessions d'exploration en groupe d'un nouveau sujet technologique (on parle alors de WTF pour « *What The Fuck* »), de tutoriels pour sensibiliser à une technologie, ou encore de *Lean Coffees*[43] thématiques dont l'ordre du jour est alimenté par les questions des participants. Les thèmes abordés peuvent aussi déborder des considérations professionnelles immédiates ; il y a ainsi eu des BBL ponctuels sur « Comment se préparer à un Iron Man », « L'hypnose », « Comment gagner les championnats de France de lecture rapide », et de plus en plus souvent des sujets liés aux comportements écologiques, « Faire ses produits d'entretien soi-même », « Les lombri-composteurs », etc. Ces sujets qui peuvent paraître secondaires sont aussi un fantastique moyen de créer du lien et de consolider des communautés. Je suis par ailleurs convaincu que les BBLs abordant l'écologie ne sont pas étrangers à la prise de conscience extrêmement rapide qui s'est opérée chez OCTO sur les sujets du développement durable. Ces rencontres à l'heure du déjeuner sont donc aussi un vecteur inestimable de sérendipité !

Les BBL ont plutôt bien résisté au confinement et au travail à distance en migrant assez naturellement vers la visioconférence : ils ont même certainement joué un rôle-clé dans la réintroduction d'un peu de sociabilité dans nos vies professionnelles devenues bien sèches pendant ces périodes troublées. Il est d'ailleurs probable que ces habitudes distancielles perdurent et permettent d'intégrer plus facilement ceux qui ne pouvaient pas être présents physiquement. Les horaires évoluent également ; le moment du déjeuner devient une pause de plus en plus sacrée, notamment pour les parents, et certains BBL se décalent donc en fin de journée. Mais l'alchimie des BBLs réside précisément dans leur dynamique complètement auto-organisée.

---

43. https://medium.com/agile-outside-the-box/lean-coffee-facilitator-s-guide-d79d9f13d0a9, consulté le 11 janvier 2021.

- **Les BOFs** constituent, quant à elles, un instrument de partage plus piloté. Il s'agit encore une fois d'un acronyme américain pour *Birds of a Feather*, image poétique issue d'un proverbe américain que l'on pourrait traduire par « Qui se ressemble s'assemble ». Chez OCTO cela prend la forme d'une après-midi par mois consacrée à des présentations d'environ une heure sur un thème technologique, méthodologique ou un retour d'expérience. C'est en soi un format un peu plus cadré que les BBLs, la présentation est filmée et mise à disposition sur notre Intranet. Avec la croissance, les BOFs, qui étaient initialement un rendez-vous obligé de toute l'entreprise, puis progressivement sont devenues un peu plus à la carte, tendent désormais à être concurrencées par des événements et des présentations au sein des équipes elles-mêmes, à tel point que cette institution d'OCTO pourrait d'ici quelques années être supplantée par d'autres formules.

- **Une troisième pratique mise en œuvre chez OCTO pour favoriser la circulation des savoir-faire est celle des « Vis ma vie »** : n'importe qui peut demander à partager pendant un ou deux jours le quotidien d'une autre personne sur son projet ou sur une mission pour découvrir une activité, un sujet, une technologie. Quand la durée est plus importante, on parle de *shadowing*, qui relève alors plus de la montée en compétence ou de la formation. Nous avons fait en sorte que les « Vis ma vie » puissent se faire aussi simplement, naturellement et informellement que possible. Il faut avouer que les différentes règles de sécurité, de confidentialité, d'équipement liées à la fois à la réglementation et aux exigences de nos clients complexifient de plus en plus leur mise en œuvre, mais la pratique perdure, notamment sur les animations d'ateliers.

> N'importe qui peut demander à partager un ou deux jours le quotidien d'une autre personne sur son projet ou sur une mission pour découvrir une activité, un sujet, une technologie.

- **Enfin, un dernier vecteur important d'échanges réside dans nos mailing lists thématiques.** Pour aussi désuet que cela puisse paraître à l'ère des réseaux sociaux, nos listes de diffusion n'en restent pas moins, chez OCTO, la clé de voûte du partage de connaissance et de l'entraide. C'est là que nous partageons spontanément les découvertes qui peuvent être utiles à la communauté. Elles servent aussi à soumettre les brouillons de posts de blog à la critique et aux propositions d'amélioration des pairs en mode *Perfection Game*[44]. Et surtout, elles sont utilisées comme support des demandes d'aide, que nous appelons AFH (pour *Ask For Help*) : chaque personne qui bute sur un problème ou cherche une référence, peut soumettre son sujet à la communauté avec la quasi-garantie que dans les quelques heures qui suivent, d'autres lui viendront en aide avec des réponses de qualité, visibles par tous et archivées. Autant le concept d'intelligence collective peut parfois être galvaudé, autant il prend tout son sens quand on observe le fonctionnement impressionnant de nos mailing lists. Un consultant faisait parfois la démonstration de cette magie lors des réunions d'avant-vente : au début du rendez-vous, il soumettait l'une des questions techniques du client à la communauté et obtenait généralement la réponse avant la fin de la réunion, avec l'effet que l'on peut imaginer sur nos interlocuteurs.

L'un des ressorts de la dynamique générale de partage est évidemment la transparence de l'information mentionnée dans la section précédente. Le fait que la curiosité et la solidarité fassent partie des valeurs affichées n'y est pas non plus étranger. En tout cas, je reste fasciné par ce cercle vertueux qui s'est enclenché chez OCTO, dont la valeur est inestimable et s'évaporerait si l'on voulait la mesurer, la contrôler ou la procéduraliser. Il s'agit d'une parfaite illustration des mécanismes de don et contre-don mis en lumière par l'anthropologue Marcel Mauss et qui, en renforçant puissamment les liens sociaux, contribuent à forger de solides communautés.

En quelques mots

- **Chez OCTO, ce n'est pas la détention mais la circulation de l'information qui est un enjeu de pouvoir.**
- **L'accès aux canaux de communication est très libre.**
- **Beaucoup de rituels existent pour favoriser le partage d'expériences et d'informations (professionnelles ou non).**
- **Le partage a une valeur inestimable mais prend du temps et défie la mesure : c'est un pari !**

44. Ce protocole consiste à faire une critique positive d'une réalisation en en soulignant les qualités et de proposer des pistes d'amélioration concrètes sur ce qui paraît perfectible – https://medium.com/agilelab/build-healthier-teams-with-core-protocols-4b19969a2a79

4.11 Comment nous ancrons la culture

Dans *What You Do Is Who You Are*[45], Ben Horowitz, le célèbre *Venture Capitalist* de la Silicon Valley, insiste sur l'importance de la culture dans le succès des entreprises et partage quelques leçons sur la façon de construire une culture forte.

Il introduit ainsi la notion de « règles choquantes » (*shocking rules*) qui, selon lui, sont l'une des clés pour installer une empreinte culturelle puissante. Il s'agit de rituels et de pratiques frappantes qui paraissent incompréhensibles ou étranges à toute personne extérieure à l'organisation.

> **Les « règles choquantes » (shocking rules) sont l'une des clés pour installer une empreinte culturelle puissante.**

Nous avons inconsciemment exploité ce principe pour établir les fondations de notre culture : nous avons très vite installé des habitudes et des rituels, souvent empruntés à d'autres, et autant que possible avec des noms marquants ou mystérieux. Ainsi, sans entrer dans la description de chaque usage – certains ayant été évoqués dans d'autres chapitres - nous parlons de BBLs, de boîtes à meuh, de *Perfection Games*, d'Intention Checks, de Deciders, d'Open Mercato, de ROTIs, mais nous utilisons aussi des expressions imagées pour certains principes : « *You see it, you own it* », « Il vaut mieux demander pardon que la permission », « AFH (pour *Ask For Help*) », « On ne manage pas pour les 3 % »... cette liste ne cessant de s'étoffer et ayant même tendance à se décliner à des échelles plus locales.

Ces marqueurs sociaux ne simplifient sans doute pas l'effort d'intégration des nouveaux arrivants dans l'entreprise, mais pour reprendre les propos de Horowitz, « pour construire quelque chose d'unique sur le marché, vous devez commencer par construire quelque

45. William Collins - octobre 2019 – 288p.

chose d'unique en interne » et si les observateurs extérieurs ont le sentiment de se retrouver dans une tribu bizarre, c'est sans doute bon signe.

Il est intéressant de noter que les méthodes agiles viennent elles aussi avec leur jargon, leurs rituels, leurs expressions et proverbes. C'est évidemment plus ou moins le cas pour tout cadre méthodologique, mais l'agile tout comme le *lean* ont poussé cette dimension très loin, et sans doute avec la conscience que la sémantique est une composante-clé (et souvent sous-estimée) de toute transformation radicale.

En quelques mots

La culture passe par des totems : les rites, les noms en font partie.

4.12 Comment nous défendons nos convictions

Nous avons l'énergie des prosélytes : nous pensons que la technologie ne relève pas de l'intendance, mais qu'au contraire, sa place naturelle est au centre des préoccupations des organisations.

Nous sommes convaincus qu'elle est plus que jamais un enjeu important et sérieux, susceptible de faire et défaire les entreprises, et même la société civile dans son ensemble[46]. Par conséquent, nous croyons que la technologie et la façon de la mettre en œuvre doivent désormais s'accompagner d'une éthique professionnelle réelle : faire les bonnes choses (*doing the right things*) et les faire bien (*doing things right*), veiller à l'utilité, à la frugalité, à l'efficacité, à la durabilité, à la robustesse, à la sécurité des systèmes, s'assurer du respect des utilisateurs, des concepteurs et des réalisateurs, veiller à l'absence de biais, à l'accessibilité, toutes ces dimensions sont autant de préoccupations qui incombent aujourd'hui à tous les acteurs d'un produit numérique, y compris, bien sûr, aux développeurs, qui sont ceux qui en dernier ressort matérialisent ces considérations dans le vrai code exécuté.

La conscience de notre pouvoir et de la responsabilité qui va avec nous a conduits à afficher nos convictions et à les mettre en avant auprès de nos clients. Notre manifeste partagé dans le chapitre « Comment nous créons du sens » est évidemment l'illustration la plus emblématique de cette volonté, mais ce trait de caractère a émergé très tôt dans l'histoire de l'entreprise. Dès nos premiers livres blancs, nous émettions des avis sur des technologies ou des approches qui nous paraissaient pertinentes ou non. Et aussi geeks que nous soyons, nous avons toujours gardé une certaine distance vis-à-vis du solutionnisme technologique des éditeurs (« Non, l'achat de cette licence logicielle ne va pas résoudre tous les problèmes de votre SI ! »). Nous avons

46. Les débats de plus en plus fréquents sur les algorithmes favorisant les comportements addictifs et la propagation de thèses complotistes sont là pour le rappeler.

également refusé de surfer certaines vagues pourtant prometteuses, car elles ne nous paraissaient pas être des solutions génériques à déployer à grande ampleur : ainsi, nous avons été prudents dans l'usage des architectures à base de composants réutilisables, fui les web-services, pris nos distances avec les bus et les orchestrateurs, esquivé la mode des *scrum masters*, nous nous sommes rapidement repentis des *datalakes* et nous avons mis un point d'honneur à ne proposer les micro-services qu'à ceux qui en avaient la maturité[47]. Et dans notre milieu où certains antipatterns[48] sont connus, documentés et régulièrement ignorés[49], nous nous efforçons de rester concrets pour attaquer les problèmes à la racine.

> Ces convictions ont été un formidable vecteur de culture qui a contribué à fédérer les équipes et à attirer des talents en résonance avec nos valeurs.

Surtout, nous affichons ces convictions à l'extérieur : il nous arrive fréquemment de prendre position dans nos articles de blog et encore plus souvent dans nos publications et nos événements. Bien sûr, cela ne signifie pas pour autant que nous ayons toujours raison sur tout, mais nous nous engageons et encore une fois, la technologie est devenue un sujet trop important pour qu'on puisse la manipuler sans colonne vertébrale : il est désormais indispensable d'agir en conscience et de savoir où l'on veut aller.

L'affichage de ces convictions, pas toujours politiquement correctes et parfois à contre-courant, nous a valu certaines inimitiés, mais aussi et surtout la réputation d'une entreprise pragmatique, intègre et alignée. Cette image décalée a été par le passé à l'origine d'un grand nombre d'opportunités commerciales de la part de clients qui cherchaient une recommandation ou un diagnostic non consensuel sur un sujet complexe. Mais de façon peut-être plus importante, ce trait de caractère a été un

47. Cette énumération ne parlera qu'aux lecteurs et lectrices les plus techniques.
48. Ce terme, très utilisé en informatique, décrit une réponse commune à un problème récurrent tout en étant notoirement contreproductive.
49. L'un des plus célèbres étant la loi de Brooks –
1975 tout de même…- « Ajouter des personnes à un projet en retard accroît son retard ».

formidable vecteur de culture qui a contribué à fédérer les équipes et à attirer des talents en résonance avec nos valeurs.

Bien sûr, tout est question de dosage : il faut éviter de paraître intransigeant, dogmatique ou sectaire. Notre succès sur ce terrain n'est que partiel et nous y reviendrons dans le chapitre « Comment nous sombrons parfois dans le sectarisme ».

Lors d'un séminaire il y a quelques années, un intervenant avait prononcé cette phrase « Entre être heureux et avoir raison, il faut savoir choisir ». Cette citation fait partie des quelques paroles qui ont eu pour moi un retentissement profond : je médite souvent cet aphorisme pour guider mes propres actions et je l'utilise aussi pour inviter les Octos les plus militants à la prise de recul.

En quelques mots

- **La technologie est devenue un sujet trop important pour être abordé avec légèreté.**
- **Les convictions, si elles ne tournent pas au dogmatisme, sont une colonne vertébrale qui supporte éthique, fierté, et engagement.**
- **Elles permettent également de créer une connexion forte avec les clients qui partagent cette vision du monde.**

4.13 Comment nous communiquons en externe

La communication a été un pari - payant - que nous avons fait dès le début d'OCTO.

Nous nous sommes créés juste avant Google, c'est-à-dire dans un monde où l'information était rare et chère. Il est désormais difficile de se remettre dans le contexte de l'époque : en ce temps-là, un ingénieur informatique pouvait asseoir sa légitimité par le simple fait de revenir d'une formation chez un éditeur avec la précieuse documentation gravée sur un non moins précieux CD.

Et pourtant, dans cette période où l'information était encore un enjeu de pouvoir, nous avons pris le parti de rendre disponible par la publication de livres blancs gratuits une information technique de qualité sur les technologies en vogue. Cette initiative nous a rapidement assuré une renommée sans commune mesure avec la taille et l'assise de l'entreprise de l'époque et le nom d'OCTO circulait largement sur le marché, alors que nous ne comptions encore qu'une douzaine de salariés.

Évidemment les temps ont changé : il serait sans doute plus difficile aujourd'hui de marquer autant les esprits avec des livres qui décryptent les enjeux d'une technologie ou d'une méthode. Mais cet acte fondateur a malgré tout très fortement imprégné notre culture et nos pratiques. Par défaut, chez OCTO, tout savoir a vocation à être partagé. En interne bien sûr, mais aussi en externe.

> Nous partons du principe que transmettre est la meilleure façon de maîtriser un sujet et que dans le monde d'aujourd'hui, aucun savoir n'est inaccessible.

Dès leurs premiers pas dans l'entreprise, les jeunes consultants et consultantes sont encouragées à contribuer à notre blog ou à intervenir lors de conférences ou de *meetups*. Nos stages, qui sont majoritairement consacrés à des travaux de R&D, font systématiquement l'objet de la publication d'un billet de blog. Et l'un des actes de bravoure les plus reconnus consiste à contribuer activement à la publication d'un ouvrage de référence. En conséquence, les actions de communication sont très majoritairement spontanées et partent des initiatives et des envies personnelles et à part la reconnaissance sociale par les pairs, il n'y a pas de « prime » à l'article de blog.

Nous n'avons aucune méthode secrète ou savoir-faire que nous conservons jalousement - même si nous protégeons évidemment avec beaucoup de précautions les informations qui relèvent du contexte de nos clients - car nous partons du principe que transmettre est la meilleure façon de maîtriser un sujet et que dans le monde d'aujourd'hui, aucun savoir n'est inaccessible. Il nous paraît donc plus profitable d'utiliser nos publications pour prouver à nos clients notre pertinence sur une thématique plutôt que de nous protéger d'un éventuel risque de pillage intellectuel. Et l'ouvrage que vous tenez entre les mains est de toute évidence une illustration de cette croyance commune.

Cela ne signifie pas pour autant que tout notre patrimoine intellectuel est public, et sur de nombreux sujets, il s'agit même de la partie émergée de l'iceberg, mais la raison n'est pas tant une volonté délibérée de préserver des secrets de fabrication que l'effort de formalisation nécessaire pour rendre cette matière publiable.

Cette inclinaison pour l'ouverture de notre contenu nous a conduits à investir significativement dans la constitution d'une équipe de communication, laquelle travaille main dans la main avec les équipes opérationnelles pour mettre en valeur ce que nous créons.

Pour donner une idée, sur une année typique, nous produisons :

- 7 à 10 événements de 3 heures,
- environ 2 posters (appelés aussi *refcards*),
- 3 à 4 livres ou livres blancs,
- entre 100 et 150 articles de blog,
- une quarantaine d'interventions dans des conférences spécialisées.

Cette habitude installe comme norme dans l'entreprise que l'information n'est pas un enjeu et que le partage des savoirs est vertueux. La collaboration et la transparence s'en trouvent considérablement renforcées et peuvent s'appuyer sur des illustrations concrètes. Je suis convaincu que cette ouverture de nos contenus a été une étape-clé de notre chemin vers l'agilité.

En quelques mots

- **Google a permis le passage d'un monde où l'information était rare et chère à un monde où l'information est abondante et gratuite.**
- **Ce n'est plus l'information qui a de la valeur, mais le geste.**
- **Nous en avons pris acte en communiquant abondamment sur tous nos savoirs et savoir-faire, ce qui contribue à notre renommée.**

4.14 Comment nous avons géré la crise de la Covid-19

Comme pour beaucoup, la crise sanitaire de la Covid-19 a été un choc majeur pour OCTO : il a fallu prendre des décisions radicales, dans l'urgence, avec des informations parcellaires et parfois contradictoires et faire face à une succession d'événements inédits dans la vie de la plupart des organisations.

Évidemment, dans cette crise, la technologie numérique a été un facteur de résilience déterminant pour la plupart des organisations et, en tant que praticiens de cette technologie, nous étions à la fois mieux préparés et plus à même de colmater les brèches potentielles que la moyenne des entreprises. Cet atout s'est matérialisé par le fait que tous les employés d'OCTO disposaient d'un ordinateur portable et d'un téléphone mobile fournis par l'entreprise, et pouvaient accéder de façon sécurisée à notre système d'information de tous les endroits du monde. Y compris, et c'est moins fréquent, les membres des fonctions support[50]. Or, ces équipes se sont avérées clé, car pour que tout puisse continuer à fonctionner pendant cette période, il fallait évidemment que l'intendance soit au niveau !

> *L'autonomie, la collaboration, la facilité de décision, le droit à l'erreur ont été des traits culturels déterminants pour traverser cette première crise.*

Nous avons également profité de notre condition d'entreprise de l'économie de la connaissance : fondamentalement, notre activité ne requiert « que » l'accès à un ordinateur et la possibilité de communiquer avec d'autres personnes. Quand le modèle

50. Le chapitre « Comment nous travaillons avec les fonctions « support » » est consacré à la considération que nous portons à ces activités.

d'affaires nécessite de transformer de la matière ou d'interagir physiquement avec du public, les contraintes du confinement et des règles sanitaires sont d'une tout autre dimension.

L'autonomie, la collaboration, la facilité de décision, le droit à l'erreur ont été des traits culturels déterminants pour traverser cette première crise.

À titre d'illustration, nous avons rapidement compris que la situation allait nécessiter la mise en place de conditions exceptionnelles et une équipe spéciale s'est très vite auto-déclarée en regroupant un représentant de chacune des fonctions importantes de l'entreprise : vente, opérations, RH, IT, services généraux, communication. En deux jours, la « *Fastlane* » était en place avec comme mission de prendre rapidement les décisions opérationnelles transverses liées à la crise. Cette équipe a commencé avec un point quotidien, puis, quand l'urgence des nouveaux sujets a commencé à baisser, les rencontres se sont espacées. Une adresse mail a été très vite communiquée à tous les Octos pour qu'ils puissent poser les questions liées à leur situation individuelle ; de nombreuses actions concrètes ont émergé très rapidement de ce contact entre les personnes de terrain et l'équipe en charge de la crise. Dans certains cas exceptionnels, les décisions de la *Fastlane* ont pu faire l'objet de retours en arrière sans pour autant que cela ne suscite de grands débats, et ce sont ces situations qui permettent de mesurer la puissance du principe de droit à l'erreur. Cette instance avait comme autre mission une activité de veille à la fois sur l'évolution de l'épidémie, les orientations gouvernementales et les décisions des autres entreprises. Nous avons ainsi très vite compris que le confinement était un scénario qui se profilait et dès la semaine précédant l'annonce nous avons enjoint tous les Octos à emporter le soir leur ordinateur portable et tout ce qui leur permettrait de travailler de chez eux pour une durée indéterminée. Du jour au lendemain, nous avons ainsi pu basculer 100 % de l'entreprise en télétravail sans rupture d'activité.

Évidemment, cela ne s'est pas fait sans heurts dans l'exécution de nos contrats avec nos clients : mais grâce à l'ingéniosité et l'initiative des consultants qui ont réussi à inventer de nouvelles pratiques de travail et de nouveaux rituels, nous avons pu préserver, pendant le confinement, une bonne part de notre activité.

Nous avons également bénéficié de la qualité de notre système d'information. Tout d'abord, notre ERP fait maison a le mérite de produire une vision de la situation en temps réel. Et depuis quelques années déjà, nous avons réussi à instaurer la pratique du CRA (Compte Rendu d'Activité) prévisionnel. Nous avions donc constamment une projection relativement fiable et fraîche de la situation. De ce que j'ai pu constater, c'était un atout déterminant par rapport à d'autres entreprises dont le premier challenge a été de mobiliser toute l'entreprise pour obtenir de la donnée à jour permettant de prendre les bonnes décisions. D'autre part, une large partie de nos processus sont dématérialisés, le plus récent étant la signature de documents. Nous n'avions quasi aucun mode de fonctionnement qui nous imposait d'être présents dans les locaux, si ce n'est la surveillance des bâtiments, la gestion du courrier et l'envoi de matériel de remplacement pour cause de tasses de café renversées sur le clavier et autres péripéties.

Le plus perturbant est que les premiers actes de cette dramaturgie se sont joués sans moi : je me suis très vite retrouvé cloué au lit par une forme heureusement sans conséquence de la maladie, avec un sentiment étrange et mêlé, entre la honte de ne pas être aux avant-postes dans cette période troublée de l'entreprise, une forme d'inquiétude à l'idée de n'être pas indispensable, mais surtout la fierté face à la capacité d'OCTO à réagir et se mobiliser. Une fois sur pied, ma principale action a été d'organiser une rencontre virtuelle hebdomadaire avec tous les Octos sur un mode questions-réponses en direct pour informer de la situation, de son évolution, de ce que nous savions, mais aussi de ce que nous ne savions pas. Avec le recul, je suis arrivé à la conclusion que j'aurais dû lancer ce rituel en l'absence de crise : ça a été (et c'est encore) l'occasion d'échanges utiles et nécessaires. J'ai notamment touché du doigt l'importance d'être capable d'être rassurant tout en étant transparent sur toutes les zones, nombreuses, d'incertitudes. Il est vrai que notre situation économique n'a jamais été critique et nous n'avons pas eu de cas grave de Covid parmi les collaborateurs, ce qui dédramatise évidemment ce type d'exercices.

Le confinement a été le déclencheur d'une réflexion de fond sur le télétravail en réponse à l'attente des équipes. Il est encore difficile aujourd'hui d'anticiper quelles formes va prendre cette évolution, mais après l'onde de choc et le retour de balancier, il est évident que tout le monde a fait l'expérience de ce qu'il était possible de faire à distance, et cela va laisser une empreinte durable dans le fonctionnement des entreprises. Il est fort probable que le nomadisme digital devienne une tendance de fond dans les années qui viennent.

Certaines bonnes pratiques sont souvent mises en avant dans cette période troublée : et parmi celles-ci l'analyse de scénarios extrêmes et la mise en place de stratégies de réponse à ces cas hors normes. Même si par définition il n'est pas possible d'anticiper l'imprévu, ce travail nous met tous au défi de mieux faire face à des situations extrêmes : il semble ainsi que le redéploiement de malades par TGV médicalisés au plus fort de la crise du Covid soit une réponse prévue en cas d'attaques terroristes et qui a permis d'affronter une autre situation, aux conséquences similaires. En ce qui nous concerne, nous ne nous étions pas prêtés à l'exercice des scénarios et nous avons sans doute eu un peu de chance de ne pas avoir eu à le déplorer. Probablement, les organisations les plus avancées sont celles qui réussissent à marier à la fois agilité ET vision stratégique, et nous avons des progrès à faire pour y parvenir.

En quelques mots

- **Les entreprises technologiques ont eu en moyenne plus de facilité à basculer sur les pratiques et les outils du télétravail.**
- **L'agilité nous a permis de nous adapter rapidement à la nouvelle situation.**
- **Les conséquences vont être durables sur le fonctionnement des entreprises.**

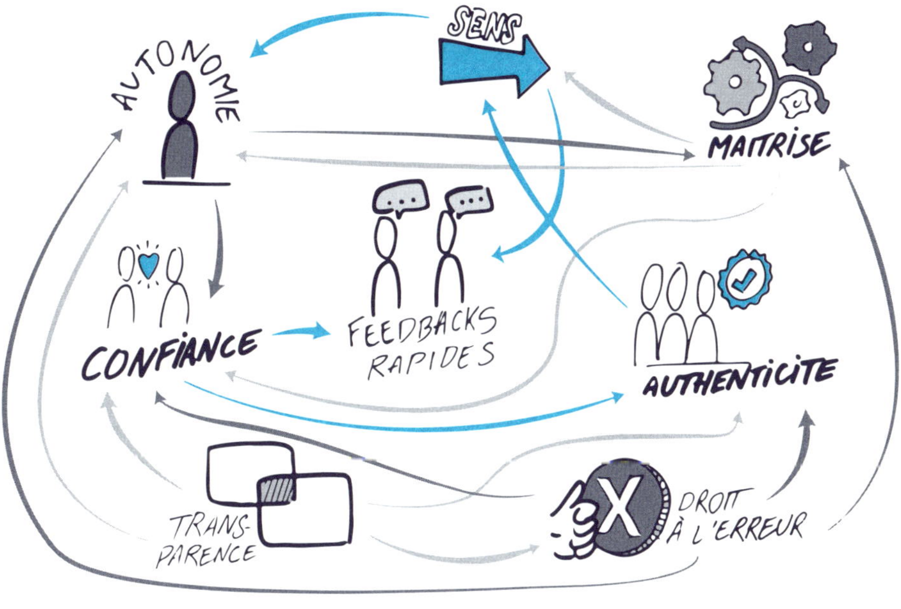
SENS
AUTONOMIE
MAITRISE
CONFIANCE
FEEDBACKS
RAPIDES
AUTHENTICITE
TRANS-
PARENCE
DROIT
À L'ERREUR

5.

CE QUE NOUS « RATONS »

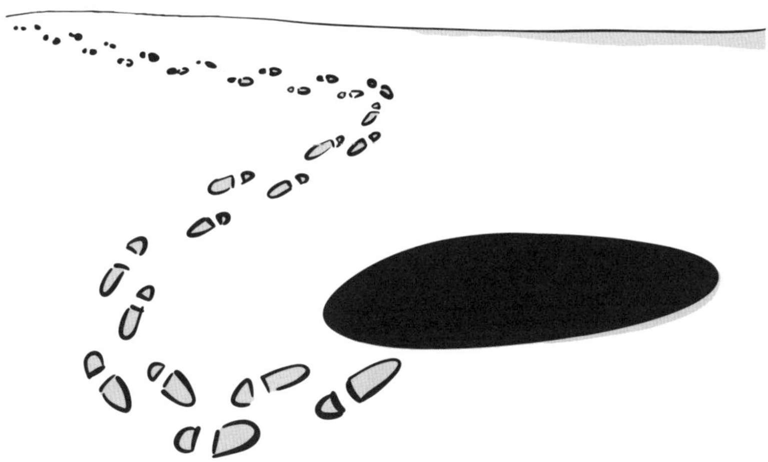

5.1 Notre engagement sociétal et environnemental

Le sujet de l'environnement et de la responsabilité sociétale s'avère un excellent marqueur de la vitesse à laquelle la norme sociale peut évoluer à la fois au sein d'une entreprise, mais aussi d'un pays.

Quand j'ai rédigé la première version de cette section, un an plus tôt, il s'agissait d'un *mea culpa* sur notre manque de contribution aux défis sociétaux et environnementaux. Mais à la relecture quelques mois après, l'état des lieux me paraît moins honteux. À tel point que j'ai hésité à replacer ce chapitre dans la partie précédente : néanmoins, il est tellement difficile d'être à la hauteur de ces enjeux et les entreprises ont une telle responsabilité, que classer cette section parmi nos échecs est une façon de se souvenir à quel point la route est sinueuse et la pente, extrêmement raide.

On peut considérer qu'il y a trois étages à la responsabilité sociétale des entreprises : ne pas générer de nuisance « délibérée », avoir des externalités positives, adresser les défis de demain.

▷ **Sur le premier volet, notre activité et notre secteur ont pendant longtemps bénéficié de conditions favorables.** Jusqu'à assez récemment (5 à 10 ans), le secteur de l'IT était porteur de belles promesses : rapprocher les gens, leur donner les outils pour apprendre, échanger, créer, se divertir, gagner du temps et être plus efficaces. À part éradiquer la guerre, la faim et la maladie, peut-on imaginer mission plus noble ? Progressivement, nous avons pourtant commencé à découvrir la part sombre de la technologie informatique et la responsabilité qui l'accompagne. Et les sujets de vigilance commencent à être nombreux : l'empreinte carbone et environnementale due à l'obsolescence rapide des terminaux et la croissance exponentielle des stockages et des flux, l'expérience utilisateur qui encourage délibérément des comportements addictifs, les manipulations des opinions publiques et l'alimentation des thèses complotistes, l'intelligence artificielle biaisée ou utilisée à des fins douteuses... Il devient difficile de travailler dans le numérique avec la même insouciance qu'il y a quelques années. La prise de conscience de la responsabilité du digital nous a conduits à esquisser des chartes comportementales, notamment sur le design et sur l'utilisation de l'intelligence artificielle. Par ailleurs, nous intégrons progressivement dans nos missions des approches qui permettent de limiter la consommation énergétique et le renouvellement des terminaux.

Sur le deuxième volet, la question de ce que nous rendons à la société m'a longtemps taraudé. En première approche, nous avons un bilan social plutôt flatteur. Tout d'abord, nous exerçons dans un secteur qui crée des emplois et, avec 650 postes en 20 ans, nous prenons plus que notre part à ce mouvement. Plus important peut-être, nous mettons en place les conditions d'épanouissement de nos collaborateurs : j'ai la conviction que nous n'ajoutons pas à la misère psychologique du monde et que nous nous efforçons de créer un environnement agréable et respectueux. Enfin, nous transmettons aux jeunes générations des compétences extrêmement utiles pour leur futur professionnel aussi bien que personnel. Même s'il s'agit de contributions d'apparence modeste, elles sont réelles.

Malgré tout, on peut aisément nous reprocher de constituer une communauté de gens privilégiés, en moyenne très diplômés et très employables, travaillant dans les beaux quartiers de la capitale et de fait, un peu déconnectés des réalités sociales. La diversité reste d'ailleurs un enjeu sur lequel nous nous devons de progresser en dépit du contexte peu favorable de l'informatique, et nous y reviendrons dans le chapitre « Le respect de la diversité ». Mais cet état de fait nous pousse à réfléchir à la façon de développer notre utilité sociale. La piste la plus immédiate est celle du mécénat de compétences que nous essayons de renforcer progressivement : les Octos ont la possibilité de mettre leurs savoir-faire à disposition de projets associatifs. Nous essayons d'orienter ces actions vers l'environnement, la lutte contre l'exclusion numérique et l'accès à la formation (notamment aux métiers du digital), mais les Octos sont libres de proposer les initiatives qu'ils ont envie de soutenir. Nous mettons également gracieusement à disposition d'ONG quelques mètres carrés de nos bureaux.

Le troisième volet est celui des défis à venir, avec comme énorme sujet, le réchauffement climatique et le risque qu'il fait peser sur notre civilisation. C'est sur ce terrain que nous avons le plus rapidement progressé sur les deux dernières années. La genèse de cette prise de conscience collective est assez particulière. Chacun, chez OCTO, peut créer une liste de diffusion communautaire. Nous avons ainsi vu naître une liste « Effondrement » qui visait à échanger sur les conséquences du risque climatique, puis une autre « *Green* », plutôt orientée actions et petits gestes du quotidien. Ces initiatives individuelles ont permis à une communauté préexistante de se reconnaître et de compter ses troupes, bien plus nombreuses qu'attendu, comme si chacun et chacune avait estimé ces sujets suffisamment tabous pour les bannir du monde de l'entreprise. Peut-être ces précurseurs se souvenaient-ils avoir plombé des soirées entre amis par des propos jugés trop catastrophistes ?

Quoi qu'il en soit, le défi climatique s'est mué en sujet d'entreprise, avec des actions concrètes à la clé. Tout d'abord, nous avons mis en place des petits gestes symboliques, comme évidemment l'élimination des objets à usages uniques, et la suppression de presque tous les *goodies* bas de gamme que nous utilisions à des fins de communication. Nous avions aussi pour habitude de mettre gracieusement à disposition des Octos des canettes de boissons sucrées : ce qui était perçu quelques années auparavant comme une pratique cool devenait incompatible avec nos convictions. Nous les avons donc supprimées et augmenté, en contrepartie, les tickets-restaurants de la somme équivalente. Nous avons lancé des opérations auprès des boutiques de plats à emporter du quartier pour faire en sorte qu'il soit possible de venir avec un contenant réutilisable.

Il est intéressant de noter que certaines tentatives précédentes, notamment autour de la suppression des gobelets, qui avaient déclenché une levée de boucliers il y a quelques années, font maintenant consensus, preuve de la prise de conscience.

Ensuite, nous avons initié des actions de sensibilisation et de formation, souvent à partir d'initiatives individuelles, reprises et amplifiées par l'entreprise.

Nous avons ainsi eu des interventions du Shift Project[1], nous avons commencé à accueillir des ateliers de sensibilisation comme la Fresque du Climat[2] ou 2TONNES[3] sous forme de *Meetups* publics en soirée, puis dédiés aux Octos. Certaines personnes se sont ensuite formées à l'animation pour les répliquer de façon plus systématique dans l'entreprise.

Nous avons enfin calculé notre bilan carbone complet (jusqu'au scope 3, pour les connaisseurs), ce qui nous a permis de prendre conscience de l'ampleur du sujet et de fixer un plan volontariste de réduction de nos émissions. Pour donner une idée, à l'heure où j'écris ces lignes, OCTO émet 4,7 tonnes de gaz à effet de serre par employé[4]. Pour donner un ordre de comparaison, un résident français moyen génère environ 11 tonnes. Pour atteindre la neutralité carbone, il faudrait que chaque habitant de l'Hexagone divise son empreinte par cinq ! Le calcul est vite fait : chaque salarié OCTO produit plus de 2 fois l'émission-cible d'un habitant. Pour faire notre part, nous pouvons considérer que nous aussi, nous devons diviser par 5 nos émissions par employé. Nous ne savons pas encore comment précisément nous allons pouvoir atteindre ces objectifs : les actions les plus immédiates sont néanmoins l'allongement de la durée de vie du matériel informatique et la réduction au strict minimum tous les voyages, en évitant l'avion autant que possible. Pour tenir l'objectif sur le moyen terme, il nous faudra réfléchir en rupture, mais nous sommes prêts à relever le défi de « faire notre part » !

> **Nous avons calculé notre bilan carbone complet ce qui nous a permis de prendre conscience de l'ampleur du sujet et de fixer un plan volontariste de réduction de nos émissions.**

Dans cette partie, je voudrais également saluer une personne en particulier, un ancien Octo, qui a compris, parmi les premiers, l'ampleur

1. https://theshiftproject.org/
2. https://fresqueduclimat.org/
3. https://dataforgood.fr/projects/7_2tonnes.html
4. Le travail que nous avons fait sur ce sujet est parfaitement décrit dans ce billet de blog : https://blog.octo.com/lexploration-continue-et-ca-secoue/ - consulté le 18 février 2021.

des enjeux : en nous rappelant régulièrement à notre responsabilité individuelle et collective, il a joué vis-à-vis de notre communauté, et même après avoir quitté OCTO, le rôle salvateur et ingrat de lanceur d'alerte. François-Joseph, un grand merci à toi ! Maintenant, on sait…

En quelques mots

- **Toute entreprise du digital a aujourd'hui une responsabilité considérable : elle manipule des outils loin d'être anodins et dans des conditions extrêmement privilégiées.**
- **Les défis du réchauffement climatique sont tels qu'il est difficile d'être à la hauteur.**
- **Nous avons pris la résolution de réduire notre empreinte carbone de 5 % par an sur notre scope 3 pour « faire notre part » au regard des accords de Paris. Un sacré challenge !**

5.2 Comment tout devient matière à discussion

Il y a une face obscure à notre baseline « *There is a better way* » : la réalisation de ce programme n'a pas de fin. Cette phrase qui nous décrit si bien, que ce soit dans notre posture vis-à-vis de nos clients ou dans nos comportements internes, est notre damnation. Elle rappelle à tout Octo que tout peut être « amélioré » et donc remis en question en permanence : qu'il s'agisse du choix du café (normal, bio, équitable ?), de la façon de nommer les salles, du droit du PDG d'Accenture de disposer d'une place de parking dédiée dans nos locaux, du format des plénières, de la légitimité d'utiliser l'écriture inclusive pour communiquer sur nos événements… Mais aussi de l'opportunité de lancer une offre sur tel sujet, de la pertinence de lancer la Duck Conf, de l'importance de participer à *Great Place to Work*.

Trouver la bonne posture par rapport à ce flot d'idées qui mélange le saugrenu avec le génial n'est pas toujours facile, d'autant plus que les meilleures idées sont susceptibles de bien cacher leur jeu !

Le plus difficile pour moi, avec le passage des ans, c'est de voir arriver ces hordes d'esprits frais qui s'emparent avec une belle énergie de l'impératif de tout remettre en question, fût-ce sur des sujets maintes fois ressassés chez OCTO. Comment mettre en place le tri des poubelles[5], comment structurer la capitalisation de connaissances, comment systématiser les Bilans de Fin de Mission (BFM), comment rendre plus objectifs et moins complaisants les *feedbacks*, comment gérer les hauts potentiels…

Autant de marronniers qui obligent le vieux singe que je suis devenu à sourire et à se mordre la langue pour ne pas détailler par le menu pourquoi les 12 initiatives précédentes ont toutes lamentablement échoué. Il s'agit d'un exercice évidemment extrêmement difficile

---

5. À l'époque, nous étions sur l'avenue des Champs-Élysées, et aussi incroyable que cela puisse paraître, ce service n'était pas offert par la municipalité.

(quand on est persuadé d'avoir la réponse, comment résister à l'envie narcissique d'en faire profiter tout le monde ?), mais absolument salutaire. Tout d'abord, parce que, une fois de temps en temps, quelqu'un de plus audacieux, ingénieux ou entreprenant parvient à proposer une solution, et cette avancée justifie tous les échecs qui l'ont précédée. Mais surtout, plus fondamentalement parce que décourager ces efforts serait la meilleure façon de stériliser toute forme d'initiative ultérieure. Il faut embrasser ce désordre : on ne peut pas affirmer à chacun « Ton avis compte beaucoup, mais seulement sur les sujets que la direction aura jugés importants ou judicieux ». La déperdition d'énergie est le prix à payer pour la préservation de cette vitalité inestimable.

En quelques mots

- **L'autonomie, notre baseline « there is a better way », la liberté de ton et notre culture de consultant font que tout donne lieu à discussions.**
- **Un peu usant parfois, mais sans doute le prix à payer pour une culture dynamique…**

5.3 Notre manque de focus et de priorisation

Selon Michael Porter, célèbre professeur de stratégie d'entreprise, « *The essence of strategy is choosing what not to do.* »

À cette aune, nous pouvons considérer qu'OCTO n'est pas un modèle de stratégie…

Sur une année typique, nous produisons près de 1 500 propositions commerciales, réalisons plus de 1 000 missions pour environ 300 clients différents. Nos savoir-faire vont de la *New Tech* à la transformation culturelle en passant par le développement mobile, le conseil méthodologique et le design. Nous sommes organisme de formation, concepteurs de plusieurs logiciels, organisateurs de deux conférences. Nous éditons, publions et vendons des livres (seulement les nôtres, Dieu merci !)… Tout cela avec environ 550 consultants et consultantes !

Cette hyperactivité, à la limite de l'éparpillement, fait partie des étonnements de la plupart de ceux et de celles qui nous rejoignent après une première expérience professionnelle.

Nous avons bien sûr une multitude de circonstances atténuantes. La curiosité qui figure parmi nos valeurs est parfaitement incarnée. Les profils que nous recrutons rejoignent OCTO, « *Best Place to Grow* », parce qu'ils veulent apprendre vite. Nous sommes sur un secteur où tout bouge très vite. Notre fameux « *Why* », lui-même, est un pousse-au-crime, car « *There is a better way* » est porteur de cette insatisfaction perpétuelle qui pousse à l'exploration tous azimuts.

Mais je ne peux pas complétement me voiler la face : notre dispersion génère des pertes d'efficacité, et aussi une charge cognitive importante. Quand les dirigeants ne décident pas clairement de ce qui ne doit pas être fait, ce sont les personnes sur le terrain qui le font, après avoir évalué les différentes options, ce qui est certes stimulant, mais gourmand en énergie et coûteux en efficience. Et je suis, bien sûr, sur le banc des accusés. J'ai toujours jalousement admiré ces dirigeants qui savent être très clairs sur des priorités fortes. L'incarnation ultime de ce principe de focalisation était sans doute Steve Jobs, mais j'ai trouvé des exemples tout aussi inspirants et bien plus proches à la tête de certains *pure players* français.

Tous mes efforts pour mettre un peu de cadre au foisonnement ambiant d'OCTO se sont globalement révélés infructueux. Sans être moi-même un hyperactif, c'est malgré tout un sujet sur lequel mon propre comportement est questionnable. Les seules limites que nous parvenons à clairement établir chez OCTO sont au nombre de deux : nous faisons du B2B (et pas de B2C) et nous travaillons sur des enjeux liés à la technologie numérique. Mais même ce dernier point fait de plus en plus l'objet d'exceptions : que voulez-vous, avec la vague de l'entreprise agile, nous sommes sollicités pour mener des transformations en dehors de l'IT. Comment dire non à ces occasions de missions passionnantes ?

En quelques mots

Nous sommes une communauté d'hyperactifs curieux, avec comme conséquences dispersion et fatigue.

5.4 Le respect de la diversité

L'enjeu de la diversité est devenu tardivement une préoccupation chez OCTO. Non pas que nous étions spécifiquement excluants, mais plutôt que nous n'avions pas conscience des progrès à accomplir. Et il s'agit pourtant d'une composante importante des entreprises agiles : les études sont nombreuses[6] pour établir que la variété d'une équipe augmente la créativité, l'ambiance de travail, la pertinence des décisions. Selon l'étude *Gender Scan*, la mixité hommes-femmes dans le domaine STI (Sciences, Technique et Innovation) peut être corrélée à une augmentation de la performance de 23 %.

De façon assez paradoxale, la diversité ethnique ou LGBT n'ont jamais véritablement été des sujets chez OCTO, à l'inverse de la mixité de genre. Nous évoluons dans un milieu international et connecté, avec une moyenne d'âge faible : l'ouverture à des origines diverses fait pour ainsi dire partie du code génétique de notre industrie. Le respect des orientations sexuelles, moins spontanément évident, est sans doute lié à la présence dans les équipes de figures marquantes affichant de façon très naturelle leur situation personnelle et qui ont servi en quelque sorte de *role model*. Pour ce qui est de la représentation féminine, nous avons en revanche hérité de deux tares. La première est la faible représentation des femmes dans les métiers de la technique informatique, et ce, dès les études supérieures. En 2018, dans une étude Femmes@Numérique[7], le Cigref estime de 8 % à 12 % la proportion de femmes dans les filières de formation informatique. L'autre est en lien avec la fameuse « bro-culture » pour reprendre l'expression consacrée dans la Silicon Valley : la fréquentation quasi-exclusive d'hommes sur le lieu de travail conduit insidieusement à un

6. https://www.egalite-femmes-hommes.gouv.fr/wp-content/uploads/2016/11/Donnees_presentation3112016_VF2.pdf, consulté le 11 septembre 2019.
7. https://www.cigref.fr/wp/wp-content/uploads/2018/03/Dossier_Femmes@Num%C3%A9rique.pdf, consulté le 11 septembre 2019.

décalage des normes sociales qui ne favorisent pas l'inclusion des femmes. Néanmoins depuis quelques années, nous avons beaucoup travaillé pour débusquer le « *casual sexism* », à savoir tous ces petits comportements anecdotiques dont la répétition quotidienne confine les femmes dans des rôles genrés. Et pour peu qu'on y prête attention, ils sont légion. Parmi les exemples qui continuent de me marquer, le devenu fameux « *manterrupting* », la façon dont les femmes se font interrompre par rapport aux hommes, ce qui réduit d'autant leur temps de parole[8] et il suffit d'être attentif en réunion pour prendre conscience de cette réalité. Dans le même ordre d'idée, la probabilité pour que ce soit une femme qui prenne spontanément la charge de rédiger le compte-rendu de la réunion est extrêmement forte.

Le simple fait d'être conscient de ces situations est un facteur d'amélioration. Mais ce n'est évidemment pas suffisant. Pour augmenter la part de femmes dans notre population de consultants et d'experts nous avons envisagé à un moment donné de leur réserver des places dans nos Skools[9]. Cette intention a rapidement suscité un tollé général : à la fois de la part d'une population à majorité masculine qui considérait que cette pratique pouvait conduire à recruter des candidates pour de mauvaises raisons et donc affecter à moyen terme le niveau moyen de l'entreprise. Mais aussi, de façon plus surprenante, de la part des « *skooleuses* » qui voyaient dans ce dispositif de quoi alimenter leur « syndrome de l'imposteuse[10] ». Et les réflexions de certains de leurs collègues sur le mode « De toute façon, c'était facile pour toi, tu es une femme », même sur le ton de la blague, n'était pas de nature à rassurer. Aussi scandaleux que ces propos puissent être, nous avons néanmoins préféré faire marche arrière pour éviter de rendre la situation encore plus pénible pour les jeunes consultantes informatiques que nous souhaitions justement encourager à rejoindre notre entreprise. Mais nous ne désespérons pas de trouver une autre formule.

---

8. https://www.virginialawreview.org/wp-content/uploads/2020/12/JacobiSchweers_Online.pdf
À titre d'exemple, cette étude très détaillée établit qu'au sein de la cour suprême américaine, une juge femme a 2,9 à 3,9 fois plus de chance d'être interrompue que son homologue masculin.

9. Le principe des *skools* est décrit dans la partie « Comment nous formons les personnes que nous recrutons ».

10. Oui, pourquoi pas ?

Le tableau que je viens de dresser peut paraître un peu sombre, mais nous avons aussi quelques fiertés : comme toutes les entreprises d'une certaine taille, nous avons dû calculer en 2019 notre « index de l'égalité professionnelle femmes-hommes », et nous avons obtenu un très bon score, notamment lié au fait qu'à poste équivalent, il n'y a aucun écart de salaire statistique entre les hommes et les femmes.

Pour être complet sur le sujet de la diversité et de l'inclusion, il reste à mentionner l'accueil des personnes en situation de handicap, en reconversion ou en réinsertion. Nous avons fait de véritables progrès sur ces deux derniers points par des liens noués avec les bonnes filières de formation. En revanche sur le sujet du handicap, nos efforts sont encore balbutiants et nous prenons conscience que sans proactivité de notre part, le nombre de candidatures que nous recevons de personnes en situation de handicap ou qui souhaitent en faire état ne nous permettra pas d'inverser la tendance.

En quelques mots

- **Nous évoluons dans des métiers où la diversité de genre et l'inclusion du handicap sont de véritables défis.**
- **Malgré nos efforts, nos progrès sont encore insuffisants.**

5.5 « Data-driven company » ? Ou pas...

À l'heure de la donnée-reine, le Graal de toute entreprise serait d'orienter sa stratégie et de piloter son activité grâce à l'utilisation ultra-pertinente d'informations d'une parfaite fiabilité, issues de processus aussi digitalisés que possible. Ce pinacle de l'efficacité opérationnelle porte désormais un nom : la « *data-driven company* », soit en français, l'entreprise pilotée par la donnée. Et cet idéal n'est pas qu'un pur fantasme de consultant en organisation, puisque certains acteurs du web, Amazon, Netflix ou Google en tête, sont de parfaits exemples de « *data-driven companies* ».

Sur le papier, OCTO dispose de tous les atouts pour mettre en œuvre cette vision. En premier lieu, nous maîtrisons les outils et la culture du digital, qui sont un prérequis. Nous sommes, entre autres, parfaitement sensibilisés au *lean startup* dont le slogan pourrait être : « On ne dit pas "je pense que…", mais "je mesure que…" ». Nous disposons d'un outil de gestion, Octopod, que nous avons développé nous-mêmes, et qui est donc complètement aligné avec nos processus : cela nous permet de disposer d'une grande quantité de données de très bonne qualité et facilement accessible sur nos processus opérationnels. Plus d'un tiers de nos équipes sont des spécialistes de la donnée, qu'il s'agisse de consultants métier, d'architectes ou de « *Datascientists* ». Le volet compétences qui reste un défi pour beaucoup d'entreprises est donc un non-sujet pour nous. Enfin, nous passons notre temps sur des outils informatiques qui sont les meilleurs collecteurs de données qui existent !

Et pourtant, nous peinons à être systématiques dans l'utilisation de cette donnée. Il n'est pas rare qu'en cercle de direction, nous discutions d'un problème jusqu'à ce que quelqu'un demande si nous avons des éléments mesurables pour asseoir nos analyses, ce qui est loin d'être toujours le cas. De la même façon, avec plusieurs centaines de projets réalisés en méthodes agiles et donc avec des itérations qui donnent lieu à une myriade de points de mesure (notamment la vélocité et le nombre d'anomalies), nous sommes assis sur une mine d'or, non seulement sur les contextes d'utilisation de l'agile, mais aussi sur les métriques de l'IT en général. Notre utilisation de ces données est aujourd'hui embryonnaire.

> Comme l'affirme Kevin Kelly, tous les modèles d'affaires du futur vont consister à transformer une activité métier par l'utilisation de l'intelligence artificielle.

En dépit des conseils que nous pouvons donner à nos clients et des conditions favorables dont nous bénéficions, c'est comme s'il y avait chez nous, une part irréductible d'humain, d'exception, de sur-mesure qui ne parvient pas véritablement à se mouler dans l'idéal utilitariste, calculatoire et, il est vrai, un peu productiviste du « *data-driven* ».

Pour l'heure, les conséquences de cet attentisme restent modérées : nos processus de décision sont suffisamment robustes pour que les faits finissent par s'inviter à la table de nos discussions, et nos concurrents directs ne semblent, encore aujourd'hui, pas beaucoup plus affûtés que nous sur l'utilisation de la donnée dans la réinvention de leur modèle opérationnel.

Mais comme l'affirme Kevin Kelly dans son ouvrage *The Inevitable*[11], tous les modèles d'affaires du futur vont consister à transformer une activité métier par l'utilisation de l'intelligence artificielle. Et quand cela arrivera, les acteurs établis - dont nous sommes - auront plutôt intérêt à être prêts !

En quelques mots

Nous avons toutes les compétences pour utiliser la donnée et l'intelligence artificielle pour réinventer notre métier et appliquer à nous-mêmes ce que nous poussons à nos clients. Et pourtant nous consacrons peu de moyens à ce sujet !

11. *The Inevitable: Understanding the 12 Technological Forces That Will Shape Our Future* – Viking 2016 – 336p.

5.6 Comment nous sommes capables de tuer l'innovation

Ce chapitre est l'occasion de revenir sur la face sombre d'un sujet abordé dans la section « Comment (nous essayons d') encourager les initiatives et l'innovation » : notre capacité à faire émerger les initiatives.

Car il faut bien l'avouer, et malgré une certaine exemplarité sur les principes de bienveillance, d'autonomisation des personnes et du droit à l'erreur, nous n'échappons pas complètement à cette malédiction qui frappe la quasi-totalité des entreprises d'une certaine taille, à savoir la prédisposition à stériliser les initiatives innovantes.

Nous parvenons encore aujourd'hui à concrétiser des idées nouvelles, voire parfois disruptives, mais au prix d'un cheminement souvent douloureux, qui tend à doucher l'enthousiasme des plus motivés.

Nous devons ainsi faire face collectivement à deux défis.

- **Le premier est notre difficulté, au niveau du comité de direction, à trouver la bonne posture.** Comme nous l'avons vu, il y a chez OCTO un espace de liberté que chacun et chacune peut exploiter pour faire germer une idée. Mais vient le moment où il faut de l'engrais, de l'eau et du soleil, bref des moyens, pour que cette initiative puisse s'épanouir. De façon peut-être un peu traditionnelle, l'attribution de ces moyens passe chez nous par l'accord du comité de direction et nous peinons à acquérir les bons réflexes. L'une de nos responsabilités étant de sécuriser l'activité, lors des présentations de ces nouveaux projets, nous avons spontanément tendance à identifier très vite les risques et les faiblesses, et notre passé de consultants nous a, pour la plupart, dotés d'un solide

> *En tant que comité de direction nous avons aussi la tâche ingrate d'élaguer les initiatives auxquelles nous ne croyons pas, mais sans en décourager les porteurs.*

sens critique. Par ailleurs, ce comité compte aujourd'hui beaucoup de membres, autour de 20 personnes en session plénière ; or, plus on multiplie les avis, plus on augmente la créativité sur les risques, avec une sorte de surenchère involontaire à qui pointera la menace que personne d'autre n'avait imaginée. Comme l'esprit humain est naturellement plus sensible au négatif qu'au positif, cet examen circonstancié contribue plus à couper les pattes qu'à donner de l'élan, même en cas d'avis favorable. Nous testons régulièrement quelques adaptations à ces rituels pour y injecter énergie et enthousiasme (comme par exemple toujours commencer par un retour positif, réduire la taille de l'assistance, ne pas faire de commentaires en séances, sourire…), mais il nous reste à trouver la formule magique. Sans compter qu'en tant que comité de direction nous avons aussi la tâche ingrate d'élaguer les initiatives auxquelles nous ne croyons pas, mais sans en décourager les porteurs.

Le deuxième défi que nous peinons à relever porte sur le moment et la façon de stopper les projets qui ne donnent pas les résultats attendus. Ce n'est pas faute de connaître la théorie ! Nous avons tous lu les évangiles du *lean startup*[12] qui expliquent en substance que si on ne tire plus d'enseignement sur son *business model* et que le succès n'est pas encore au rendez-vous, il faut arrêter. Malgré tout, passer plusieurs mois ou même années de sa vie professionnelle sur un projet qui part à la poubelle, reste une expérience relativement traumatique pour ceux qui la vivent. Certes, il y a le droit à l'erreur, le fait que « l'on ne perd jamais, soit on gagne, soit on apprend »[13]. Il n'en reste pas moins que dans la vraie vie, l'exercice n'est pas si confortable ! Et tout comité de direction que nous sommes, il nous est parfois difficile de sceller le sort d'initiatives que les promoteurs continuent de défendre bec et ongles face à l'obstination et à la froideur des chiffres.

L'idéal serait ainsi de pouvoir démarrer des projets innovants dans la bonne humeur et sans se disperser, de les arrêter au bon moment, en parfaite intelligence avec leurs porteurs, et être capables de tirer

12. Et s'il ne fallait en retenir qu'un, ce serait sans doute *Running Lean: Iterate from Plan A to a Plan That Works*, Ash Maurya – O'Reilly Media -2012 – 311p.
13. Pour paraphraser la citation de Nelson Mandela.

des bilans partageables en toute transparence avec l'ensemble de la communauté. Formulée de la sorte, cette vision relève d'un idéal qui nous reste encore inaccessible.

En quelques mots

- **Il est très difficile pour les managers et dirigeants, habitués à anticiper les risques et les problèmes, de ne pas censurer les initiatives les plus innovantes.**
- **Mais ils ont aussi la lourde de tâche de tuer les projets zombies sans doucher les enthousiasmes. L'équilibre est délicat à trouver.**

5.7 Comment nous sombrons parfois dans le sectarisme

OCTO exhibe les travers que l'on retrouve traditionnellement dans les entreprises à forte culture. En effet, la recherche en sociodynamique des organisations nous apprend que les groupes bénéficiant d'une forte cohésion mettent plus de pression sur les « déviants » pour se conformer aux normes de ce groupe[14].

La culture et la fierté d'appartenance sont des armes très puissantes, mais aussi délicates à manier.

Règne ainsi dans l'entreprise la foi des missionnaires, le sentiment de faire partie de « ceux qui ont compris », avec la responsabilité induite de répandre la bonne parole. Cet alignement culturel est particulièrement puissant quand il s'agit de défendre des convictions et de mettre en valeur des savoir-faire particuliers. Il ne favorise néanmoins ni l'empathie ni l'inclusivité. L'agile fait partie des sujets sur lesquels notre degré d'ouverture collectif moyen est très faible, et nous pouvons faire preuve d'un certain snobisme à l'endroit des personnes et des entreprises qui ne partagent pas notre position sur la pertinence et l'efficacité de ces approches.

La culture et la fierté d'appartenance sont donc des armes très puissantes, mais aussi délicates à manier, surtout dans un métier de conseil où le contact avec le client est évidemment vital et structurant. Je me souviens, un peu douloureusement, de m'être fait convoquer par un client qui tenait à me faire un retour sur l'attitude des équipes qui avaient travaillé chez lui. Il avait conclu sa présentation de la situation par ce trait d'humour, assez révélateur : « J'ai bien conscience d'être un peu con, mais j'ai horreur qu'on me le fasse remarquer ».

---

14. http://myweb.fsu.edu/slosh/GroupsGuide6.html, consulté le 17 avril 2020.

Pour moi, la posture idéale est définie par cette phrase, attribuée à Paul Saffo, alors directeur du *Palo Alto's Institute for the Future* : « des convictions fortes, mais soutenues faiblement[15] ». C'est celle que j'essaie d'incarner de mon côté, du mieux que je peux.

Malgré tout, le sectarisme fait partie des démons d'OCTO, et une vigilance constante est de mise pour s'assurer que nous ne nous y abandonnons pas.

En quelques mots

- **Le travers des cultures fortes est qu'elles peuvent conduire au sectarisme.**
- **L'exemplarité des dirigeants est essentielle pour contenir cette dérive potentielle.**

15. « *Strong opinions, weakly held* », https://bobsutton.typepad.com/my_weblog/2006/07/strong_opinions.html, consulté le 17 avril. 2020.

5.8 Comment nous entretenons nos relations avec nos clients

Comme évoqué au chapitre « Comment nous nous sommes adaptés aux conditions de notre environnement », OCTO a construit une part de son succès sur sa capacité à saisir des occasions commerciales avec agilité et réactivité mais au détriment de l'entretien d'une relation durable avec nos clients.

Parallèlement, les équipes d'OCTO sont majoritairement constituées de profils très curieux, qui se montrent donc bien plus intéressés par les enjeux technologiques ou méthodologiques de leurs missions que par la création d'un lien d'intimité avec leur commanditaire, toute forme trop marquée de proximité pouvant d'ailleurs paraître suspecte parce qu'intéressée.

Cette course à la nouveauté couplée à une certaine distance relationnelle peut souvent être interprétée par nos clients comme une forme d'indifférence à leur égard, le sectarisme mentionné dans la section précédente pouvant agir comme circonstance aggravante.

Or, si l'on se fie aux travaux de la psychologue Heidi Grant Halvorson, il y a deux dimensions fondamentales qui structurent le jugement social que l'on porte sur une personne : la compétence et la chaleur, comme illustré dans la matrice ci-contre.

> Il y a deux dimensions fondamentales qui structurent le jugement social que l'on porte sur une personne : la compétence et la chaleur.

© D'après Heidi Grant Halvorson et Science Of Us.

Si vous voulez être apprécié, il vaut mieux paraître chaleureux et compétent, mais si vous devez choisir l'une des deux dimensions, miser sur la chaleur est préférable.

Et c'est en quelque sorte le drame d'OCTO : notre expertise et l'affirmation de nos convictions couplées à un manque d'investissement relationnel nous font apparaître comme compétents, mais pas spontanément « sympas ».

Pour certains clients, ce n'est pas un souci. Pour d'autres, cela peut s'avérer plus compliqué, notamment s'ils sont très courtisés par des prestataires qui savent, eux, très bien jouer de la proximité ; notre difficulté à miser sur les deux dimensions de la relation nous a ainsi parfois conduits à une impasse avec notre client.

En quelques mots

- **Il est difficile pour des profils ingénieurs curieux de technique et méfiants de l'acte de vente de tisser des relations personnelles avec les clients.**
- **La dimension relationnelle étant importante dans le consulting, cela peut nuire à la vente et la bonne exécution des missions.**

5.9 Comment nous entretenons des relations avec notre écosystème

Ou plutôt, aurait-il fallu écrire, comment nous n'entretenons pas assez de relations avec notre écosystème… La notion de partenariat nous est assez largement étrangère, qu'il s'agisse de nouer des relations avec des éditeurs, des intégrateurs ou d'autres cabinets de conseil, pratiques pourtant extrêmement répandues dans notre secteur.

Les ressorts profonds de cette situation me restent encore assez largement mystérieux et j'en suis réduit aux hypothèses, bien que certaines soient évidentes.

La première raison est bien sûr que nous pouvons survivre sans cet écosystème de partenaires : dans le chapitre « Un contexte propice à l'innovation managériale ? », nous avons évoqué le fait que notre facteur limitant était surtout notre capacité de recrutement et de fidélisation. Nécessité faisant loi, il est probable que notre énergie à collaborer serait plus intense si nous devions alimenter notre carnet de commandes par tous les moyens.

Notre liberté de ton et notre indépendance affichée, parfois défendue avec un brin de morgue, sont une autre raison. Il est évident que pour un éditeur, travailler avec nous, c'est prendre le risque d'une certaine transparence vis-à-vis du client sur ce qui fonctionne bien ou pas dans sa solution. Et quand la façade est plus pimpante que l'arrière-boutique, cela peut générer quelques frictions.

Sans doute peut-on aussi invoquer le fait que nous ne rentrons pas dans les cases : nous n'intervenons pas en marque blanche, nous avons pendant longtemps refusé les systèmes de commissions sur vente de licences et nous rechignons à suivre les formations produits imposées (et souvent payantes) des éditeurs qui, dans le cas de nos prestations sur mesure, présentent un retour sur investissement incertain.

On peut comprendre ces arguments, mais pourquoi alors, avons-nous les mêmes difficultés à travailler avec d'autres cabinets de conseils ou avec des intégrateurs ?

Ma meilleure explication est que, si nos partenaires potentiels ne partagent pas nos convictions, le « *fit* » culturel sera difficile. Si, de surcroît, il s'agit d'une entreprise de conseil qui, comme beaucoup, considère la technologie comme secondaire, la collaboration a toutes les chances d'échouer.

Ce trait culturel n'en reste pas moins un problème sur un secteur où l'on voit de plus en plus émerger des fédérations d'entreprises qui arrivent à collaborer de façon fluide pour résoudre des problèmes complexes sans avoir la lourdeur des gros acteurs. De la même façon, les marchés les plus importants nécessitent la mise en place de consortiums et c'est loin d'être une pratique évidente pour nous.

Mais le fait d'avoir rejoint le giron Accenture nous fait progresser.

En quelques mots

- **Notre indépendance, notre liberté de ton et notre mode de fonctionnement non conventionnel, rendent plus délicates les relations avec les partenaires.**
- **Malgré tout, les écosystèmes jouent un rôle croissant dans les relations d'affaires.**

5.10 Comment nous nous sommes développés à l'international

Comme pour la plupart des entreprises en forte croissance, la question du développement international a fini par se poser chez nous.

Un défi important pour les métiers de conseil est de réussir à installer rapidement dans le pays ciblé une palette d'activités complète : contrairement à la plupart des entreprises qui peuvent se contenter d'ouvrir un bureau commercial, le cabinet de conseil doit vendre et rapidement opérer sur place, ce qui, en plus d'une équipe de consultants et d'une équipe commerciale, tire assez vite toutes les fonctions de l'entreprise. Certes, on peut faciliter le démarrage par l'envoi de consultants en provenance de la maison-mère, mais en raison des coûts de trajet et de logement, des conséquences personnelles pour ces émissaires, des contraintes légales liés aux visas de travail, des problèmes de langues et d'empreinte carbone, et des conséquences en termes d'image renvoyée aux clients, cette logique trouve vite ses limites. Identifier le leader de cette filiale est également un véritable casse-tête : il faut quelqu'un avec un large spectre de compétences, sachant diriger, vendre et manager, qui soit également imprégné de la culture de l'entreprise, et la connaissance du marché et des acteurs locaux seraient un plus : bref, le fameux mouton à cinq pattes.

Identifier le leader de cette filiale est également un véritable casse-tête : il faut quelqu'un avec un large spectre de compétences, sachant diriger, vendre et manager, qui soit également imprégné de la culture de l'entreprise, et la connaissance du marché et des acteurs locaux seraient un plus : bref, le fameux mouton à cinq pattes.

Sans compter que sur le marché du conseil IT, il est difficile d'identifier un facteur de différenciation justifiant de façon indiscutable l'implantation d'une entreprise française dans un autre pays. En quoi la France bénéficie-t-elle de savoir-faire uniques, universellement reconnus, et susceptibles de séduire les clients ? Une société de conseil peut avoir comme avantage d'être positionnée sur des compétences rares, mais comme il lui faudra au bout du compte recruter localement, elle sera vite confrontée, elle aussi, à la rareté des profils sur le marché local. Il y a bien sûr toujours moyen d'identifier des niches et de mettre en place un dispositif de formation grâce aux renforts de la maison-mère, mais cela augmente d'autant l'investissement. Évidemment, pour contourner ce problème, il est possible de procéder au rachat d'une société implantée localement… mieux vaut alors être rompu à l'intégration post-fusion d'entreprises : l'exercice est déjà périlleux dans un même pays, réussir à le faire par-delà les frontières relève de l'exploit.

Enfin, la barrière linguistique se révèle rapidement un obstacle de taille. Les possibilités d'ouvertures de filiales dans des pays francophones sont vite couvertes. On en vient rapidement aux destinations anglo-saxonnes et avec elles, à la question de la langue de travail et de communication : faut-il passer à l'anglais pour tous les échanges ? Si le bilinguisme n'a pas fait partie des critères de recrutement à l'origine, l'effort que cela exige est considérable. Mais sans cela, comment développer les synergies et surtout comment maintenir un lien culturel entre les entités ? Certes, il y aurait la solution de tout traduire, mais le problème devient vite inextricable, comme par exemple dans la situation que nous avons vécue avec 500 personnes francophones et une implantation anglophone de 20 personnes. Traduire les productions de ces 500 personnes ? Un non-sens !

Le pompon de l'incommunicabilité pour nous a été décroché avec l'ouverture de notre bureau brésilien : l'anglais n'était alors au mieux qu'une langue-pivot avec laquelle nos clients et nos consultants brésiliens étaient encore moins à l'aise que les équipes françaises. Et à cette difficulté majeure, il fallait ajouter les contraintes des fuseaux horaires distincts. On se retrouve assez vite dans une de ces réunions surréalistes avec une qualité de visio défaillante, où tout le monde s'échine à baragouiner un anglais médiocre pour une seule personne non francophone - et pas plus à l'aise que ça avec la langue de Shakespeare - qui a dû se lever aux aurores en raison du décalage horaire. Si vous travaillez dans une entreprise avec des velléités de développement international, cette scène vous évoquera à coup sûr quelques souvenirs de situations absurdes.

Sur le plus long terme, deux dimensions supplémentaires sont à considérer. La première est que plus une entreprise est internationale, plus son rachat devient complexe et dissuasif : il est en effet rare que les présences internationales, surtout si elles sont modestes, soient vues comme un atout par un éventuel acquéreur ; les montages actionnariaux, souvent spécifiques à chaque pays, ajoutent aussi leur lot de complications. Le second est que, à la fois au démarrage, mais aussi en rythme de croisière, les dirigeants tendent vite à multiplier les voyages, dans le seul but d'assurer un minimum de cohésion entre les différentes filiales, et face à l'enjeu carbone du moment, c'est une pratique qui deviendra de plus en plus éthiquement discutable.

Au bilan, avec l'ouverture de filiales internationales tout devient plus long, plus coûteux, avec un retour sur investissement douteux. Il est évident qu'à partir d'une certaine taille, cela devient une nécessité stratégique pour être en mesure d'accompagner les plus gros clients sur leur gros projets internationaux, mais je ne suis pas certain qu'OCTO ait jamais atteint cette taille avant de rejoindre Accenture. Rétrospectivement, les quelques bénéfices que l'on peut trouver à ce type de développements géographiques sont d'offrir des perspectives à une poignées de personnes tentées par l'expérience internationale et de flatter l'égo des dirigeants, mais dans notre cas, je ne pense pas que cela ait été la meilleure façon d'utiliser notre temps, notre énergie et notre capacité d'investissement.

En quelques mots

Dans les métiers de conseil, l'ouverture de bureaux dans d'autres pays est complexe et coûteux : entre les problèmes de distance, de langue, de fuseaux horaires, de culture, de casting des dirigeants, et de dispersion, il faut atteindre une taille conséquente pour que les synergies l'emportent sur les difficultés.

5.11 À propos du courage en entreprise

La qualité du dirigeant qui me semble la plus essentielle est le courage.

- Le courage d'affronter les problèmes, le courage de prendre des décisions qui assurent la pérennité de l'entreprise ou à l'inverse peuvent la précipiter dans l'abîme.
- Le courage de confronter les personnes, de leur faire des *feedbacks*, qu'ils soient positifs ou négatifs.
- Le courage de promouvoir quelqu'un au risque de décevoir quelqu'un d'autre.
- Le courage d'arrêter une activité ou d'en lancer une nouvelle.
- Le courage d'aller se confronter à un client mécontent.
- Le courage de demander de l'aide et de se remettre en question.
- Le courage de se tenir devant l'ensemble de ses collaborateurs ou de faire une présentation devant des clients.
- Le courage de laisser faire les autres à sa place pour qu'ils progressent et pour que l'entreprise puisse grandir, sachant que la première conséquence pourra être d'avoir encore plus de problèmes à résoudre ou de perdre sa légitimité.
- Le courage de se séparer de personnes dont on est devenu proche pour le bien de l'entreprise.

En résumé, le rôle de manager ou de dirigeant dans une entreprise demande beaucoup de courage, et à de nombreuses occasions : pas le courage aveugle, égotique et autoritaire, mais celui qui s'accompagne de discipline et d'humanisme. Et je dois avouer qu'il m'est arrivé d'en manquer dans certaines des situations mentionnées ci-dessus. On parvient à justifier ces petites lâchetés par un manque de temps et, sur la plupart des sujets, on finit par prendre les décisions qui s'imposent, après avoir parfois un peu trop tiré sur la corde des équipes – car en dernier ressort ce sont souvent elles qui souffrent. Ou dans le pire des cas, pour reprendre cet aphorisme désabusé, « L'absence de décision finit par venir à bout du problème ».

Probablement certains dirigeants et managers sont plus exemplaires que d'autres sur cette dimension. Mon constat est néanmoins qu'il s'agit de l'un de ces « sales petits secrets » de la fonction. Sauf pour les super-héros et pour ceux qui sont dans le déni, c'est un sujet que l'on n'aborde pas aussi souvent qu'on le devrait. Mais quel dirigeant aurait envie de s'afficher comme un lâche ?

Une petite pensée pour ceux qui s'engageront sur le chemin de l'entreprise agile : le voyage demande beaucoup de courage, mais la route est belle.

En quelques mots

Le courage est l'une des qualités cardinales du dirigeant. Mais elle coûte !

5.12 Comment nous éludons la disruption de notre activité

Parmi mes obsessions figure le sujet de la disruption des métiers de conseil. Internet s'avère un puissant vecteur de désintermédiation : quand les intervenants entre le producteur de valeur et le consommateur deviennent trop nombreux, il suffit qu'apparaisse une plateforme numérique pour que l'offre rencontre de façon fluide la demande, ce qui disrupte toute cette économie de la mise en relation et l'oblige instantanément à se reconfigurer. Nous avons pu observer ce phénomène à maintes reprises lors de la décennie écoulée, qu'il s'agisse du tourisme, de l'eCommerce, ou de la mobilité. Or, à y regarder de près, le marché du conseil est une forme d'intermédiation : les entreprises utilisatrices qui ont besoin de compétences et de savoir-faire s'adressent à des sociétés de conseil, qui sont capables de sélectionner et de former les bons profils en garantissant une sorte de label qualité sur les personnes proposées. Mais que devient cette activité quand LinkedIn permet la mise en relation directe entre professionnels ? Quelle est la place des sociétés de conseil, quand d'un tweet, vous pouvez recruter par réseau un indépendant à un tarif deux fois plus faible que celui proposé par un cabinet de conseil ? Quelles sont les conséquences de la montée en puissance du travail à distance, la zone de chalandise des entreprises augmentant de fait considérablement ? Et, de façon plus profonde, quelle est la valeur d'un consultant à la tête bien faite mais sans expertise pointue quand Google met gratuitement à disposition toutes les connaissances du monde ?

Ce sont quelques-unes des raisons qui me poussent à penser que les entreprises du *consulting* sont parmi les prochaines sur la liste rouge des espèces menacées par la digitalisation galopante.

On pourrait en déduire que l'équipe dirigeante d'une entreprise qui opère dans ce secteur ne devrait avoir comme seule obsession que

> *Les entreprises du consulting sont parmi les prochaines sur la liste rouge des espèces menacées par la digitalisation galopante.*

de préparer activement son entreprise à cette transition, à fortiori si, comme pour beaucoup, la disruption des modèles d'affaires fait partie des ficelles utilisées pour ferrer ses clients.

Malheureusement, nous n'avons pas encore cette maturité : bien sûr, nous abordons régulièrement le sujet et nous avons constamment des actions en cours, mais la part de ressources que nous allouons à ce sujet n'est clairement pas à la hauteur de l'enjeu.

Quand OCTO s'est créée en 1 998, nous avons apporté quelque chose de radicalement nouveau sur le marché : des expertises nouvelles bien sûr, mais surtout un mode de fonctionnement et un positionnement différent. Pour résumer de façon caricaturale, alors que les cabinets centraient leur *business model* autour du client, nous l'avons centré autour du consultant, en intuitant qu'il allait devenir la « ressource » rare.

Plus de 20 ans plus tard, c'est presque devenu une banalité, et en ce sens notre potentiel de différenciation s'est émoussé. Nous restons, je pense, très bons dans ce que nous faisons, mais nous sommes désormais plus une source d'inspiration que des chefs de file d'un mouvement de réinvention.

Autrement dit, nous nous sommes embourgeoisés. C'est un mouvement naturel, qui n'est cependant pas sans danger face aux défis qui s'annoncent. Se disrupter avant d'être disrupté (et on ne parle pas ici de se mettre à la page, mais réellement d'écrire la prochaine) demande un courage et une prise de risques hors du commun, d'autant plus difficile à justifier pour les entreprises qui ont un *business model* qui « tourne ».

Et si OCTO devait se disrupter, comment devrions-nous nous y prendre ? Sans doute en consacrant la moitié de nos *data scientists* non pas pour servir nos clients, mais pour redéfinir un modèle de conseil et de réalisation qui soit basé aussi largement que possible sur l'intelligence artificielle. Détection et prédiction d'anomalies, automatisation des tâches de saisie manuelle, aide à l'interprétation de données complexes et volumineuses, aide à la décision, prédiction de tendances : l'entreprise (de conseil ou non) capable de consacrer ses ressources à la réinvention de la réponse à ces sujets aura certainement un avenir radieux.

En quelques mots

- **Le conseil sera probablement l'un des prochains secteurs disruptés par le digital.**
- **La préoccupation de toute société de conseil devrait donc être de se disrupter elle-même avant de se faire disrupter.**
- **En faisons-nous assez pour nous préparer à ces bouleversements ?**

5.13 Comment nous communiquons en interne

La qualité de notre communication externe, déjà évoquée précédemment, fait assurément partie de nos atouts. En revanche, en ce qui concerne notre communication interne, entre ratés et manquements, le bilan est beaucoup plus mitigé.

Parmi les points positifs, notre équipe de communication étant taillée pour la communication externe, nous disposons de cette force de frappe également pour l'interne avec de solides compétences en direction artistique, en identité visuelle et en création qui nous permettent de produire des artefacts de haute qualité graphique.

Mais au-delà de cet aspect visuel, le contenu, la fréquence et la réception des messages restent très perfectibles.

Comme évoqué, notre culture de la transparence et de l'authenticité contribue à nous jouer des tours : en donnant l'impression que les informations circulent de façon fluide et naturelle, elle nous pousse insidieusement à sous-estimer les enjeux d'une communication plus formelle, qui devient pourtant toujours plus essentielle à mesure que l'entreprise croît : le fait que l'information soit ouverte ne signifie pas pour autant qu'elle soit facilement accessible ni que les gens vont faire la démarche spontanée d'y accéder. Nous pêchons ainsi par un manque de récurrence dans les messages et par un défaut d'explication sur les évolutions de cap de l'entreprise, souvent trop modestes pour justifier d'être partagées unitairement, mais qui, cumulées, peuvent être significatives.

On pourrait imaginer une prise de parole plus fréquente des dirigeants. C'est en effet un élément de réponse, mais ce n'est malheureusement pas si simple. La voix d'un dirigeant est une arme extrêmement puissante, mais malheureusement plus à la manière d'un bazooka, que d'un fusil de *sniper*. J'ai pris progressivement conscience de ce phénomène au fil du développement de l'entreprise. Tout d'abord, mes silences, les sujets que j'aborde, la façon de les traiter, leur ordre d'apparition dans une prise de parole, sont scrutés et interprétés. Un jour, pour rassurer une équipe en plein doute sur son futur dans une réorganisation, j'ai tenu à intervenir lors de l'une de leurs réunions d'équipe. Mal m'en a pris ! Ma présence inhabituelle a été vue comme l'indice que quelque chose de grave se tramait vraiment... ¯_(ツ)_/¯. En second lieu, j'ai le défaut d'avoir une communication à la fois imagée sur la forme et nuancée sur le fond et j'ai plusieurs fois fait le constat que c'est un style qui résiste mal aux conversations de machines à café : les métaphores se transforment en caricatures et les nuances donnent lieu à toutes les interprétations. Au fil des années, j'ai gagné en habileté, même s'il m'arrive encore régulièrement de poser le pied sur une mine.

Parallèlement à cet usage maladroit de la parole, et de façon plus collective, nous n'avons jamais véritablement réussi à structurer nos canaux de communication, ouvrant ainsi la voie à l'émergence spontanée d'un joyeux désordre. Parmi nos médias privilégiés et au risque d'écorner une image d'entreprise digitale, se trouvent les *mailings lists* : la plus légendaire d'OCTO, dénommée « People », est la caricature ultime de nos dysfonctionnement communicationnels, car au milieu des quelques 40 messages qu'elle reçoit quotidiennement, on y trouve pêle-mêle, le carnet rose, les petites annonces, les partage de fiertés sur les succès en missions, les annonces de créations d'équipes, les mails de présentation des nouveaux arrivants, les mails de départ des démissionnaires, mais aussi certaines communications importantes sur le fonctionnement de l'entreprise !

À cela s'ajoute le drame très contemporain de la multiplication des canaux aux vocations certes différentes, mais pas toujours bien segmentées : entre notre wiki, les *mailing lists*, le référentiel documentaires RH, les « Slacks », les documents partagés sur Google Suite, les Kanbans, etc. bien malin celui qui peut dire où se trouve telle information de référence à jour. Et c'est donc souvent le bouche-à-oreille entre initiés qui fait autorité, apportant tout à la fois le remède et le poison à la situation.

Nous avons donc encore ce chantier de refondation de la communication interne devant nous. Parmi les actions que nous prévoyons, il y a entre autres la récurrence de la communication institutionnelle, la structuration de nos espaces de capitalisation de procédures, la définition d'un « code de conduite » sur nos canaux et la généralisation d'un rituel mis en place pendant le confinement ou toutes les semaines, je réponds en direct par visioconférence à toutes les questions posées. Certaines actions vont demander de la persévérance et de la discipline, et donc du temps, et aucune ne devrait produire d'effets miraculeux. Malgré tout, nous sommes convaincus que nous pourrons tendanciellement améliorer la situation.

Et n'oublions pas qu'une moitié de la communication se trouve dans la tête du receveur (phénomène assez flagrant sur Twitter, par exemple). En ce domaine, la perfection est donc probablement hors de portée, et l'objectif que nous nous fixons est modestement d'être les « moins mauvais possible » sur la part qui nous incombe.

En quelques mots

- **Dans une culture très orale et très transparente comme la nôtre, on tend à surestimer la quantité d'informations qui circulent.**
- **Et il ne faut pas oublier que chaque parole (ou silence) d'un dirigeant est scrutée et interprétée.**

6.

CE QUI NOUS QUESTIONNE

"I am not young enough to know everything"
- attribué à Oscar Wilde.

« JE NE SUIS PAS ASSEZ JEUNE POUR TOUT SAVOIR »

En marge de nos réussites et de nos ratés se situe un ensemble de thèmes sur lesquels nous avons bien souvent un avis, mais qui relève plus de l'opinion que d'une conviction profonde étayée par des expériences concrètes. Ces sujets sont ainsi une façon de réinterroger à intervalles réguliers nos à priori et les limites de notre modèle.

6.1 Faut-il attribuer des bonus ?

Nous avons détaillé dans les parties précédentes le système byzantin que nous avons mis en place pour l'octroi des bonus, en nous efforçant d'éviter à tout prix les effets pervers - et documentés - des incitations financières individualisées.

Mais il existe une question plus fondamentale : faut-il conserver des bonus ?

On peut considérer que les bonus ont quatre fonctions : motiver les individus et les équipes, variabiliser une partie de la masse salariale en fonction des résultats économiques réels, intéresser les salariés dans la performance économique de l'entreprise et orienter les comportements collectifs.

Nous avons vu que la première fonction est douteuse : les incitations financières conséquentes sont plus un pousse-au-crime comportemental et un destructeur de lien social qu'un facteur de motivation.

Les deuxième et troisième fonctions des bonus qui portent sur l'économie peuvent avantageusement être remplacées par un accord d'intéressement[1].

La quatrième fonction, l'orientation des comportements, peut présenter des attraits, mais nécessite une vigilance de tous les instants pour assurer que les effets pervers et les effets d'aubaine restent limités, alors qu'une solide culture du management et du *feedback* devrait normalement suffire à remplir cet objectif.

> **On pourrait en conclure que les efforts requis par la mise en place et l'entretien d'un système d'incitations financières ne se justifient pas.**

1. On ne détaillera pas ici, mais ce dispositif présente malgré tous des limites notamment dans la possibilité de le moduler en fonction de types de populations.

Au bilan, on pourrait en conclure que les efforts requis par la mise en place et l'entretien d'un système d'incitations financières ne se justifient pas.

Il est d'ailleurs fascinant de constater à quel point, dans la plupart des organisations, la gestion des bonus, primes et autres commissionnements contribue à alimenter une bureaucratie complexe et extrêmement chronophage ; entre le calcul, l'attribution, le paiement, la gestion des incidents et des réclamations, il est clair que toute entreprise qui parviendrait à obtenir les mêmes résultats opérationnels à masse salariale égale, mais sans s'embarrasser avec des bonus individualisés, s'épargnerait de nombreux tourments et des coûts cachés considérables.

Jurgen Appelo, auteur de l'ouvrage *Management 3.0: Leading Agile Developers, Developing Agile Leaders*[2], s'est penché sur les conditions que devait respecter tout système de récompense financière pour tirer parti des découvertes de la science. Il en a tiré six règles :

- Ne pas promettre de récompense.
- Accorder des récompenses modestes.
- Récompenser de façon continue, pas de façon unique.
- Récompenser publiquement et pas en privé.
- Récompenser les comportements et pas seulement les résultats.
- Récompenser les pairs et pas seulement les subordonnés[3].

Les effets pervers des bonus n'ont évidemment pas échappé à certains dirigeants, notamment dans les entreprises les plus radicales dans leur culture de management. Buffer, ou plus près de nous, Favi ou encore Alan affichent d'ailleurs y avoir renoncé, parfois en faveur d'un système égalitariste de partage de la valeur.

Si nous devions remettre complètement à plat le système OCTO, c'est probablement cette voie que nous emprunterions.

En quelques mots

Les bonus ont tellement d'effets pervers que la question de leur suppression pure et simple se pose.

2. Addison Wesley, décembre 2010, 464p.
3. https://management30.com/blog/typeform-merit-money/ consulté le 15 juillet 2020.

6.2 Faut-il supprimer les managers et les dirigeants ?

Dans le chapitre « Comment nous manageons », nous avons rapidement mentionné le fait qu'OCTO ne cadrait pas tout à fait avec la doxa des entreprises libérées en ce qui concerne la place du manager.

Frédéric Laloux, encore lui, fait même de l'absence de hiérarchie l'un des points communs de toutes les organisations « opales », soit, rappelons-le, le stade ultime de conscience collective.

Voici un passage assez éloquent, et qui mérite d'être cité en entier, de l'une de ses interviews[4] : « Dans l'auto-gouvernance, il n'y a plus de hiérarchie ni de relation de chef à subordonnés. Cela paraît fou, impensable car on a tous l'idée que dans une structure, il faut un chef, quelqu'un qui tranche sinon cela n'avance pas. Or ce que j'ai fini par comprendre, c'est que les structures ont besoin de mécanismes d'organisation, mais pas nécessairement de hiérarchie. En gros, de la même façon qu'au XVIIIe siècle des gens ont réussi à penser une société sans roi, sans aristocratie... aujourd'hui certains réussissent à l'imaginer sans management hiérarchique. Car la bonne vieille pyramide fonctionne bien dans une complexité maîtrisable. Mais dès que l'on rentre dans les systèmes complexes, les chefs ne sont plus capables d'ingérer la somme des sujets à traiter et la hiérarchie devient un frein. »

Faut-il en conclure que chez OCTO nous sommes restés au milieu du gué en conservant les rôles et les activités de manager ? C'est un sujet qui pourrait justifier un livre en soi...

Et pourtant, dans la littérature sur les nouvelles formes d'organisation, je n'ai étonnamment trouvé aucune définition précise du manager, ni de ses prérogatives. Entre le développement des personnes,

---

4. https://www.ouishare.net/article/vers-une-nouvelle-ere-manageriale-rencontre-avec-frederic-laloux

l'animation d'équipe, l'organisation du travail, les *feedbacks*, la fixation des objectifs, la définition de la stratégie, la responsabilité légale, le recrutement… la palette des activités qui peuvent lui incomber est pourtant large, et varie grandement en fonction des contextes. Le portrait-robot du manager est ainsi particulièrement difficile à établir.

> On retrouve finalement toujours un rôle qui porte tout ou partie des responsabilités qui incombent traditionnellement au manager et sur lequel l'entreprise s'appuie pour organiser et coordonner les activités.

Sans avoir une connaissance intime de toutes les entreprises citées dans *Reinventing Organization* ou dans *Liberté et Cie*, j'ai eu l'occasion d'approcher certaines d'entre elles au cours de mes recherches. Qu'on l'appelle « leader coopté », « *leader de speedboat* » ou « *supervisor* », on retrouve finalement toujours un rôle qui porte tout ou partie des responsabilités qui incombent traditionnellement au manager et sur lequel l'entreprise s'appuie pour organiser et coordonner les activités. Le fait que la personne qui assume ce rôle n'ait pas le statut de cadre ou qu'elle soit nommée par ses pairs plutôt que par la direction suffit-il pour affirmer qu'il n'y a pas de managers dans l'organisation ?

Il ne s'agit évidemment pas ici de prendre la défense du petit chef obtus, autoritaire, territorial et jaloux de son statut : je crois en un manager responsable, respectueux des individus, qui laisse de l'autonomie à ses équipes, qui leur fait confiance et qui cherche à développer les compétences des personnes. Et c'est un rôle à la fois noble et ingrat.

L'autre constat que nous faisons est aussi que sur un marché des compétences aussi compétitif et ouvert que celui du digital, il peut être utile de permettre aux individus d'obtenir des titres qui ont une signification concrète auprès des recruteurs : c'est à la fois une condition pour attirer des profils et une ligne de CV pour permettre à ceux qui nous ont fait confiance de poursuivre leur carrière ailleurs. Évidemment, si nous recrutions à vie des personnes peu employables dans un endroit coupé du monde, cette question se poserait avec moins d'acuité. Et après tout, la recherche de statut est aussi une attente très humaine. Voir des CEO monter sur les scènes des TED(x) pour vanter les mérites des organisations horizontales est en soi assez paradoxal, mais révélateur du fait que le besoin primaire de se situer dans la hiérarchie sociale reste prégnant.

Pour être juste, j'ai croisé une entreprise, finlandaise, qui affichait fortement la volonté de distribuer le pouvoir de façon fluide jusqu'au plus haut de l'entreprise, y compris donc jusqu'aux « dirigeants » et actionnaires. L'entreprise était jeune, de taille modeste et encore en chemin, mais la trajectoire était intéressante.

C'est un sujet sur lequel je ne peux évidemment pas exclure d'être prisonnier de mes schémas mentaux et de la position symbolique dont je bénéficie. Après tout, j'ai fait mes armes en tant que manager et dirigeant : puis-je renier ce qui m'a construit ?

En quelques mots

- **Beaucoup d'organisations très avancées dans leur fonctionnement affichent la suppression des managers comme principe.**
- **Mais n'est-ce pas plutôt le comportement de petit chef qui est à remettre en cause, plus que le rôle de manager ?**

6.3 Faut-il un leadership très incarné ?

La question de l'incarnation du leadership est fortement liée à l'existence des managers évoquée dans la section précédente.

Dans les entreprises peu hiérarchiques avec des prises de décision fortement décentralisées et basées sur le consentement, le rôle des leaders est potentiellement moins proéminent que dans les organisations classiques. On peut dès lors se poser la question de la représentation du pouvoir à la fois à l'intérieur et à l'extérieur de l'entreprise. Dans l'équation intervient nécessairement l'égo des dirigeants, immanquablement flatté par l'exposition que procure la fonction. Mais si on laisse cette question de côté, est-il plus efficace de mettre en avant des individus, ou un collectif ?

On peut constater que notre civilisation s'est construite sur des mythes qui glorifient des héros, et donc des individus, et l'on trouve peu d'histoires, dans notre héritage culturel, qui insistent sur des réussites collectives. Certes, il y a bien les Argonautes, mais que seraient-ils sans Jason ?

> **Notre civilisation s'est construite sur des mythes qui glorifient des héros et l'on trouve peu d'histoires qui insistent sur des réussites collectives.**

Dans une entreprise, l'environnement immédiat renvoie souvent à cette mise en avant du leader : on veut avoir affaire au patron, que l'on soit soi-même le CEO d'une autre société ou le commercial d'une entreprise spécialisée dans le gel hydro-alcoolique, avec sans doute la croyance très humaine que « taper haut » est un gage d'efficacité. Le phénomène est le même chez les clients : rencontrer le dirigeant du prestataire en avant-vente serait un signe d'engagement et de motivation de celui-ci et, si la situation se tend, on veut discuter avec le chef. Et que dire des conférences ? J'ai plus de visibilité en tant que CEO qu'une autre personne de l'équipe de direction d'OCTO, même si je pense que dans certains cas, le regard d'un collaborateur serait plus intéressant que le mien pour certaines assemblées. Jusqu'au droit social qui contribue lui aussi à cette prévalence, puisque face à la loi, le dirigeant est responsable de tout, dans une vision omnisciente et omnipotente du rôle.

Même à l'intérieur d'OCTO, le besoin de l'incarnation du pouvoir reste relativement présent : on attend de ma part des postures de chef. Je me plie de plus ou moins bonne grâce à cet impératif, en essayant de ne pas en jouer plus que nécessaire, et tout en ne sachant pas vraiment si je dois l'interpréter comme une bonne chose, un mal nécessaire ou un constat d'échec.

Je considère en tout cas que le leader trop charismatique est une source de fragilité sur le long terme pour une entreprise agile : les collaborateurs ne prennent jamais que la place que le chef leur laisse et si la vision, les convictions, les modèles ne sont pas le fruit d'un travail et d'un alignement d'équipe, s'il ne s'agit pas d'un projet collectif soutenu par tous, le risque est fort que le soufflé retombe dès que le dirigeant flamboyant passera la main.

De façon plus générale, je suis convaincu que nous avons besoin de mythes mettant en avant le collectif pour favoriser la transition vers des gouvernances plus distribuées. J'ai même la croyance qu'il y a là une clé pour permettre à notre espèce de relever les défis de dimension planétaire qui s'annoncent. Mais ces épopées restent à écrire, et les organisations doivent trouver un cheminement incertain entre une incarnation excessive du pouvoir et un mode égalitariste qui peut à la fois perturber le fonctionnement du corps social interne et complexifier les interactions avec le monde extérieur.

En quelques mots

- **La pression culturelle pousse à incarner fortement le leadership.**
- **Malgré tout, face au monde complexe, il serait préférable de mettre en avant le collectif.**

6.4 Faut-il conserver des bureaux individuels ?

Je me suis souvent posé la question de savoir si je devais conserver ou abandonner mon bureau, sujet moins anecdotique qu'il n'y paraît.

Pour planter le décor, dans les métiers de services, la tendance est aux open spaces et aux flexi-bureaux, et donc aux espaces communs et très modulaires où chacun et chacune s'installe en fonction de ses tâches, de ses projets, de son humeur et de son caractère. Derrière ce mouvement, il y a aussi souvent, avouons-le, une logique économique, les open spaces permettant une optimisation des mètres carrés. Dans ce contexte, les bureaux fermés deviennent rares et par conséquent des attributs statutaires, au point que le geste symbolique de nombreuses entreprises qui s'engagent dans un mouvement de libération[5] ou simplement qui veulent lancer le signal d'une organisation plus plate[6] consiste à supprimer les bureaux fermés des dirigeants.

Chez OCTO, nous avons désormais deux bureaux fermés : le mien et celui de la DRH. Je dois avouer qu'en période hors Covid, j'aurais du mal à renoncer à ce « confort » qui me paraît utile à l'exécution de mon rôle : la moitié de mes journées consiste à échanger avec des gens, de façon soit planifiée, soit impromptue, et encore la moitié de ce temps est consacrée à des sujets suffisamment sensibles pour, je pense, nécessiter un huis clos. Devoir trouver une salle de réunion à chaque fois serait chronophage ou mobiliserait une aide sur des tâches d'intérêt limité, avec, à mon sens, la même portée symbolique qu'un bureau. Quand je ne suis pas dans les locaux ou en réunion, cet espace est accessible à qui le souhaite. Je considère dès lors le bureau privatisé plus comme un outil de travail que comme un marqueur statutaire.

---

5. « Aujourd'hui, je n'ai plus de bureau, plus de titre ni d'assistante », Alexandre Girard, fondateur de Chronoflex dans une interview au Parisien. http://www.leparisien.fr/economie/emploi/carriere/entreprise-liberee-manager-sans-imposer-18-05-2015-4780871.php, consulté le 21 mai 2019.

6. Comme à la Société Générale dans son technopôle de Val de Fontenay : « Quand Société Générale copie Google et la culture cool de la Silicon Valley », https://www.latribune.fr/entreprises-finance/banques-finance/quand-societe-generale-copie-google-et-la-culture-cool-de-la-silicon-valley-608765.html, consulté le 21 mai 2019.

Et de ce que j'ai constaté, les dirigeants qui y ont renoncé ouvertement s'installent souvent à proximité d'une salle sur laquelle ils ont la priorité et que peu osent de fait utiliser.

En quelques mots

Les bureaux individuels tendent à disparaître comme exemples de symboles statutaires à déboulonner. Mais ils peuvent rendre quelques services...

6.5 Y a-t-il une spécificité au management digital ?

Avec le digital, fleurissent nombre d'ouvrages et de billets sur le web qui vilipendent des pratiques de management qui n'auraient pas évolué depuis plus de cent ans.

J'ai moi-même commis un article sur ce sujet[7]. Y aurait-il donc des spécificités liées au management dans un monde digital ? Je crois que oui.

À l'ère de Google, l'information est libre et ouverte, et plus seulement l'apanage du chef. À l'ère d'Amazon et du cloud, l'individu peut disposer de ressources quasi-illimitées jadis réservées aux organisations les plus établies. À l'ère de Facebook, les relations professionnelles ne suivent plus des axes hiérarchiques, mais se développent en réseaux, souvent au-delà des frontières de l'entreprise. Enfin, à l'ère d'Apple, l'iPhone et l'iPad font voler en éclats les lieux et les horaires de travail. Entre le rapport au temps, à l'espace, à la relation à l'autre et à l'autorité, les GAFAM, en ébranlant, chacun à leur façon, les piliers traditionnels des organisations, ont refaçonné les attentes et les croyances des travailleurs. Comment imaginer que le management puisse rester totalement imperméable à ces évolutions ?

> Il n'est donc pas question de « rocket science », mais de petits comportements managériaux laborieux et quotidiens, qui, mis bout à bout, permettent d'entrer en résonance avec l'air du temps.

Les bases du management se sont structurées au début du XXe siècle : à cette époque, l'enjeu consistait à exploiter la force de travail physique d'une foule de personnes issues du monde rural et généralement analphabètes, pour travailler à la fabrication

7. https://www.hbrfrance.fr/chroniques-experts/2018/04/19807-cinq-fondements-management-xxie-siecle/, consulté le 11 avril 2019.

d'objets matériels. La clé de cette intégration rapide au monde industriel a été le découpage extrême et la standardisation des tâches manuelles. On imagine bien qu'aujourd'hui, la production de services immatériels à forte valeur ajoutée par des employés hautement diplômés ne répond pas aux mêmes ressorts que ceux qui ont conduit, il y a plus d'un siècle, à l'émergence de la « science » du management. Peut-on imaginer que ces pratiques restent déconnectées des mutations en cours et se perpétuent comme si de rien n'était ?

Comment faire pour s'adapter à ces tendances ? Les recettes ont été partagées à différents chapitres de cet ouvrage : donner du sens, ouvrir l'information, rechercher l'authenticité, accélérer la boucle de *feedback* et bien sûr autoriser l'erreur. Il n'est donc pas question de « *rocket science* », mais de petits comportements managériaux laborieux et quotidiens, qui, mis bout à bout, permettent d'entrer en résonance avec l'air du temps.

Chez OCTO, nous nous efforçons de repenser en permanence nos pratiques managériales pour les adapter au mieux aux types de profils que nous devons recruter, former et fidéliser. Nous ne nous inquiétons pas tant que cela de savoir si notre management est « digital » ou non, sachant que sur ces sujets, se poser la question est déjà faire aveu d'impuissance. Et paradoxalement, comme nous l'avons évoqué dans la partie « Comment nous manageons », la culture managériale d'OCTO s'est beaucoup inspirée de pratiques finalement très classiques. Car derrière la capacité à mobiliser les hommes et les femmes, il y a un socle intemporel qui ne date pas de l'invention du web et je crois fermement qu'il y a bien pire qu'un manager non digital, à savoir le mauvais manager !

En quelques mots

- **Il y a probablement des spécificités au management digital car les rapports à l'espace, au temps, à la hiérarchie et à la connaissance ont été transformés par la technologie.**
- **Mais cette question se pose quand la culture de management est déjà solide.**

6.6 Faut-il manager les digital natives de façon spécifique ?

Une question corollaire à la précédente porte sur l'adaptation des pratiques de management en fonction des générations X, Y, Z ou *millenials*.

Ils sembleraient que la sociologie ait tranché et que ces concepts n'aient pas de réalité. À propos de la génération Y, Jean Pralong, auteur d'une étude sur le sujet, affirme que « si on interroge les différentes générations sur leurs attentes au travail, la manière dont ils envisagent leur carrière, le rôle de l'entreprise ou encore la façon de se comporter au travail, on ne voit pas apparaître de différences. »[8].

C'est aussi l'avis de Mark Horstman, de *Manager Tools*, qui affirme que les recettes d'un bon management sont certes situationnelles (et donc dépendantes d'un contexte particulier), mais non catégorielles (et donc indépendantes de l'âge, du genre, de la nationalité ou de l'origine ethnique).

Pour ma part, je me garderai d'avoir une position marquée sur ce sujet. J'ai l'impression que les attentes et les comportements des jeunes diplômés que nous recrutons aujourd'hui sont différentes de celles que nous avions, mes collègues et moi lorsque nous sommes entrés sur le marché du travail. Il me semble déceler aujourd'hui et en moyenne plus d'impatience, plus de liberté et plus d'attente en termes de sens.

Mais s'agit-il d'un biais rétrospectif, de changements propres à un marché, ou d'une évolution de notre image employeur qui filtre notre base de recrutement ? Difficile de trancher sans une véritable approche scientifique.

8. https://www.lemonde.fr/societe/article/2012/05/18/generation-y-du-concept-marketing-a-la-realite_1703830_3224.html - consulté le 16 juillet 2020.

Et là encore, je suis parvenu à la conclusion qu'un management pragmatique mais de qualité qui équilibre les enjeux de la mission, de l'entreprise, du client et de l'individu vaut mieux que des questionnements trop subtils sur des extrapolations générationnelles douteuses.

En quelques mots

Sur ce sujet également, essayer de manager les jeunes générations de façon spécifique passe sans doute après le fait de « bien manager ».

6.7 Quelle limite à la croissance ?

Le sujet de la croissance de l'entreprise est un thème présent chez OCTO quasiment depuis les débuts de l'entreprise. À peine avions-nous atteint la taille d'une trentaine de personnes que certains questionnaient déjà le fait de continuer notre développement. Dans une entreprise centrée sur l'humain et la collaboration, la peur d'un délitement de ces valeurs sous les effets de la taille, est une crainte tout à fait légitime.

Elle n'a jamais cessé de s'exprimer depuis lors, avec une constance troublante : les Cassandre continuent ainsi d'annoncer l'écroulement prochain d'OCTO sous son propre poids alors que notre taille a été multipliée d'un facteur 20 depuis que les premières inquiétudes se sont manifestées. Pour aussi subjectif que je puisse être, j'ai même l'intime conviction qu'OCTO est aujourd'hui un bien meilleur endroit où travailler qu'il y a 10 ans.

D'autre part, la croissance n'a pas seulement permis à OCTO de s'affirmer en termes d'influence et d'ambitions, elle est également une condition nécessaire au contrat implicite passé avec ceux et celles qui nous rejoignent.

> Il nous serait difficile d'attirer les talents dont nous avons besoin avec un discours qui consisterait à afficher : « Dans 10 ans tu feras quelque chose de très similaire à aujourd'hui et ta rémunération sera à peu près identique ».

Car avec notre taille intermédiaire et notre population en moyenne assez jeune, accroître notre envergure est le principal moteur permettant d'alimenter la progression de carrière et de rémunération des Octos. Et il nous serait difficile d'attirer les talents dont nous avons besoin avec un discours qui consisterait à afficher : « Dans 10 ans, tu feras quelque chose de très similaire à aujourd'hui et ta rémunération sera à peu près identique ».

Dans une entreprise établie où les arrivées sont compensées par des départs à la retraite et par les démissions naturelles, la situation peut rester stationnaire, car les trajectoires de carrière se font grâce aux postes libérés par ceux qui partent. Mais comme nous n'avons pas encore cette stabilité, cela reviendrait pour nous à organiser le *turn-over* et donc à faire en sorte qu'au bout d'un certain temps, les personnes comprennent qu'il est temps pour elles d'aller voir ailleurs, dans le seul objectif de libérer des opportunités pour les plus jeunes. C'est d'ailleurs sur ce type de dynamiques que sont organisés les cabinets de conseil classiques, le fameux « *up or out* » (soit l'on grimpe dans la hiérarchie, soit l'on sort). Notre approche n'a néanmoins jamais été celle-ci : si une personne apporte à l'entreprise, le fait qu'elle grimpe ou non les échelons nous importe peu.

À un moment de l'histoire où la finitude des ressources de la planète s'impose à nous un peu plus brutalement chaque jour, cette quête de croissance peut paraître anachronique et déplacée. Malgré tout, ce n'est pas tant le nombre de salariés qui est à considérer que l'empreinte carbone par employé. Et si celle-ci est faible et que l'entreprise remplit une fonction sociétale utile en fournissant un emploi stimulant dans un environnement sain à un nombre toujours plus grand de salariés, la croissance n'est pas un problème environnemental en soi. Mais j'ai conscience que cette réponse est loin d'épuiser le sujet : faire de la croissance alors que ce monde a besoin de décroissance est le défi, immense, que le système économique aura à relever dans les 10 à 20 prochaines années.

Pour revenir à une considération plus prosaïque, une question récurrente liée à la croissance est celle d'une taille limite pour toute entreprise agile au-delà de laquelle elle perdrait son âme. N'y aura-t-il pas un jour prochain où les prédictions les plus sombres sur les conséquences de notre croissance finiront par se réaliser ? Je suis personnellement incapable de répondre à cette question. J'ai longtemps cru que la taille de 200 puis de 500 personnes était un horizon indépassable. Avec maintenant plus de 700 collaborateurs, j'ai dû revoir à nouveau mes prédictions à la hausse et je commence à douter de la pertinence de telles prophéties.

Je me demande désormais si la bonne question n'est pas plutôt la contraposée : dans notre monde devenu si incertain, la meilleure façon pour une entreprise d'assurer son développement ne serait-elle pas de privilégier l'adaptation à la planification et donc de devenir une organisation agile ?

En quelques mots

- **Dès les premières années d'OCTO, la croissance a été perçue comme un risque pour la culture.**
- **Mais ces risques ne se sont pas véritablement avérés, et sans croissance, difficile d'offrir des perspectives de carrière et d'augmentation.**
- **S'il y a une limite, elle est encore devant nous.**

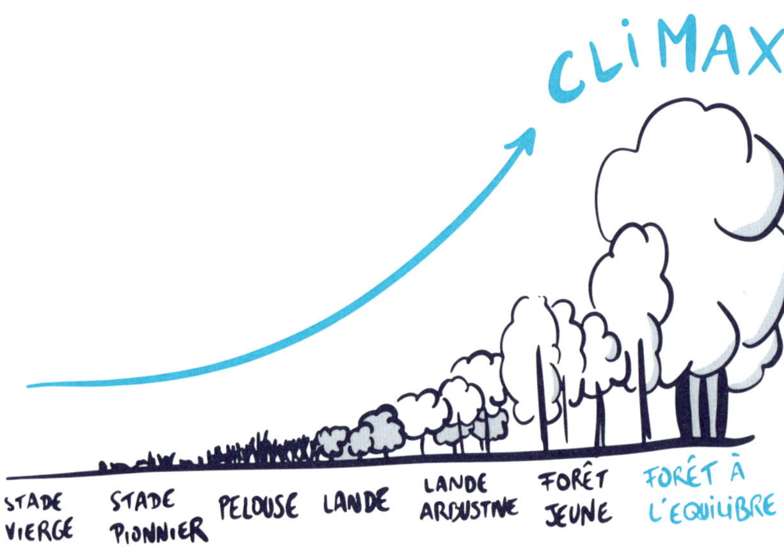

6.8 Faut-il une DRH ?

Cette question est devenue un classique des blogs spécialisés dans le management. Les entreprises digitales intégreraient tellement les enjeux de l'humain qu'il n'y aurait plus besoin de DRH, sauf pour les entreprises encore coincées au XXe siècle. Vive le CHO (Chief Happiness Officer) ou le CCO (Chief Culture Officer) !

En l'occurrence, mon expérience me conduit plutôt à considérer qu'il faut une solide DRH et lui donner les moyens de travailler en intimité avec l'ensemble de l'entreprise, et pas comme un service cloisonné.

Pour reprendre le sujet à la base, on peut identifier cinq grandes fonctions qui relèvent traditionnellement des RH :

- le recrutement,
- la paie,
- la gestion administrative du personnel – congés, absences, gestion de la mutuelle,
- la gestion des carrières, de la formation et des compétences (et sa contrepartie, la gestion des situations difficiles allant jusqu'aux licenciements),
- le pilotage du bien-être au travail.

> *Un regroupement au sein d'une entité qu'on appellerait DRH et qui aurait comme mission l'accompagnement global du potentiel humain n'a rien d'absurde…*

Je mets au défi n'importe quelle entreprise de plus de 50 personnes de gérer les 3 premières activités sans des personnes dédiées.

Quant aux deux dernières activités qui portent sur le développement et le bien-être des collaborateurs, il s'agit évidemment d'un rôle qui doit échoir en grande partie aux managers. Mais si ceux-ci peuvent s'appuyer sur des professionnels du sujet, ils y trouveront pour la plupart un très grand secours, notamment sur le volet administratif, loin d'être négligeable.

En définitive, peu importe les noms qu'on leur donne, ces fonctions restent d'une impérieuse nécessité dans l'entreprise. Et si l'on peut tout à fait distribuer les employés en charge de ces activités dans différentes équipes de l'entreprise, leur regroupement au sein d'une entité qu'on appellerait DRH et qui aurait comme mission l'accompagnement global du potentiel humain n'a rien d'absurde…

Cette question « faut-il une DRH ? » est peut-être révélatrice d'un sujet plus profond, à savoir le niveau de transversalité et d'intégration des fonctions support. Et, en regard, le niveau de collaboration qu'on autorise et qu'on attend de celles-ci : supprimer la DRH serait une façon de rendre plus fluides et plus intégrées au reste de l'entreprise les activités de RH. Mais ce qui est vrai des RH est vraie de toute fonction dans l'entreprise. L'organisation par spécialités se justifie d'autant plus qu'un métier demande une expertise et une technicité particulière et qui évolue rapidement. Les RH entrent dans cette catégorie.

En quelques mots

Quel que soit le nom qu'on lui donne et la place dans l'organisation, une équipe RH est indispensable pour toute entreprise d'une certaine taille.

6.9 Faut-il faire des entretiens annuels ?

Autre marronnier de la presse managériale, la fin des entretiens annuels : ce rituel d'un autre temps y est épinglé comme l'archétype d'un management dépassé.

Même s'il y a sans doute matière à améliorations, j'ai quelques difficultés à imaginer comment éradiquer totalement cette pratique dans des entreprises d'une certaine taille. Le rôle que jouent ces entretiens annuels est en effet multiple :

- Il s'agit d'une obligation légale. Ce n'est pas nécessairement la meilleure raison pour adopter une pratique, mais lorsqu'on peut joindre l'utile à l'obligatoire, ce serait dommage de s'en priver !
- Ils permettent d'avoir une posture de réflexivité sur le chemin parcouru. Et le cycle annuel est l'un des plus pertinents : il échappe à l'urgence du temps court, il est vécu de façon presque physique par chacun de nous, mais reste juste assez court pour que la mémoire de ce que l'on a accompli persiste.
- Le processus d'augmentation est une façon d'attribuer une ressource rare et limitée (de l'argent) à tous les employés de façon la plus équitable possible. Il s'agit d'un exercice délicat et très consommateur en temps pour toutes les entreprises. Synchroniser d'un côté, les entretiens annuels qui ont pour objectif d'échanger sur la contribution et la progression, et de l'autre, les augmentations, met autant que possible tout le monde sur un pied d'égalité en permettant de comparer les situations. Par ailleurs, la charge de travail associée à l'exécution de ce rituel est très conséquente : il faut donc trouver un bon compromis entre fréquence et apport.

Cela étant, il est certain que les entretiens annuels ne peuvent pas être l'alpha et l'oméga de la relation managers-managés.

Tout d'abord, ils doivent être « bien faits » : cela peut paraître d'une évidence triviale, mais il s'agit pourtant d'un exercice délicat, très chargé émotionnellement à la fois pour le manager et le managé et qui, pour cette raison, réunit toutes les conditions du ratage caractérisé.

Ensuite, ils doivent s'accompagner d'interactions beaucoup plus fréquentes entre une personne et son manager. Cette récurrence est indispensable pour établir un niveau de relation suffisant pour des discussions autour de situations difficiles, d'objectifs ou de progression de carrière. C'est cette prise de conscience qui, chez OCTO, nous a conduits à généraliser la pratique des O3 que nous avons décrite dans la partie « Comment nous manageons ».

En définitive, les entretiens annuels couplés à des O3 fréquents nous paraissent une solution acceptable. Les questions que nous nous posons encore aujourd'hui sont les suivantes :

- Faut-il procéder à des rounds d'augmentations et de promotions à une fréquence plus grande que l'année ? En effet, pour les jeunes générations, le sentiment d'une progression rapide constitue souvent une condition de leur fidélité. C'est une pratique que certaines entreprises ont adoptée. Chez OCTO, nous évoquons régulièrement ce sujet, mais l'effort collectif et le temps que représente la période des entretiens individuels nous ont toujours découragés de franchir le pas.

- Faut-il faire des entretiens annuels pour chaque personne à la date anniversaire de son arrivée plutôt qu'à un moment fixe pour tout le monde ? C'est un fonctionnement que l'on trouve parfois chez nos confrères ; il a le mérite de lisser la charge pour le manager, d'atténuer la dimension cérémonielle de la période de fin d'année et d'être plus respectueux du rythme d'intégration des nouvelles recrues. Pour notre part, nous n'avons pas osé sauter le pas, de crainte que le sujet des augmentations et des promotions devienne une préoccupation constante et que nous ne soyons pas capables de garantir l'équité entre les personnes en fonction des périodes de l'année (n'évalue-t-on pas quelqu'un de façon plus favorable en période de vaches grasses qu'en période de vaches maigres ?).

Et parmi les pistes que nous explorons actuellement se trouve la méthode des OKR, pour *Objective Key Results* : cette approche popularisée par Google vise à favoriser l'atteinte d'objectifs par la description d'actions concrètes spécifiques et mesurables[9] à intervalle trimestriel. Le fait de revisiter plusieurs fois par an les objectifs et les moyens d'atteinte est aussi une bonne façon de casser le rythme intimidant de l'année.

En quelques mots

- **Les entretiens annuels ne doivent pas être les seuls moments de discussion sur les objectifs, la progression et la carrière entre une personne et son manager.**
- **Mais faut-il les supprimer pour autant ?**

9. https://rework.withgoogle.com/guides/set-goals-with-okrs/steps/introduction/, consulté le 20 juillet 2020.

6.10 Y a-t-il une limite de taille pour la transparence de l'information ?

Beaucoup d'entreprises de l'économie digitale inscrivent dans leur acte de naissance la transparence de l'information comme principe fondateur. Le chapitre « Comment nous partageons l'information en interne » a été l'occasion d'évoquer la façon dont nous suivons nous-mêmes cette ligne directrice.

Néanmoins, l'exercice s'avère de plus en plus délicat avec l'augmentation de la taille : de façon mécanique, la palette des sensibilités, des humeurs, des motivations et des intérêts s'élargit et, dans le même temps, il est plus difficile de partager avec les personnes qui auraient une interprétation erronée d'une information ou pire, qui voudraient en faire un usage malveillant, tandis que la pression de groupe sur les comportements centrifuges s'allège. Ce risque doit-il pour autant être le fossoyeur du principe de transparence, qui rappelons-le, est défini dans la sociocratie 3.0 par « Enregistrez toutes les informations qui sont précieuses pour l'organisation et rendez-les accessibles à tous, à moins qu'il y ait un motif de confidentialité » ?

Pour aller dans le sens des effets délétères de la taille sur le niveau de transparence envisageable, on pourra invoquer l'anecdote de la disparition des TGIF de Google. Pour résumer l'histoire, Google avait instauré dès les premières années les TGIF (en anglais, *Thanks God It's Friday*, expression rituelle en anticipation du week-end) : ce rituel hebdomadaire et emblématique, traditionnellement accompagné de bières et très répandu dans la Silicon Valley, consiste en une session de questions ouvertes et sans filtres entre les dirigeants et l'ensemble des employés. Les fuites systématiques sur les informations de lancement de produits ont eu raison de cette institution chez le géant de Mountain View, et avec elle, c'est un pan de la culture Google qui s'est effondré[10].

---

10. https://www.wired.com/story/google-shakes-up-its-tgif-and-ends-its-culture-of-openness/, consulté le 9 septembre 2020.

Une autre façon de lire cet événement est que Google, avec les polémiques hautement explosives sur la présence en Chine ou les chèques versés à des dirigeants impliqués dans des cas de harcèlement sexuel, s'est trouvé empêtrée dans des affaires peu en ligne avec la culture « *geek cool* » qu'elle revendique historiquement, et que ce décalage aurait rendu extrêmement inconfortables les TGIF. Plus que la fin de la transparence, cette histoire signe peut-être celle d'un idéal libertaire sur lequel l'entreprise s'était créée.

Aux dernières nouvelles, LinkedIn, Facebook entre autres, continuent à tenir ces rencontres hebdomadaires, malgré les controverses auxquelles eux aussi ont été confrontés. Les déconvenues de Google ne doivent pas non plus faire oublier que certaines pratiques, comme le référentiel de code unique et partagé à tous les développeurs, qui nécessite un niveau de transparence bien supérieur à ce que l'on rencontre habituellement dans les entreprises plus traditionnelles, perdurent.

Une culture saine dans une entreprise saine impose cet exercice, risqué, de transparence.

Mon sentiment sur cette question est que la procédurisation et la judiciarisation de la société rendent l'exercice de partage candide de l'information plus difficile et plus risqué, et que la technologie (avec notamment le développement de l'habitude de filmer et d'enregistrer à l'insu ou non des protagonistes) accentue les situations d'utilisation abusive de propos sortis de leur contexte. De plus en plus souvent, les dirigeants et les managers sont confrontés au syndrome de la « petite phrase » qui touche déjà depuis plusieurs années le monde politique : ils deviennent tous des délinquants en puissance car ils peuvent, de toute bonne foi et sans intention douteuse, tenir des propos contraires à la loi (notamment au code du travail) sans même le savoir. Je continue malgré tout à penser qu'une culture saine dans une entreprise saine impose cet exercice, risqué, de transparence. Il y a certes des prérequis : un contexte propice à la confiance, une exigence et un devoir d'exemplarité de la part des managers et dirigeants, la capacité à confronter les grincheux et les saboteurs et éventuellement de les guider hors de l'entreprise, ainsi qu'un savoir-faire dans la façon de s'exprimer publiquement. En disant fondamentalement la même chose, on peut soit braquer, soit embarquer. Ces conditions, certes exigeantes, sont aussi celles qui permettent à une entreprise de devenir un véritable lieu de développement et d'épanouissement de ses membres.

Avec les TGIF, Google a choisi d'abandonner l'un des symboles les plus marquants de sa culture de transparence… qu'elle avait réussi à maintenir jusqu'à un effectif de 100000 personnes : à supposer qu'il y ait une limite de taille, pour la grande majorité des entreprises, elle ne peut servir d'excuse à la culture du secret.

En quelques mots

- **Plus l'entreprise se développe, plus le pari de la transparence requiert d'énergie.**
- **Mais le jeu en vaut sans doute la chandelle.**

7.

QUELQUES INITIATIVES QUE NOUS AIMERIONS ESSAYER

"Whether you think you can, or you think you can't, you're right."

- Henry Ford

Nous flirtons à intervalles réguliers avec certains thèmes que nous aimerions expérimenter sans avoir jamais franchi le pas, faute de temps, d'énergie ou de courage. Sans être exhaustif, voici une liste rapide de ces sujets qui reviennent régulièrement sur le devant de la scène, et qui bien souvent ont été mis en œuvre par d'autres entreprises :

▷ Confier à une commission de pairs élus la responsabilité des augmentations de salaire. Il s'agirait en quelque sorte d'étendre notre mécanisme de promotions aux augmentations. À l'extrême, le rôle de cette commission pourrait n'être - comme chez Morning Star, cette entreprise libérée spécialisée dans la transformation de tomates - que de valider ou de challenger la demande d'augmentation formulée pour lui-même par chaque salarié[1].

▷ Mettre en place un système de récompenses fondé sur la reconnaissance des pairs. Plusieurs mécanismes aux fondements similaires ont déjà été expérimentés ailleurs : chaque personne de l'organisation dispose de jetons qu'elle attribue librement à ceux et celles qui, selon elle, ont la contribution la plus utile à l'organisation. Ces jetons peuvent être soit honorifiques, soit donner lieu à des petits cadeaux, soit se transformer en espèces sonnantes et trébuchantes. Pour éviter que ces récompenses ne finissent par être considérées comme un dû, une dose d'aléatoire est parfois ajoutée, comme un lancement de dés pour déclencher ou non le versement de primes[2].

▷ Passer du salariat à la fédération d'indépendants. OCTO ne serait alors plus qu'une coquille qui orchestrerait les interventions conjointes de *freelances* spécialisés. La logique d'autonomisation poussée à l'extrême conduit naturellement dans cette voie. Aussi radicale qu'elle puisse paraître, elle semble avoir déjà été empruntée avec succès et créativité par une organisation suédoise, Crisp[3].

▷ Créer des équipes stables dans le temps et dont les membres interviennent à chaque fois tous ensemble en mission. Selon notre

1. https://hbr.org/2011/12/first-lets-fire-all-the-managers
2. https://management30.com/blog/bonus-money-peer-recognition/
3. https://dna.crisp.se/docs/how-crisp-works.html

adage que « le produit, c'est l'équipe », une fois qu'une équipe ultra-efficace est constituée, pourquoi ne pas la proposer telle quelle à nos clients, de missions en missions, plutôt que de positionner des personnes unitaires avec leur CV ?

▷ Utiliser la possibilité du travail à distance pour aller chercher les meilleurs profils où qu'ils soient, partout dans le monde. Cette idée, qui circule depuis longtemps chez OCTO, mais qui a toujours buté sur la croyance que la colocalisation d'une équipe était une condition-clé de succès, reprend de la vigueur avec l'expérience du confinement que nous a imposée la Covid.

▷ Et tant d'autres...

Dépot légal : Mai 2021

Conçu, réalisé et édité par OCTO Technology.

Imprimé par Deja Link, 19-27 rue des Huleux - 93240 Stains.
Imprimeur labellisé Imprim'Vert, papier certifié PEFC (issues de forêts gérées durablement), encres végétales.